Venezia

Testi di
Alessandra Morgagni

Foto di
Graziano Arici

Electa

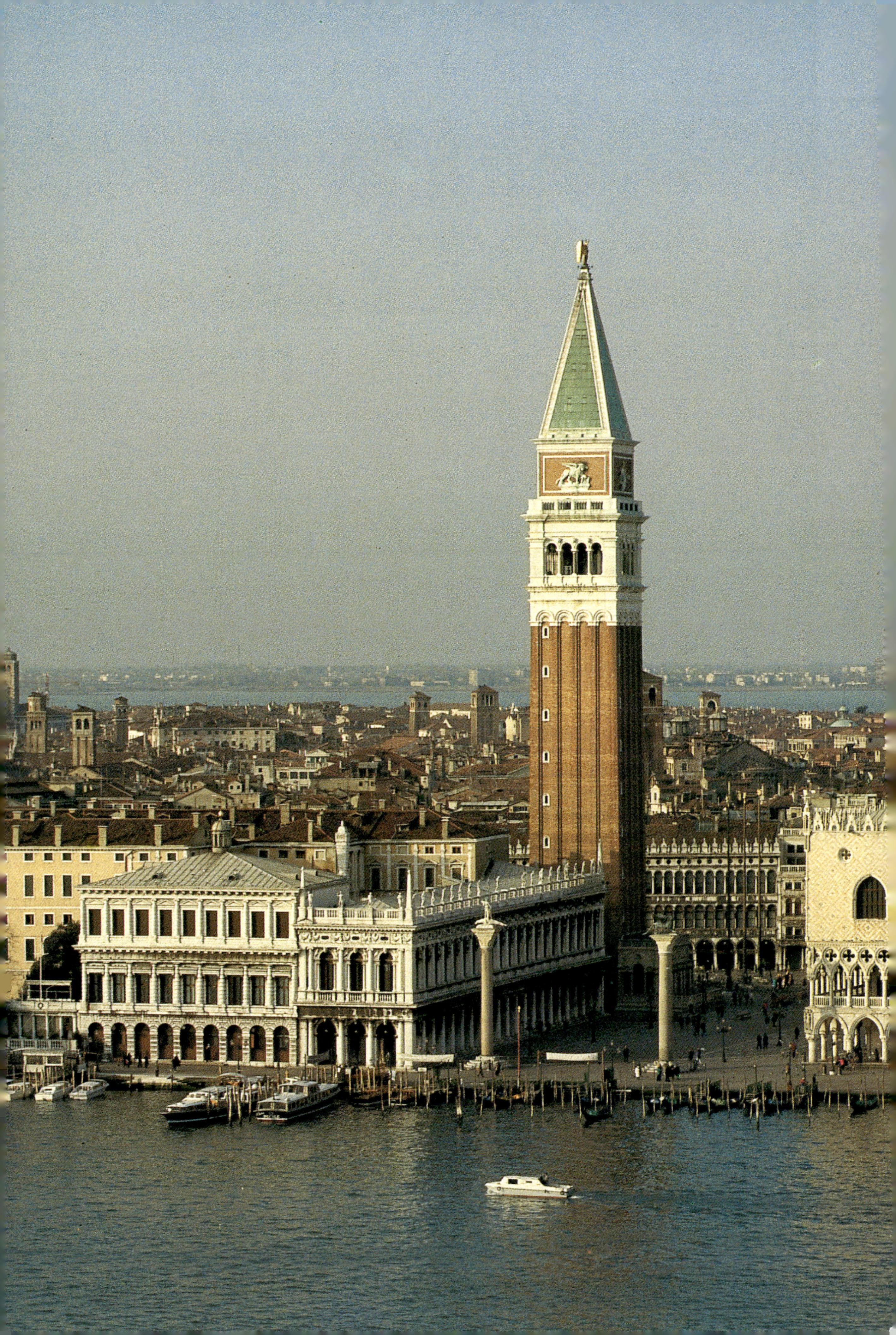

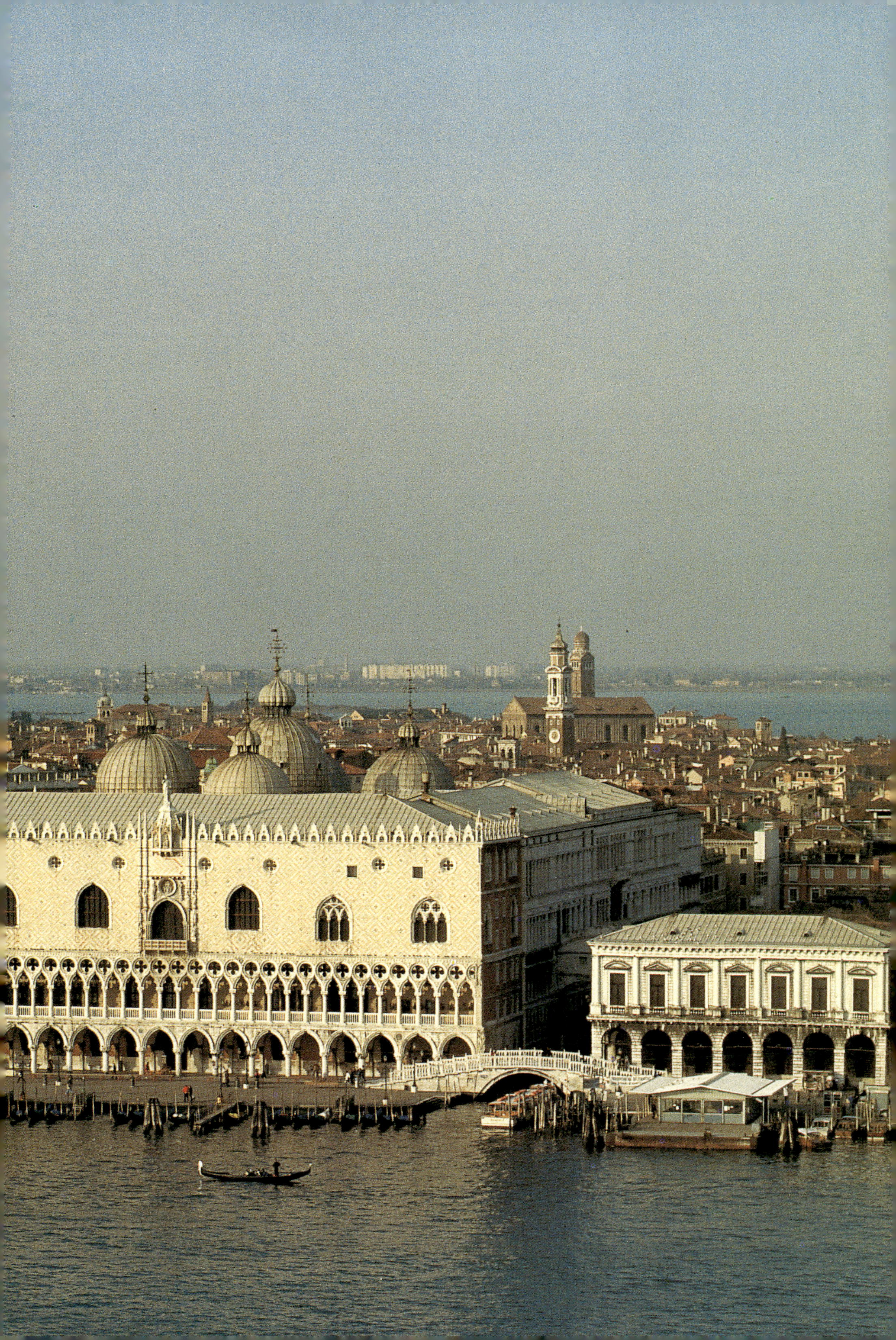

Sommario

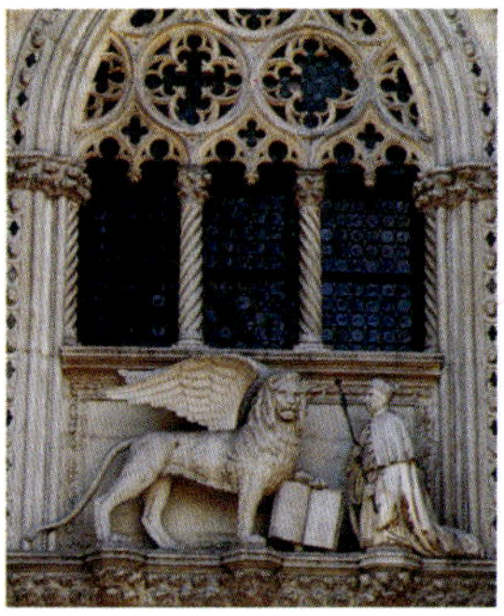

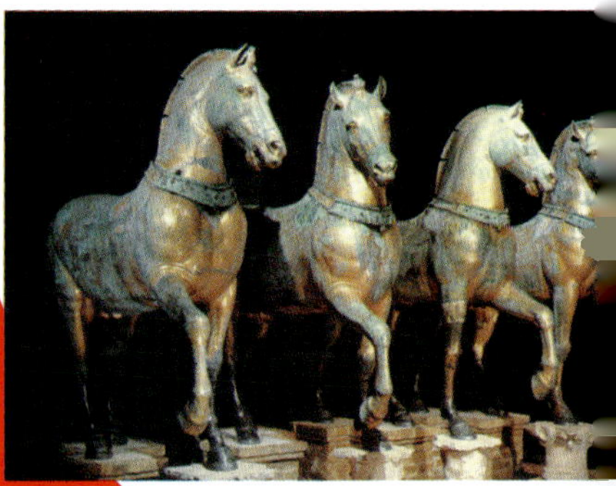

Piantina della città a pagina 110

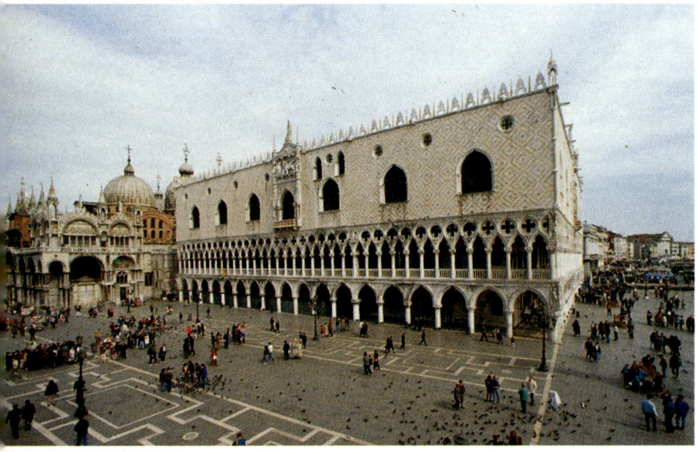

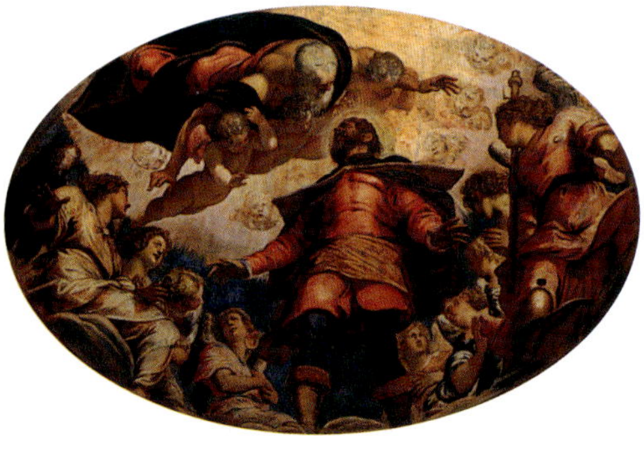

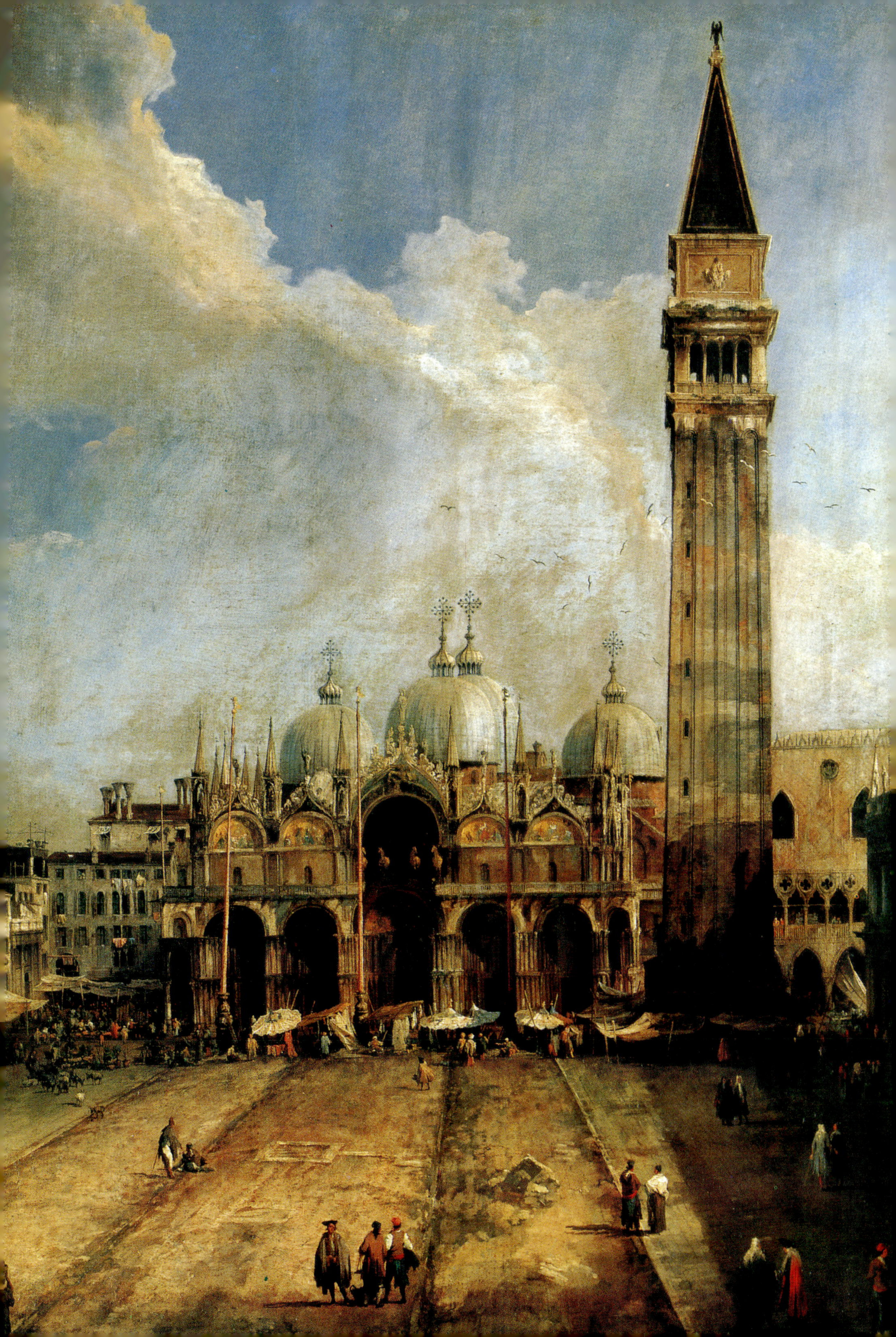

Il Canal Grande

Il Canal Grande è la principale via d'acqua che attraversa Venezia. Misura circa 4 chilometri e in alcuni punti è profondo più di 5 metri. La sua origine pare derivi da un originario canale naturale, alveo di uno dei fiumi che un tempo sfociavano in laguna, che negli anni venne continuamente scavato e allineato, quando si resero necessari degli interventi di rafforzamento lungo le rive del canale.

L'ampio percorso d'acqua parte dalla Stazione Santa Lucia e sfocia nel bacino di San Marco, seguendo un tracciato a forma di esse e dividendo la città in due parti. Il Canal Grande è attraversato solo da tre ponti: il ponte degli Scalzi, che si trova di fronte alla Stazione, il ponte di Rialto e il ponte in legno dell'Accademia. Di questi solo il ponte di Rialto ha origini antiche, mentre gli altri sono stati costruiti soltanto nel XIX secolo. Quando non si è nei pressi di questi ponti, è comunque possibile attraversare il Canale grazie a un comodo servizio di gondole che fanno la spola tra le rive.

La funzione del Canal Grande è importantissima perché oltre a garantire il ricambio acqueo per i rii e i canali che vi sfociano, è la principale arteria commerciale di Venezia: le barche che trasportano le merci, i vaporetti carichi di turisti e di veneziani che si muovono per la città, le gondole, tutto scorre lungo il Canal Grande e purtroppo il moto ondoso provocato da questo traffico minaccia la stabilità degli edifici che vi si affacciano. Come ha detto qualcuno, infatti, il Canal Grande è veramente "la strada più bella del mondo". Vi si trovano palazzi magnifici e di tutte le epoche, edifici pubblici e religiosi. Percorrere questa via d'acqua al tramonto, quando le luci dei palazzi cominciano ad accendersi e a brillare è sicuramente uno dei momenti più suggestivi e indimenticabili della visita alla Serenissima.

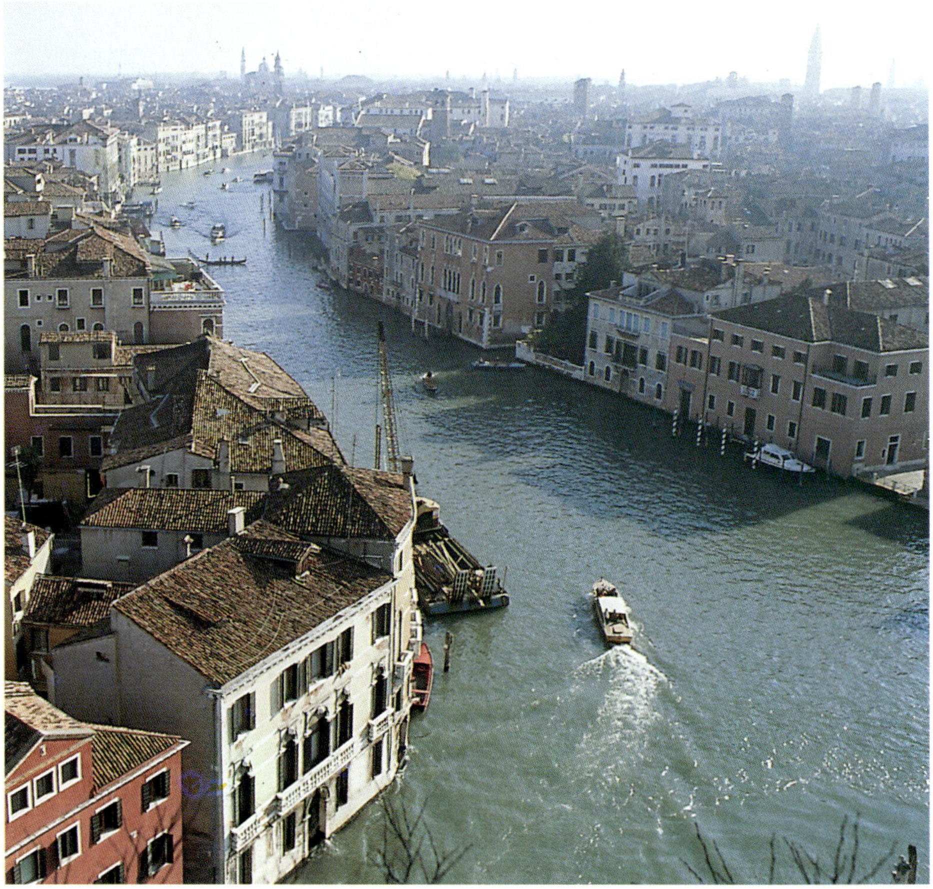

Veduta aerea del Canal Grande.

Alla pagina accanto *Il Canal Grande in una giornata di nebbia.*

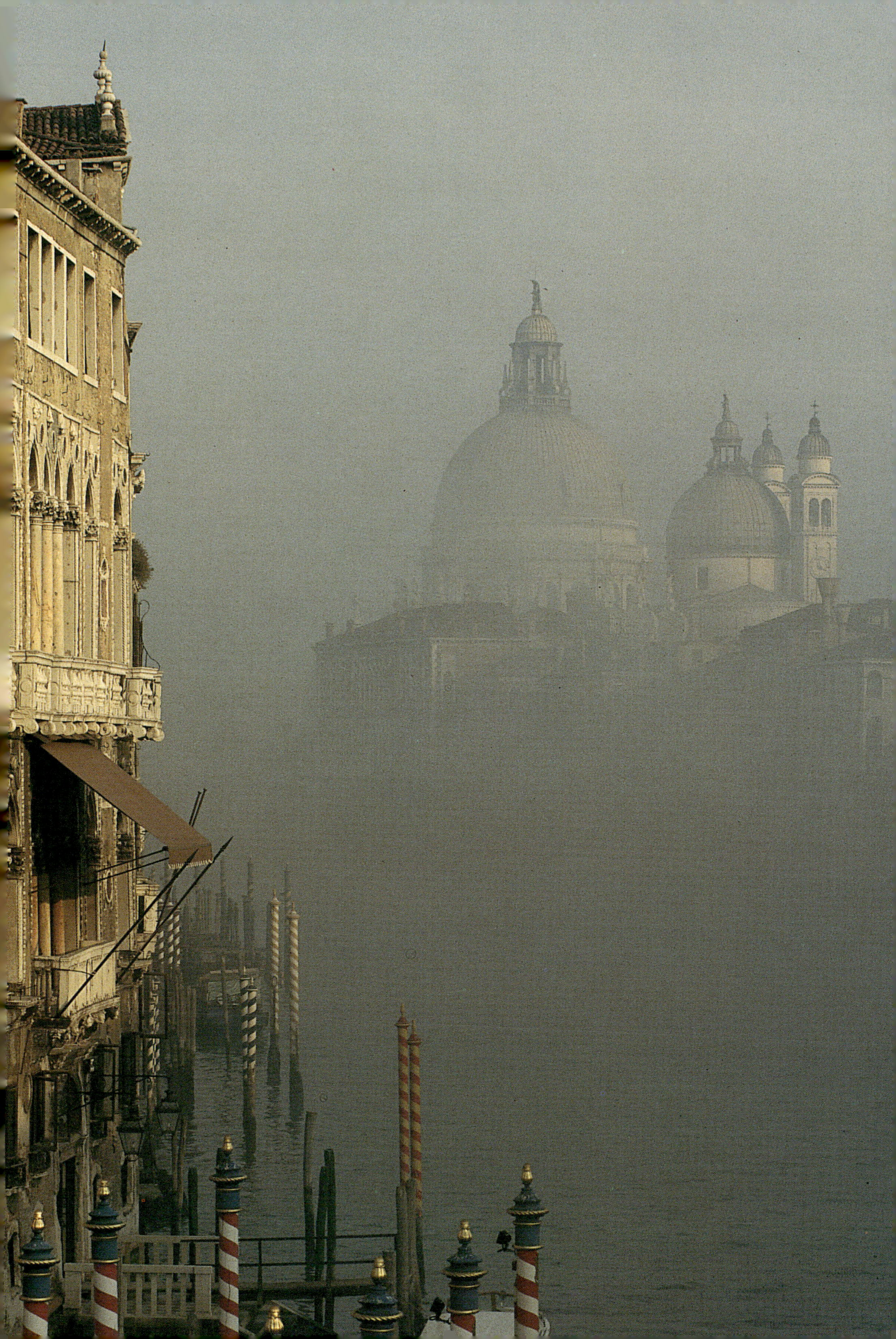

L'inizio del Canale

Il **ponte degli Scalzi** e il Rio di Cannaregio caratterizzano questa parte iniziale del Canale. Prima del collegamento di Venezia con la terraferma e del terminal automobilistico di piazzale Roma, questo era un punto nevralgico della città, poiché tutte le merci e i passeggeri che arrivavano via acqua dalla terraferma entravano da qui. Sull'angolo tra il rio di Cannaregio e il Canal Grande, leggermente arretrato, sorge il settecentesco **palazzo Labia**, ora sede della RAI, un tempo proprietà di una famiglia di ricchi mercanti, i Labia. La parte del palazzo che si riflette sull'acqua è in realtà il prospetto posteriore, poiché l'ingresso è su campo San Geremia. Ma proprio per la sua collocazione in un punto nevralgico della città, anche la facciata sul retro è ricca e sfarzosa. Le sale sono sontuose e furono affrescate dall'artista allora più famoso a Venezia, Giambattista Tiepolo.

Su un campo aperto direttamente sul Canal Grande si affaccia la **chiesa di San Marcuola**; la sua costruzione iniziò ai primi del Settecento, ma della facciata, rimasta incompiuta con un semplice rivestimento in mattoni, vennero realizzati solo il portale e il basamento.

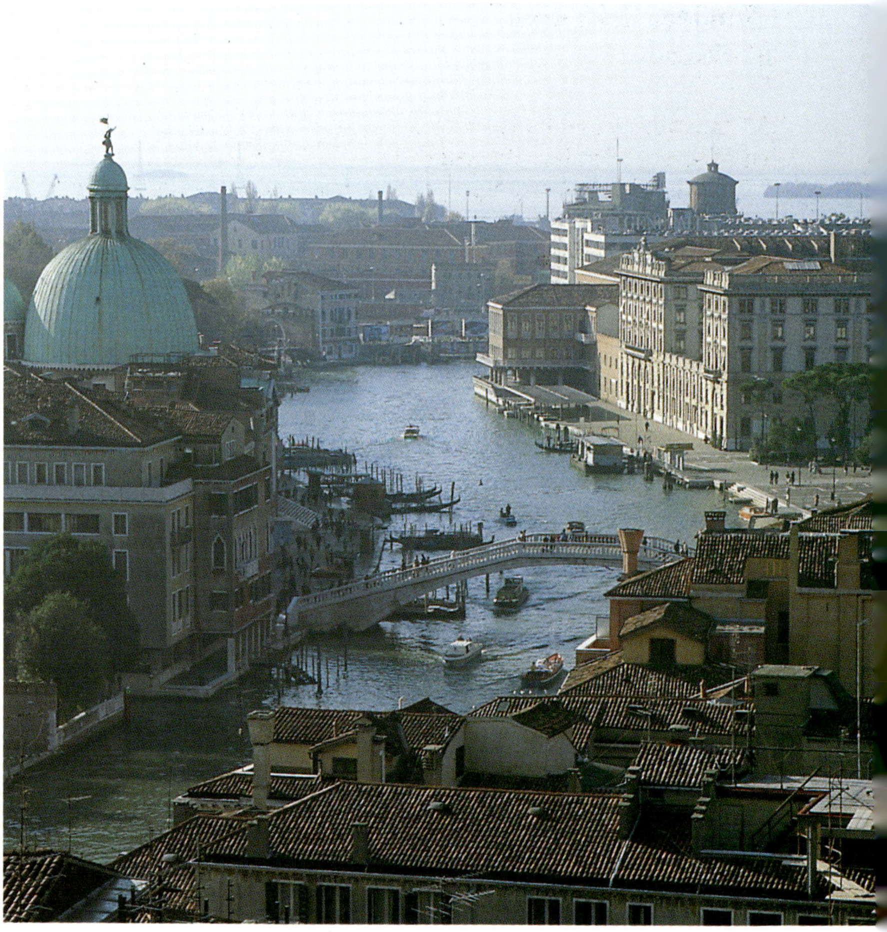

Veduta del Canal Grande con il ponte degli Scalzi.

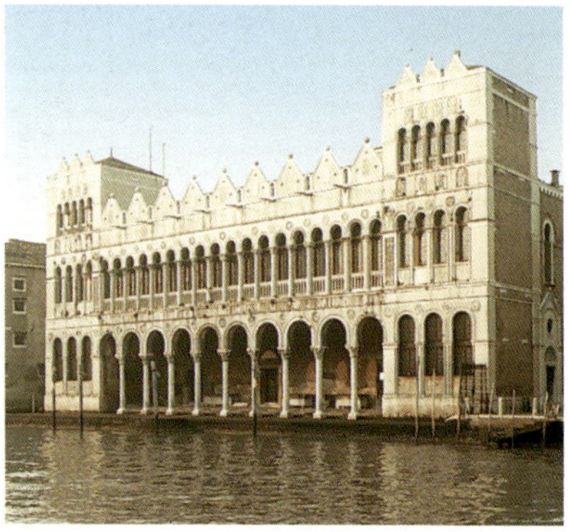

Fondaco dei Turchi.

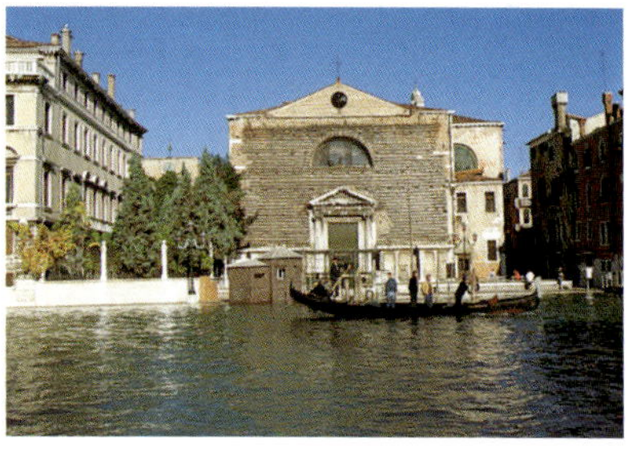

Chiesa di San Marcuola.

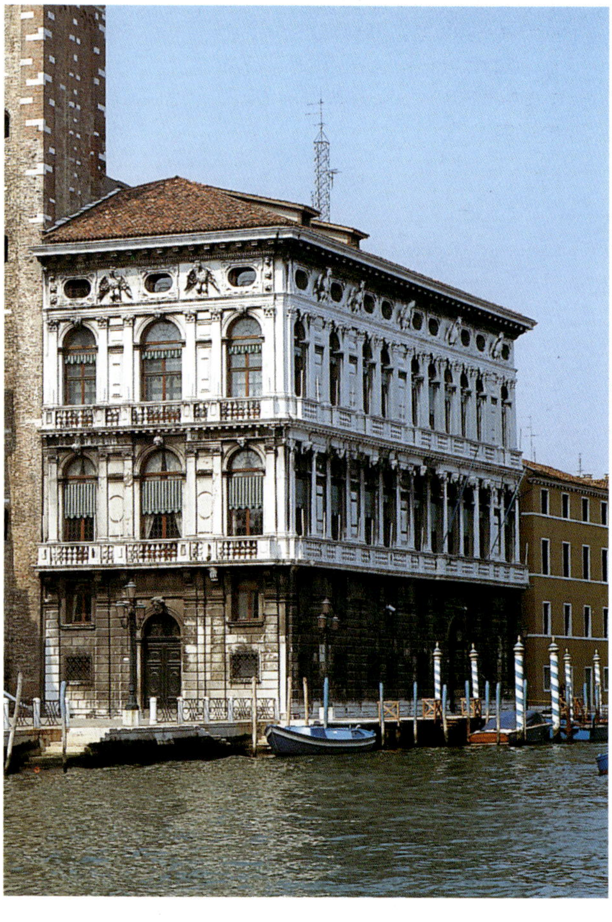

A destra *Palazzo Labia.*

Dal Fondaco dei Turchi a Ca' Pesaro

Di fronte alla chiesa di San Marcuola sorge il **Fondaco dei Turchi**. "Fondaco" è sinonimo di magazzino e l'edificio prende questo nome dai turchi che lo acquistarono per utilizzarlo come tale, grazie anche all'ampio porticato, che permetteva alle barche di caricare e scaricare le mercanzie. In realtà questo è un palazzo che risale al XIII secolo e all'epoca della sua costruzione era uno dei più grandi e fastosi sul Canal Grande. Attualmente ospita il Museo Civico di Storia Naturale. Sull'altra sponda del Canal Grande, si erge maestosa e imponente **Ca' Vendramin Calergi**. Ora sede invernale del Casinò di Venezia, fu l'abitazione del compositore Richard Wagner che qui morì nel 1883. Il palazzo, ultimato nei primi anni del Cinquecento, è dell'architetto Mauro Codussi.

La **chiesa di San Stae**, dalla bianca facciata arretrata rispetto al Canale, ospita spesso concerti di musica classica.

A **Ca' Pesaro**, uno dei capolavori del barocco veneziano, opera di Baldassarre Longhena, hanno sede il Museo d'Arte Orientale e il Museo d'Arte Moderna.

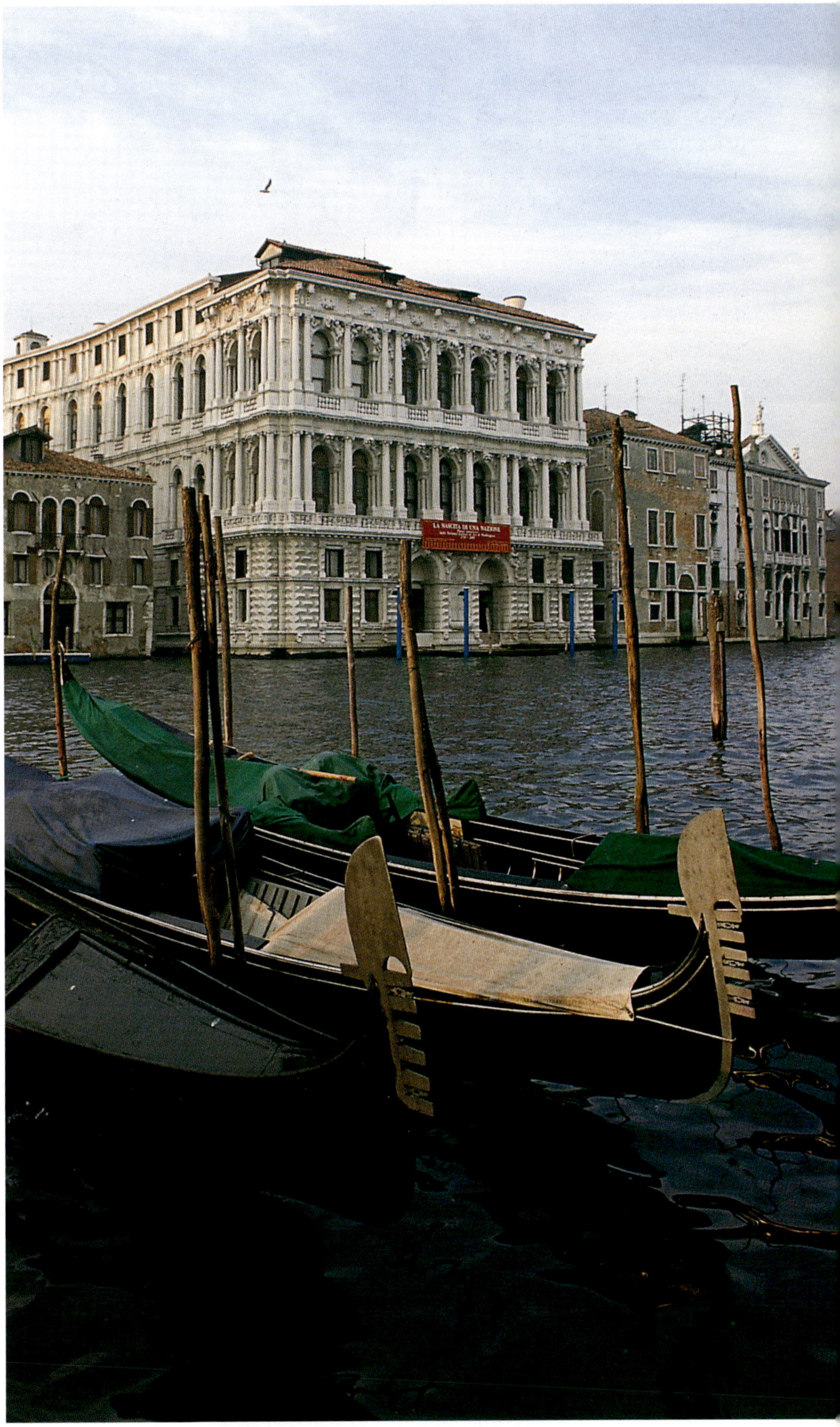

Ca' Pesaro.

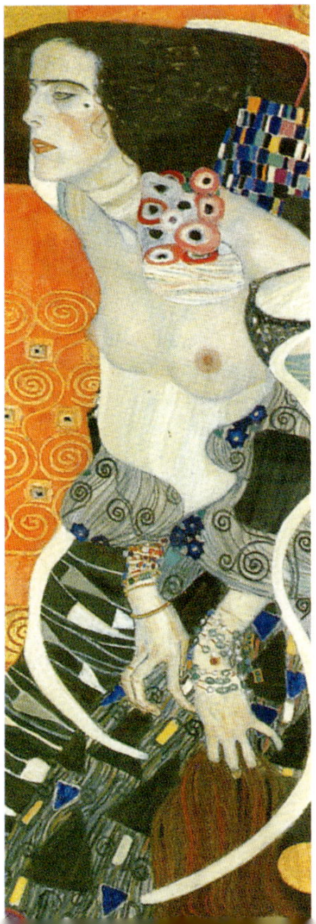

Gustav Klimt, Salomè (particolare). Ca' Pesaro.

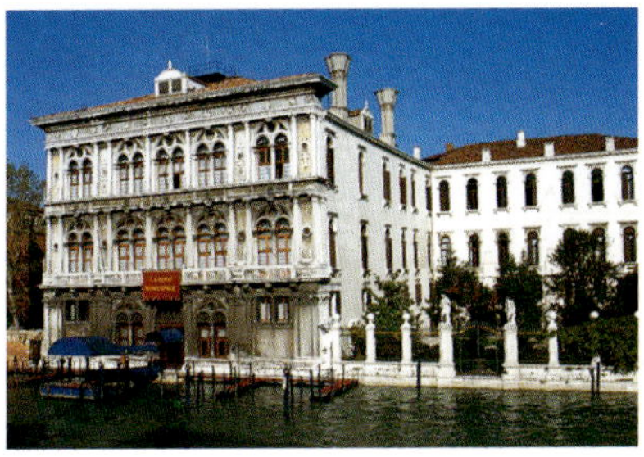

Ca' Vendramin Calergi (sede del Casinò invernale).

GONDOLE E GONDOLIERI

Uno dei segni distintivi del Canal Grande sono le gondole. Un tempo ogni famiglia patrizia ne possedeva una con un gondoliere personale; ora invece le gondole sono soltanto una delle tante attrattive turistiche della città. In più punti, lungo le rive del Canal Grande, si possono osservare delle casette in legno vicino alle quali sono ormeggiate le gondole. Sono gli "stazi", dove riposano e attendono il proprio turno di lavoro i gondolieri. La loro tenuta tipica consiste in una maglietta a righe e un cappello in paglia con un nastro colorato per ripararsi dal sole.
Una volta le gondole non erano aperte come lo sono oggi, ma, soprattutto durante i mesi invernali, erano coperte da una piccola cabina a forma di botte chiamata "felze" che riparava i passeggeri dalle intemperie come pure dagli sguardi indiscreti.

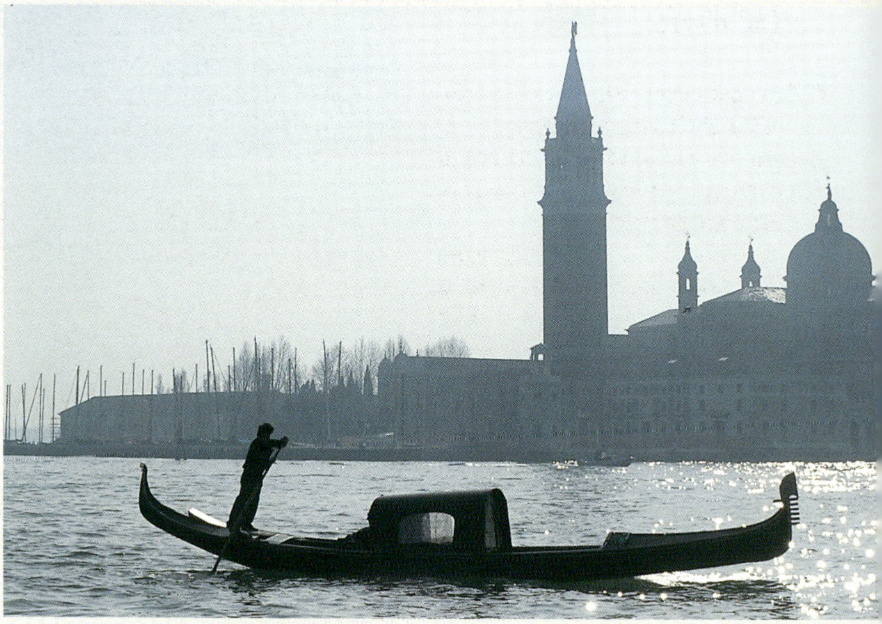

Gondola con felze.

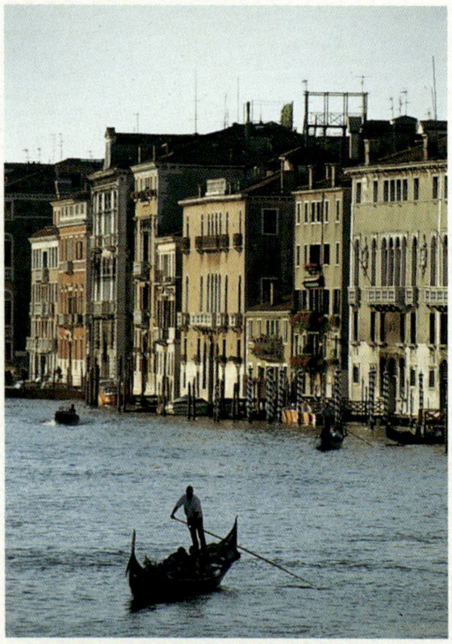

Un servizio di gondole fa la spola tra le due rive del Canal Grande.

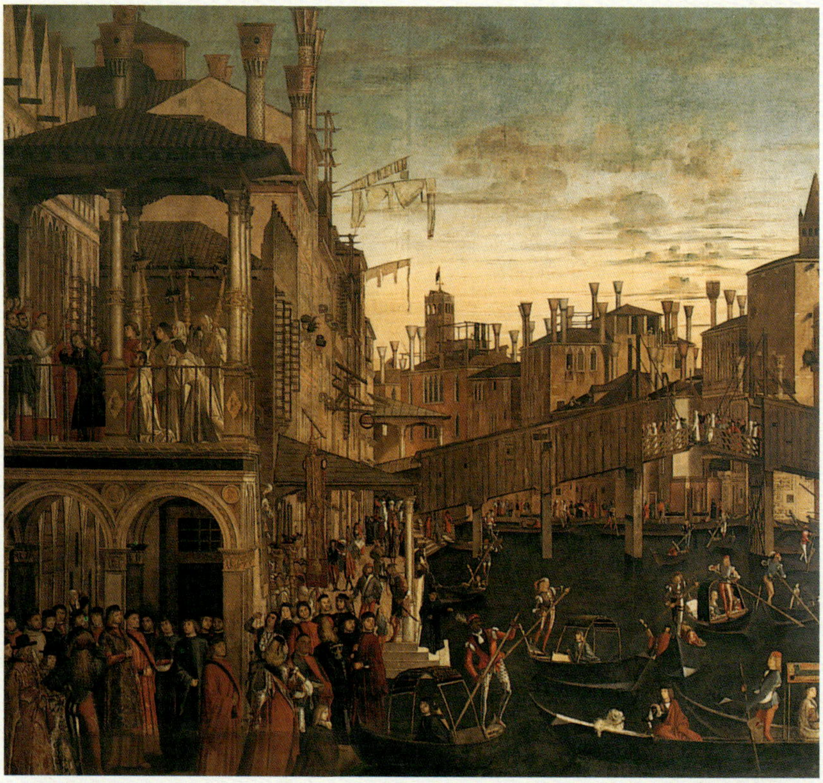

Vittore Carpaccio, Il miracolo della Croce. Gallerie dell'Accademia.

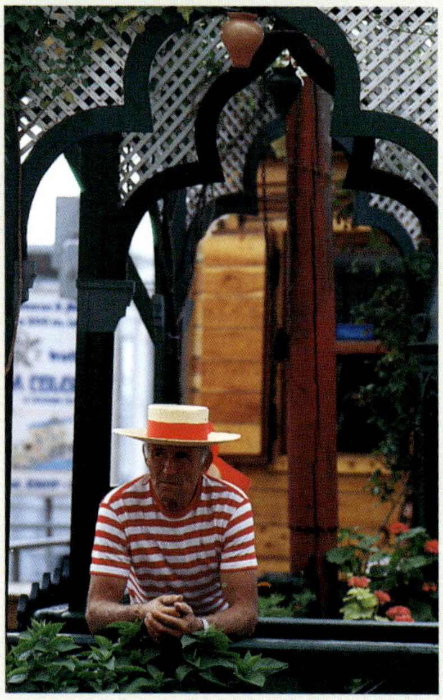

Un gondoliere.

La Ca' d'Oro

Tra i più famosi palazzi di Venezia, la **Ca' d'Oro** deve il suo nome alle dorature che un tempo ornavano l'elegante facciata in stile gotico prospiciente il Canal Grande.
La merlatura del tetto, il traforo dei loggiati, l'alternanza di pieni e vuoti ne fanno l'esempio più bello di stile gotico fiorito veneziano. L'edificio è stato recentemente restituito all'antica bellezza grazie a un restauro.

La Ca' d'Oro ospita la **Galleria Giorgio Franchetti** che prende il nome dal proprietario del palazzo e della collezione di dipinti che all'inizio del secolo questi donò allo stato italiano.

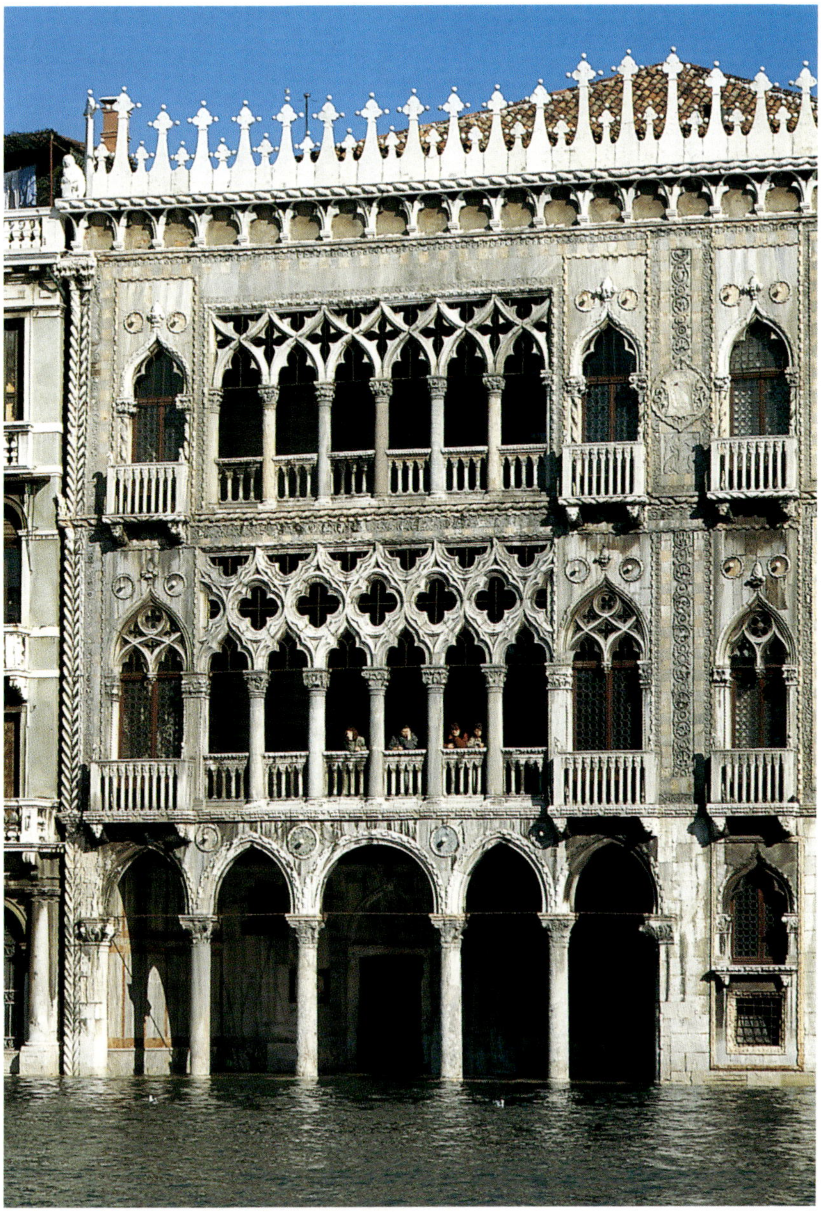

La Ca' d'Oro.

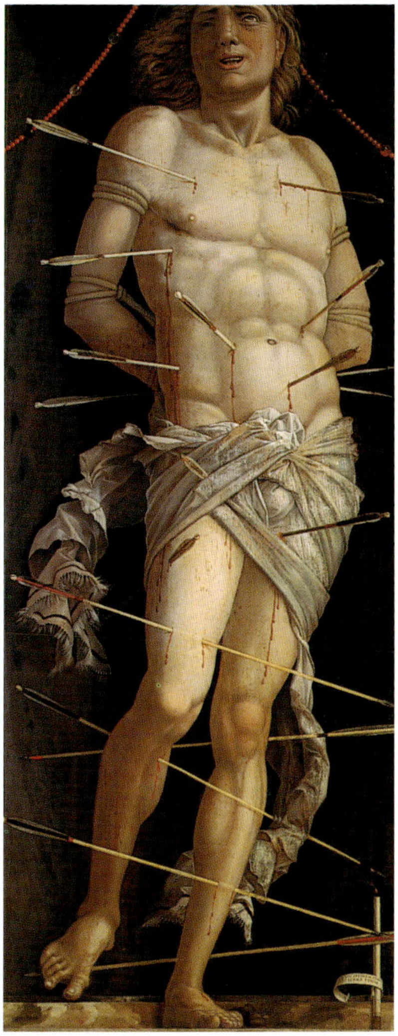

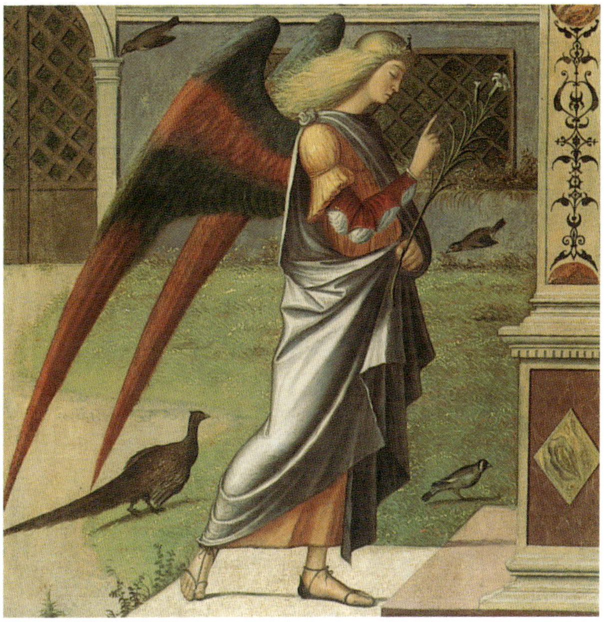

A sinistra
Andrea Mantegna, San Sebastiano. Galleria Franchetti.

A destra
Vittore Carpaccio, Annunciazione (particolare). Galleria Franchetti.

La zona dei mercati

La zona destinata ai mercati, delimitata dall'ampio porticato dei primissimi anni del Novecento, è uno spazio estremamente pittoresco della città e accoglie tuttora ogni mattina il mercato del pesce, che dal 1300 si è sempre tenuto qui.

Di fronte ai mercati, sull'altra sponda del Canale, **Ca' Da Mosto** è una delle case-fondaco più antiche della città, di epoca veneto-bizantina, molto nota tra gli artisti e scrittori stranieri che nel Settecento visitarono Venezia perché era stata trasformata in un famoso albergo. Di fronte a Ca' Da Mosto sorgono le **Fabbriche Nuove**, un lungo edificio progettato da Jacopo Sansovino verso la metà del Cinquecento, oggi come una volta sede di uffici giudiziari, chiamate così per distinguerle dalle adiacenti **Fabbriche Vecchie**, più arretrate, costruite qualche anno prima.

Immediatamente prima del ponte di Rialto, il **Fondaco dei Tedeschi**, di origini molto antiche, era il luogo di scambio delle merci dei mercanti tedeschi. È di un certo interesse anche l'interno dell'edificio, che si sviluppa attorno a un vasto cortile sul quale si affacciano tre ordini di logge ad arcate a tutto sesto.

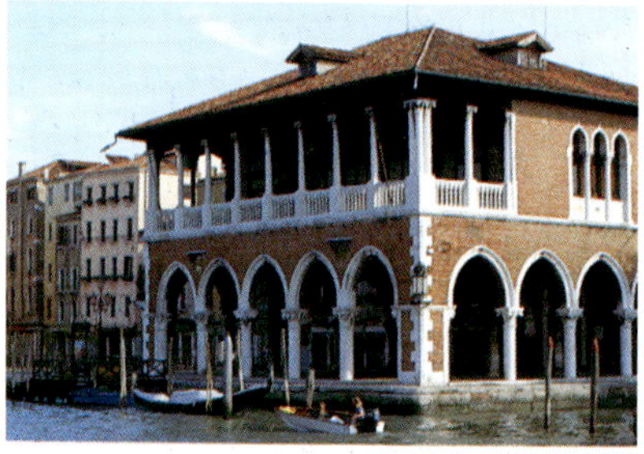

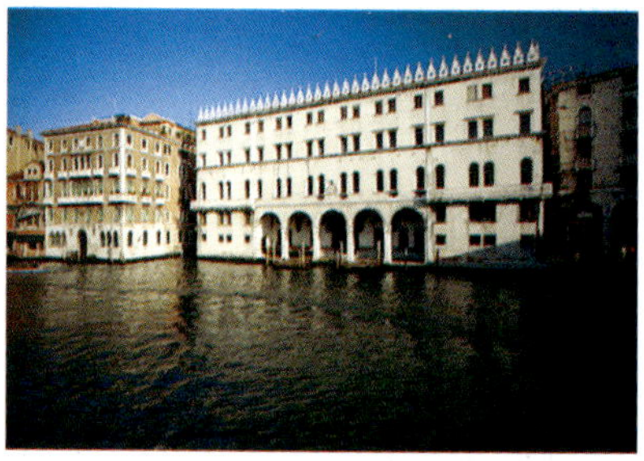

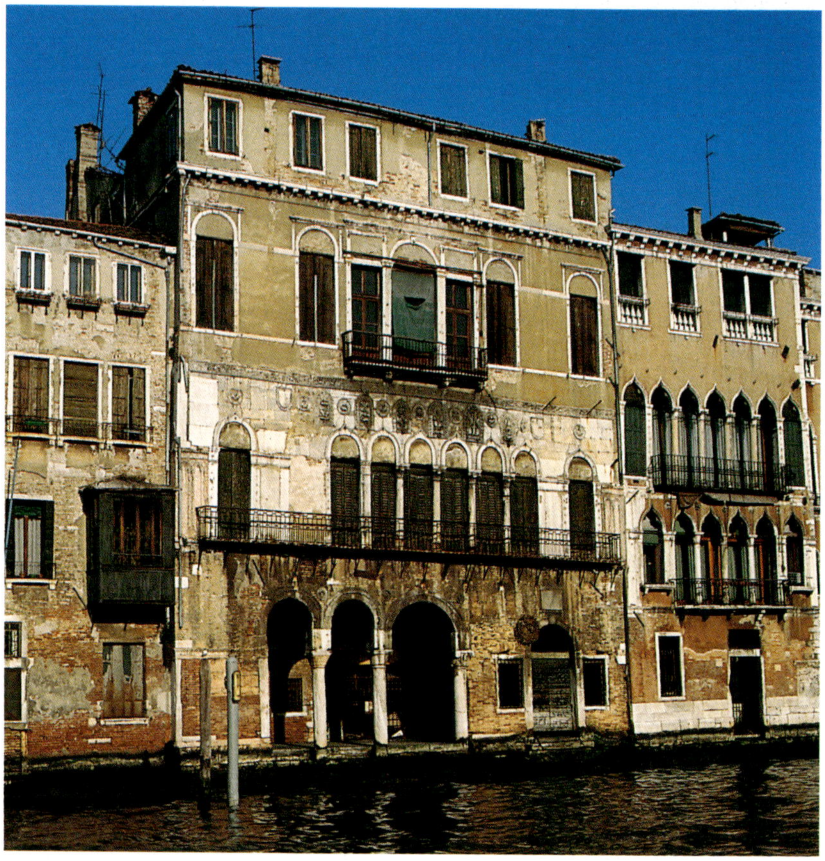

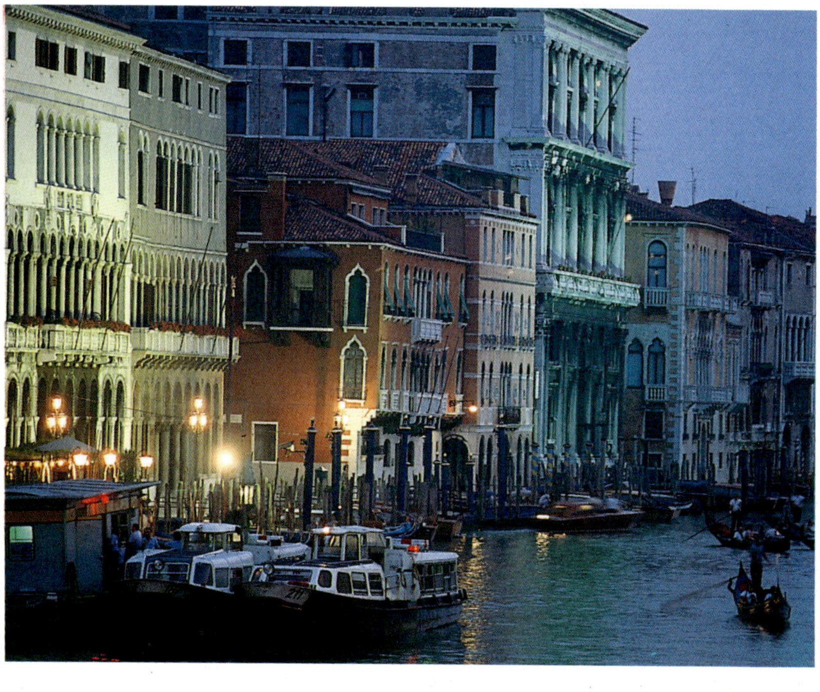

Il Canal Grande al tramonto.

In alto, a sinistra *Loggiato delle Pescherie.*

In alto, a destra *Il fondaco dei Tedeschi.*

Ca' Da Mosto.

Il ponte di Rialto

Uno dei simboli di Venezia è senza dubbio il **ponte di Rialto**. In posizione strategica per la città, collega l'area marciana con la zona commerciale e fino all'Ottocento era l'unico ponte ad attraversare il Canal Grande. In origine in legno, come possiamo vedere da un dipinto di Vittore Carpaccio, *Il miracolo della Croce*, in esposizione alle Gallerie dell'Accademia, il ponte di Rialto così come è ora venne edificato alla fine del Cinquecento da Antonio Da Ponte, che vinse il concorso per il progetto al quale parteciparono altri grandi architetti dell'epoca come Sansovino, Michelangelo, Palladio. L'altezza del ponte creò grossi problemi ai costruttori a causa del terreno paludoso. Doveva infatti permettere alle galere di passarvi sotto e scaricare le merci lungo il resto del Canal Grande. Fu quindi realizzato ad una sola, possente arcata sulla quale corrono tre percorsi pedonali divisi tra loro da due ali di negozi.

Lungo il Canal Grande si susseguono i palazzi più eleganti di Venezia. Tra questi **palazzo Loredan** e **Ca' Farsetti**, dall'inizio dell'Ottocento sede del Comune di Venezia. Entrambi gli edifici hanno origine veneto-bizantina, con tipiche arcate al piano terreno cui si potevano accostare le barche per caricare e scaricare le merci. **Palazzo Pisani Moretta** si distingue per le tinte rosate e una facciata in stile gotico fiorito con due ordini di logge e trafori.

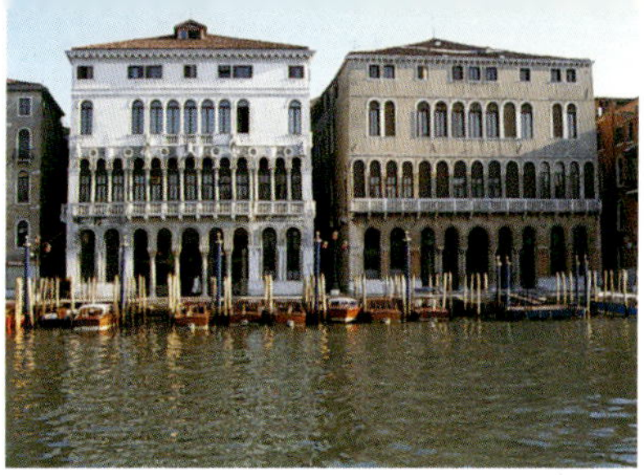

Palazzo Loredan e Ca' Farsetti.

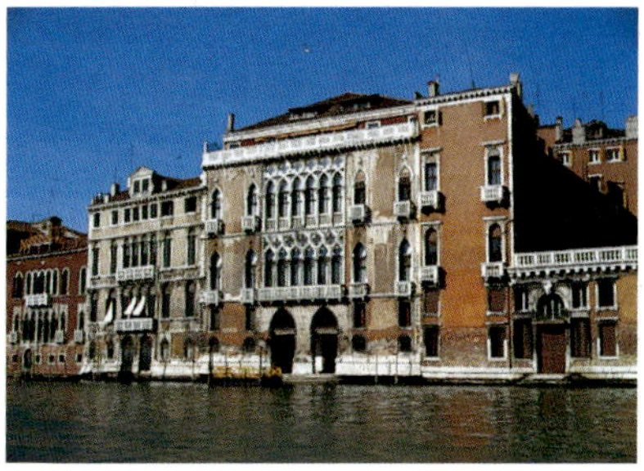

Palazzo Pisani Moretta.

Ponte di Rialto.

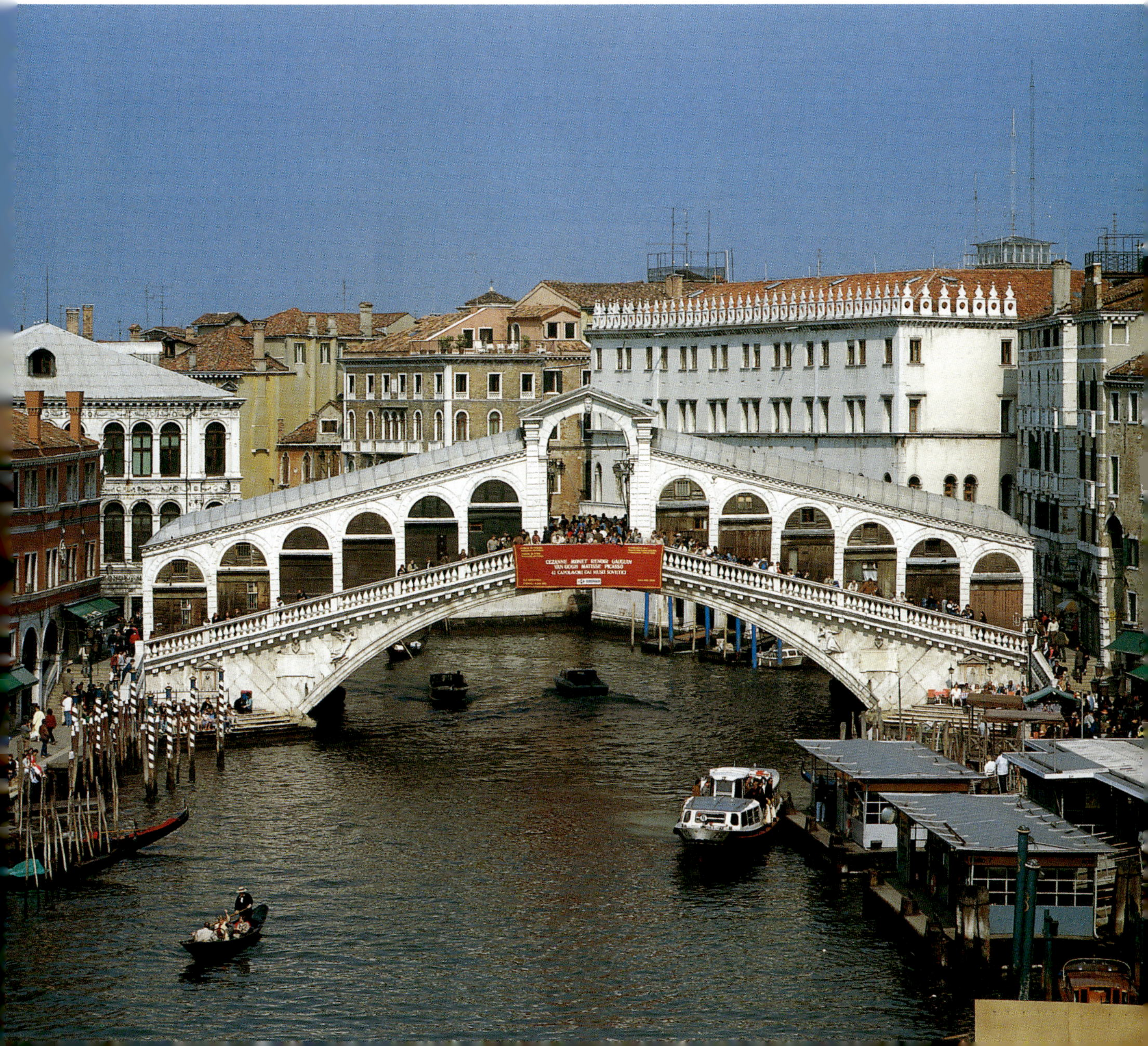

Da Ca' Foscari allo sbocco in bacino

All'angolo con rio Novo, che sfocia in Canal Grande, **palazzo Balbi**, della fine del Cinquecento, dalla facciata imponente, è ora sede della Regione del Veneto e poco oltre il rio, **Ca' Foscari**, ospita la sede principale dell'Università di Venezia. Si tratta di uno degli edifici più importanti sul Canal Grande, con la splendida facciata ornata di marmi, trafori, loggiati ed è uno degli esempi più interessanti di gotico veneziano.

Ca' Rezzonico e **palazzo Grassi** si fronteggiano sulle rive opposte del Canale. Entrambi sedi museali di grandissimo prestigio, Ca' Rezzonico, di epoca barocca con sale affrescate da Tiepolo, accoglie il Museo del Settecento veneziano. Palazzo Grassi, di proprietà del gruppo FIAT, è stato restaurato recentemente per ospitare importanti mostre temporanee.

Accanto al **ponte dell'Accademia**, dalla struttura in legno e dal quale si scorge il bacino di San Marco, sono le **Gallerie dell'Accademia**, uno dei più famosi musei del mondo. Oltre il ponte, a sinistra, **palazzo Barbaro**, in diversi momenti a cavallo di questo secolo ospitò lo scrittore americano Henry James, che da qui trasse ispirazione per le scene "veneziane" del suo grande romanzo: *Le ali della colomba*.

La **Casetta delle Rose** il cui giardino si affaccia sul Canale in posizione più arretrata rispetto agli altri palazzi, deve la sua fama al fatto che vi soggiornò lo scrittore Gabriele D'Annunzio e nel Settecento fu lo studio dello scultore Antonio Canova. Di fronte, lo stabile settecentesco interrotto al piano terreno e mai terminato è **palazzo Venier dei Leoni**. Qui si trova la Collezione Peggy Guggenheim, una delle più prestigiose raccolte permanenti di arte contemporanea nello stesso edificio in cui la grande collezionista americana visse e morì. A **palazzo Dario**, che si distingue per i caratteristici camini e le decorazioni in marmi policromi sulla facciata, si lega un'infausta leggenda: si racconta infatti che chi abita il palazzo venga colpito da terribili sventure.

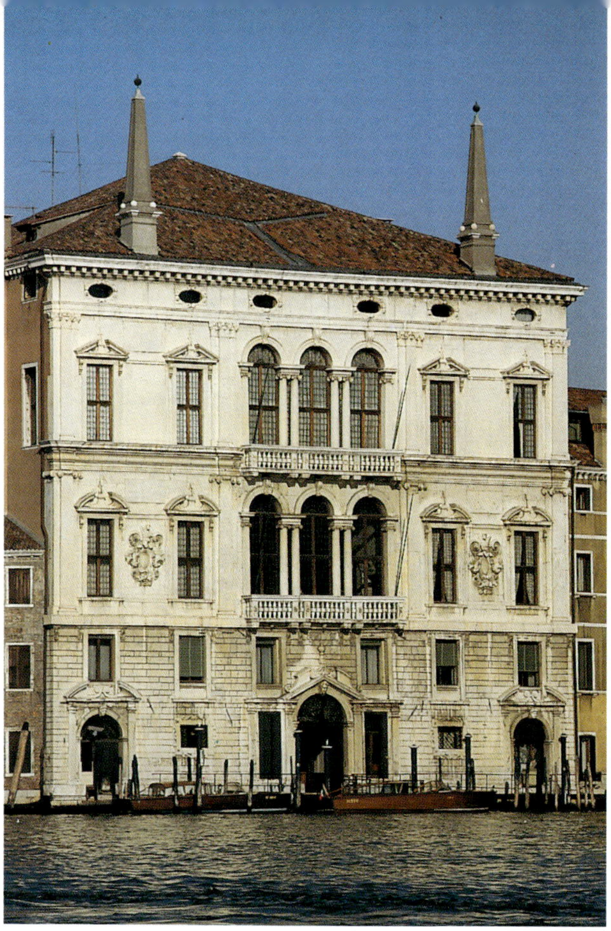

Palazzo Balbi.

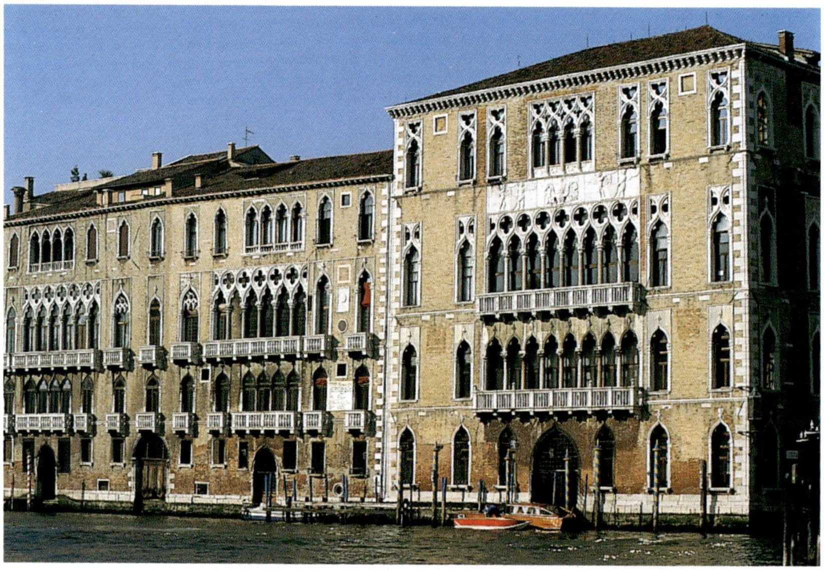

Ca' Foscari, sede dell'Università.

In basso *Palazzo Grassi.*

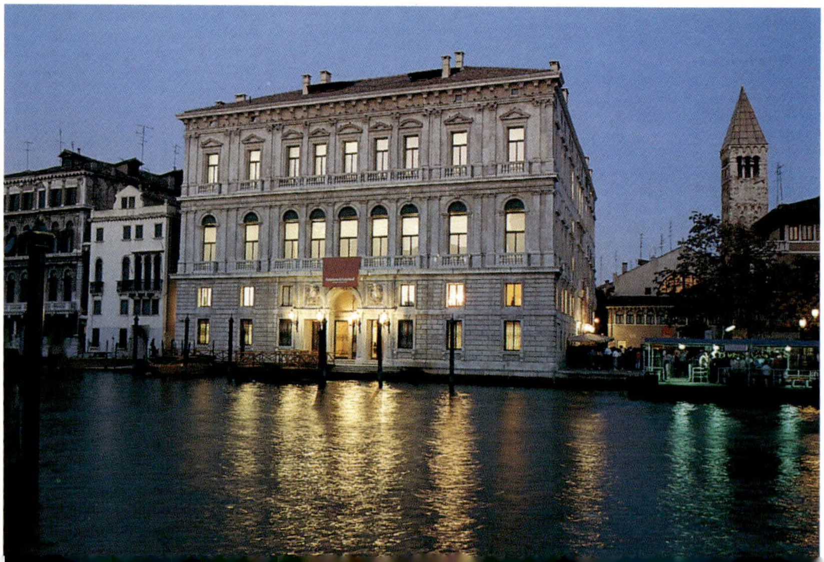

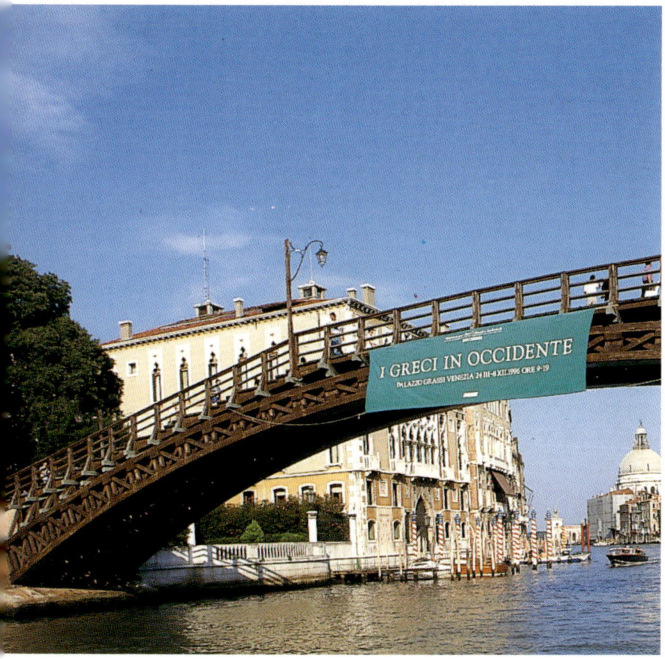

Il ponte dell'Accademia.

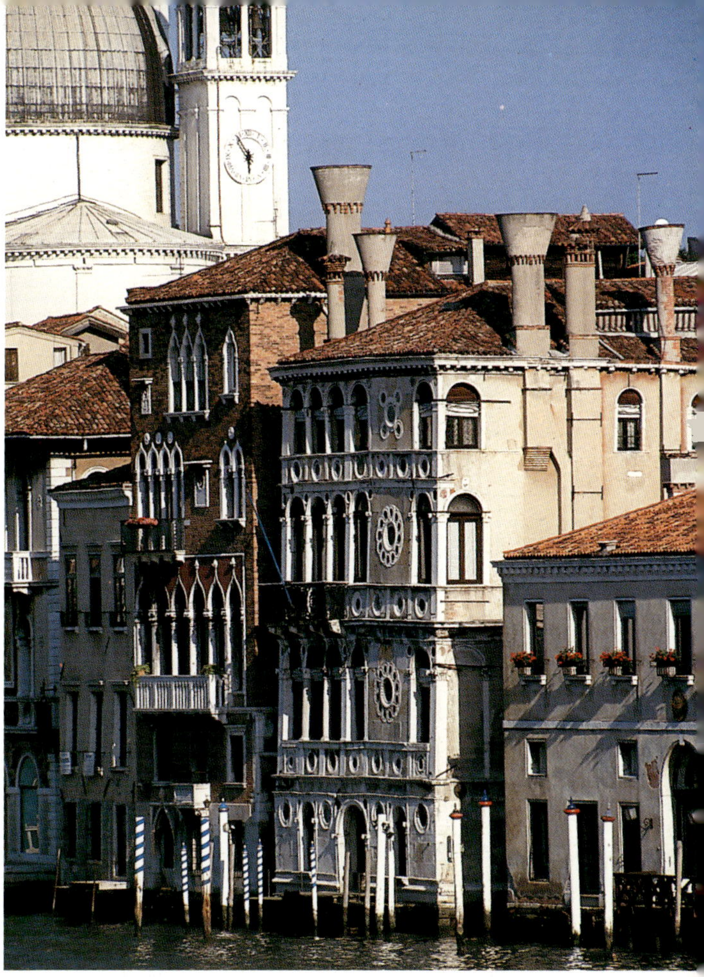

Ca' Dario.

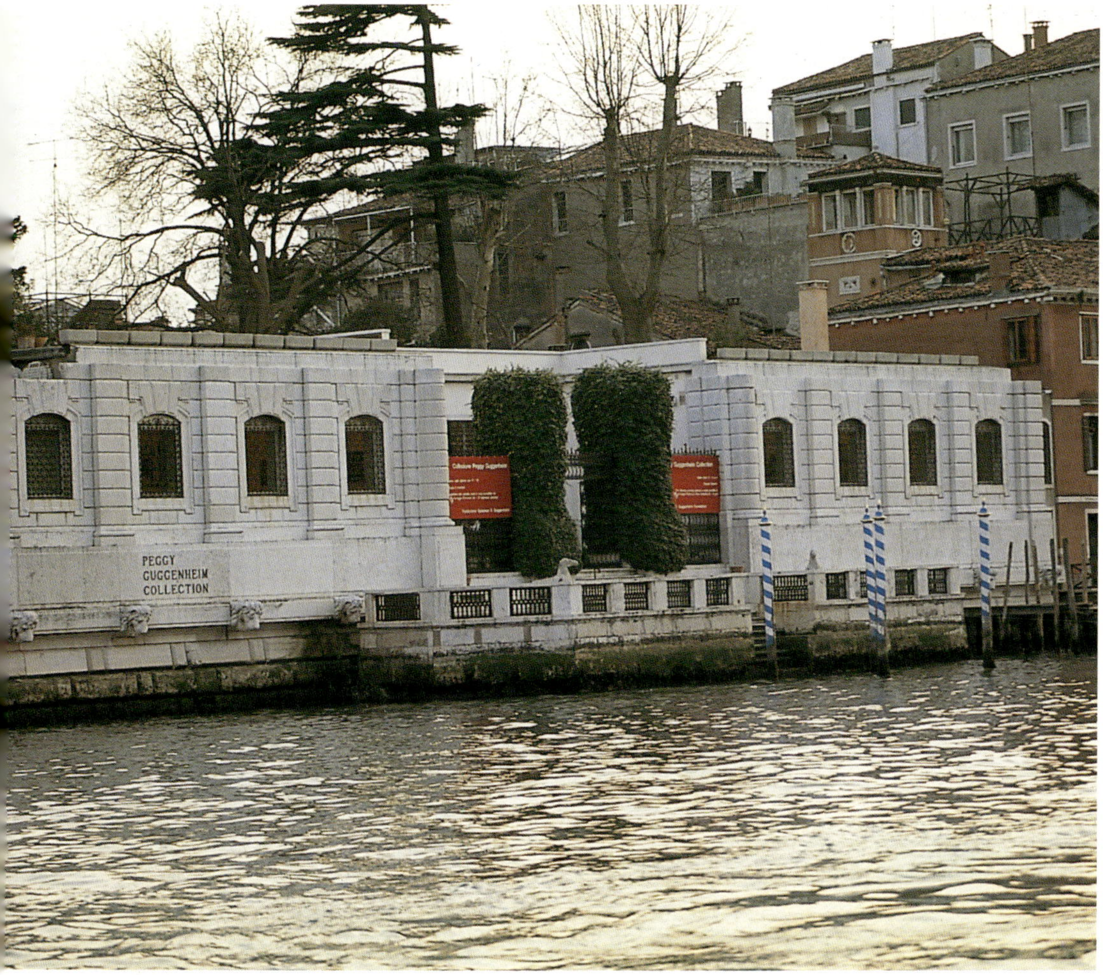

Palazzo Venier dei Leoni, sede della Collezione Peggy Guggenheim.

La basilica della Salute

La maestosa **basilica della Salute**, capolavoro barocco di Baldassarre Longhena, eretta per commemorare la fine della peste del 1630, sorge in prossimità dello sbocco del Canal Grande in bacino. L'edificio è a pianta centrale e vi si accede grazie a una scalinata poligonale che gira attorno alla facciata della chiesa, sottolineandone l'imponenza. Qui si celebra una ricorrenza fortemente sentita in città, la **Festa della Madonna della Salute**, per adempiere al voto fatto durante l'epidemia di peste. Dal 1630 ogni anno, il 21 novembre, viene costruito un ponte di barche sul Canal Grande e i veneziani vanno in pellegrinaggio alla Madonna per accendere un cero benedetto.

Lo sbocco nel trafficato bacino di San Marco è segnato dalla **punta della Dogana.** Da qui si gode una magnifica vista sugli edifici che da piazza San Marco si riflettono sull'acqua: la Zecca, le colonne in piazzetta, Palazzo Ducale e, in fondo, il Campanile. In cima all'edificio della Dogana da Mar, scalo doganale per le merci che provenivano dal mare, su una torretta è collocata una statua rappresentante la Fortuna, in piedi su una palla d'oro, il mondo, che funge da segnavento.

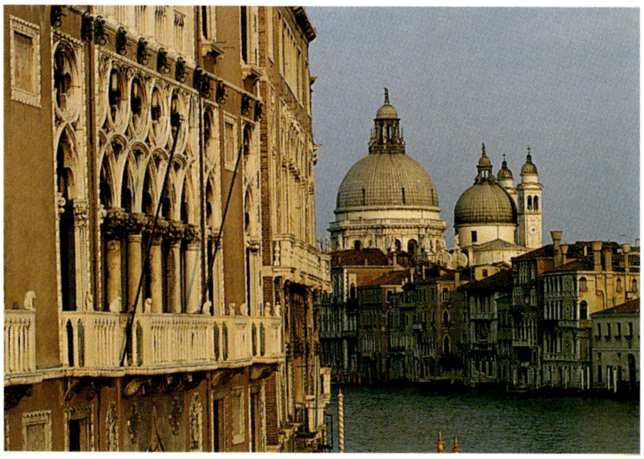

Veduta del Canal Grande con le cupole della basilica della Salute sullo sfondo.

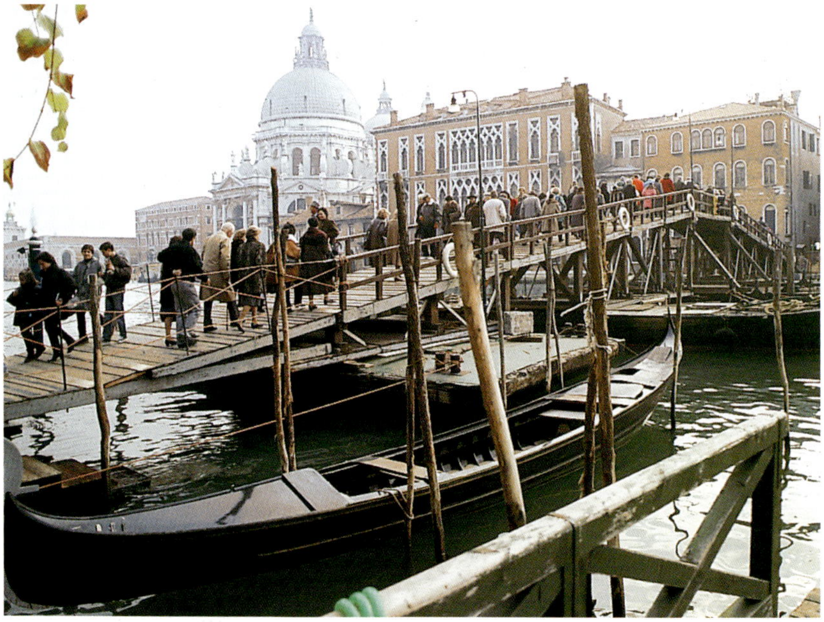

La festa della Madonna della Salute.

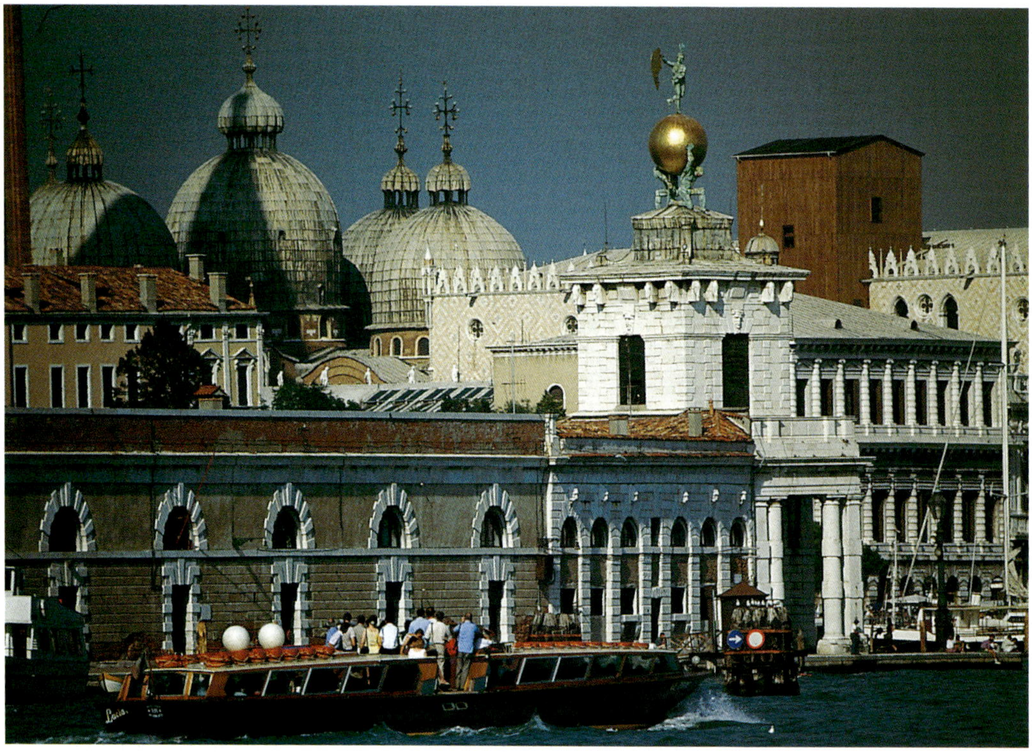

La punta della Dogana.

Alla pagina accanto *La basilica della Salute.*

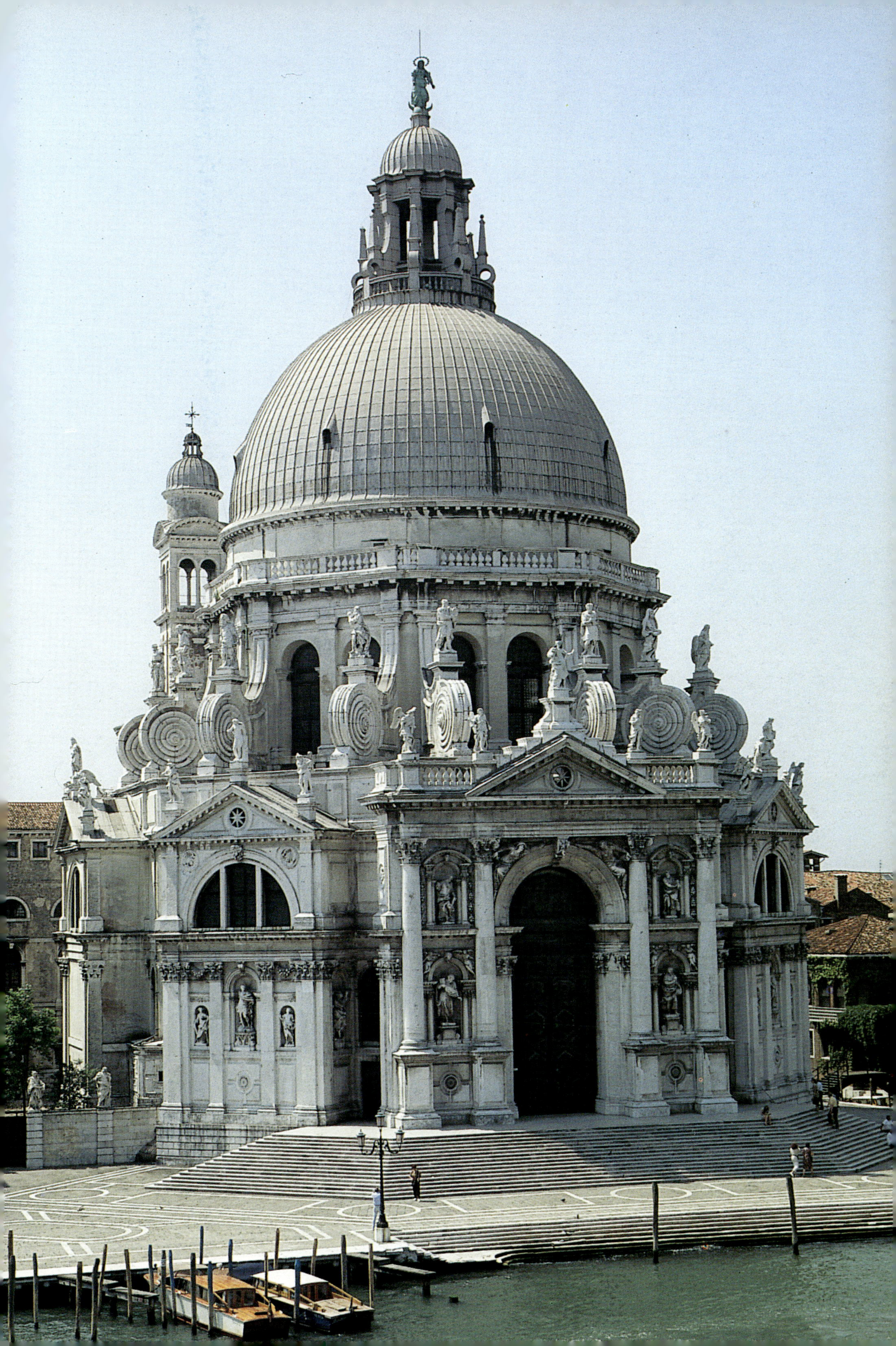

L'isola di San Giorgio Maggiore e il bacino di San Marco

Parte integrante della vista sul bacino di San Marco, tante volte ripresa nei quadri di artisti di ogni epoca, è l'**isola di San Giorgio Maggiore**. Dall'isola si erge classica e maestosa una delle opere architettoniche più belle e famose di Andrea Palladio: la **basilica di San Giorgio**. Iniziata nel 1566, venne terminata solo venticinque anni dopo, quando il grande architetto era già morto. L'interno è grandioso e conserva mirabili capolavori di Tintoretto, come l'*Ultima cena* e la *Raccolta della manna*. Dall'interno della chiesa si accede direttamente al campanile, la cui visita è da non perdere. Dalla sua cima infatti si può godere di una delle vedute più belle di Venezia, della laguna e delle altre isole.
Accanto alla chiesa sorge il convento benedettino, fondato nel X secolo ma di struttura risalente all'epoca cinquecentesca. Il convento conserva due bellissimi chiostri e un refettorio progettato da Andrea Palladio. L'intero complesso venne terminato comunque solo nel Seicento con la realizzazione di una splendida biblioteca a cui si accede da uno scalone, entrambi progettati da Baldassarre Longhena. Attualmente il convento ospita un grande istituto di cultura internazionale, la **Fondazione Giorgio Cini**, ed è spesso teatro di eventi e convegni di livello mondiale.

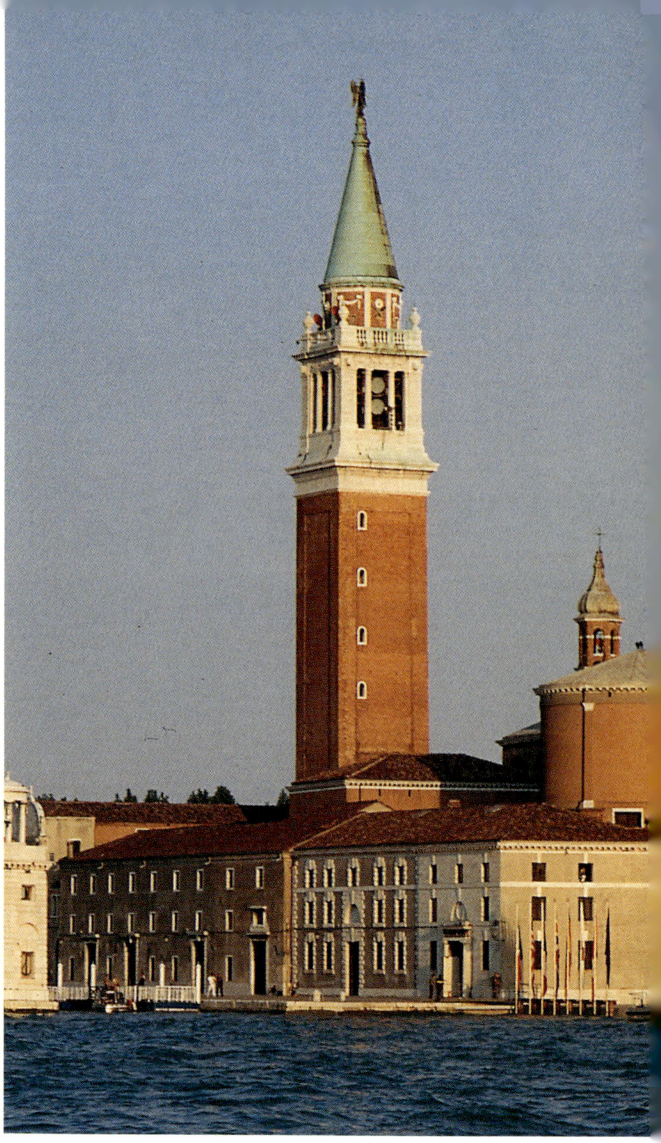

L'isola di San Giorgio Maggiore.

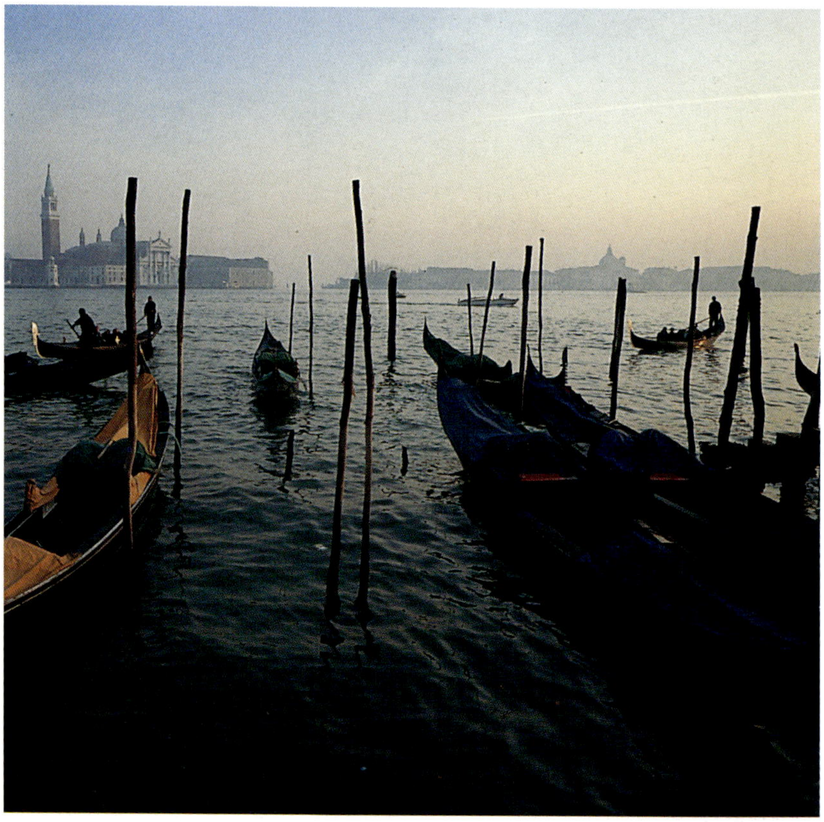

Una suggestiva immagine del bacino di San Marco con l'isola di San Giorgio e la Giudecca sullo sfondo.

Alla pagina accanto, in basso
Veduta aerea del bacino di San Marco.

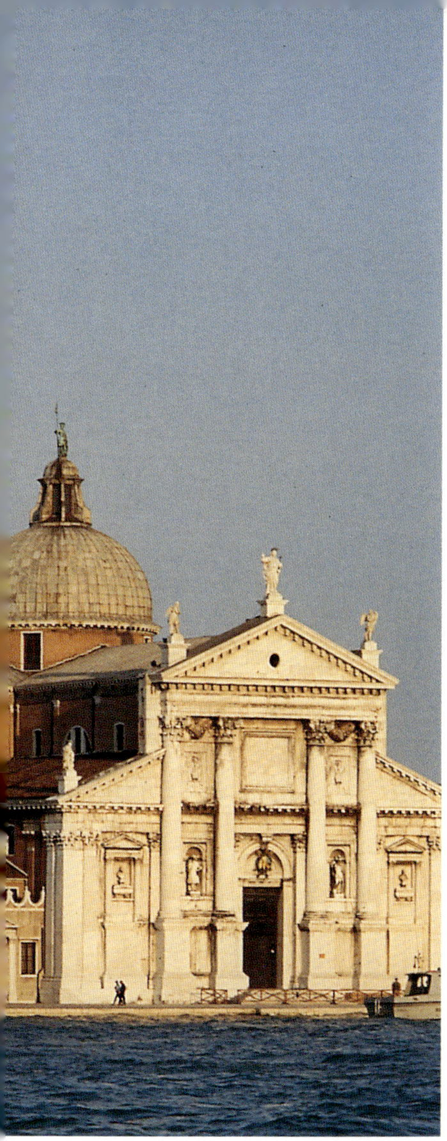

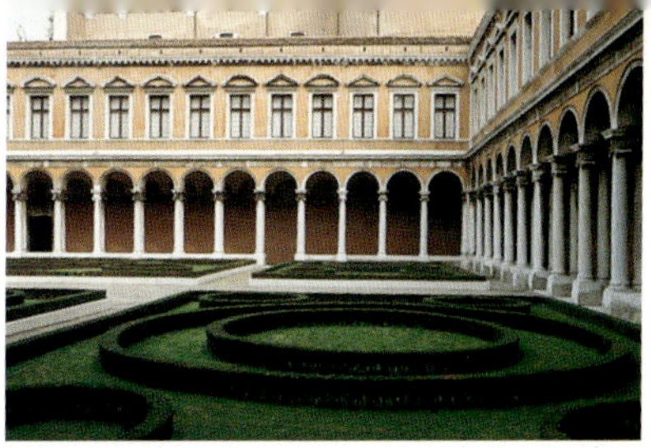

Due immagini della Fondazione Cini: a fianco, *uno dei chiostri e,* sotto, *la biblioteca.*

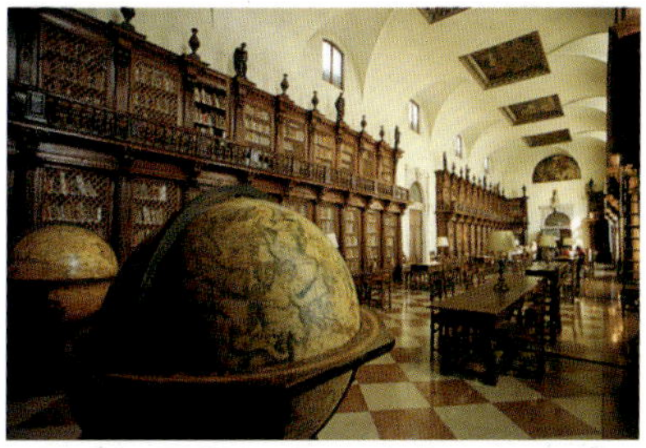

Jacopo Tintoretto, L'Ultima cena. Basilica di San Giorgio Maggiore.

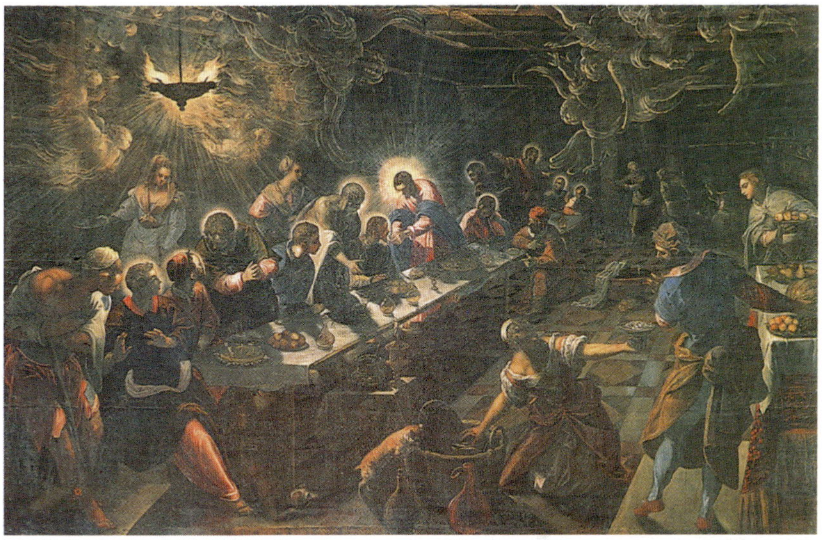

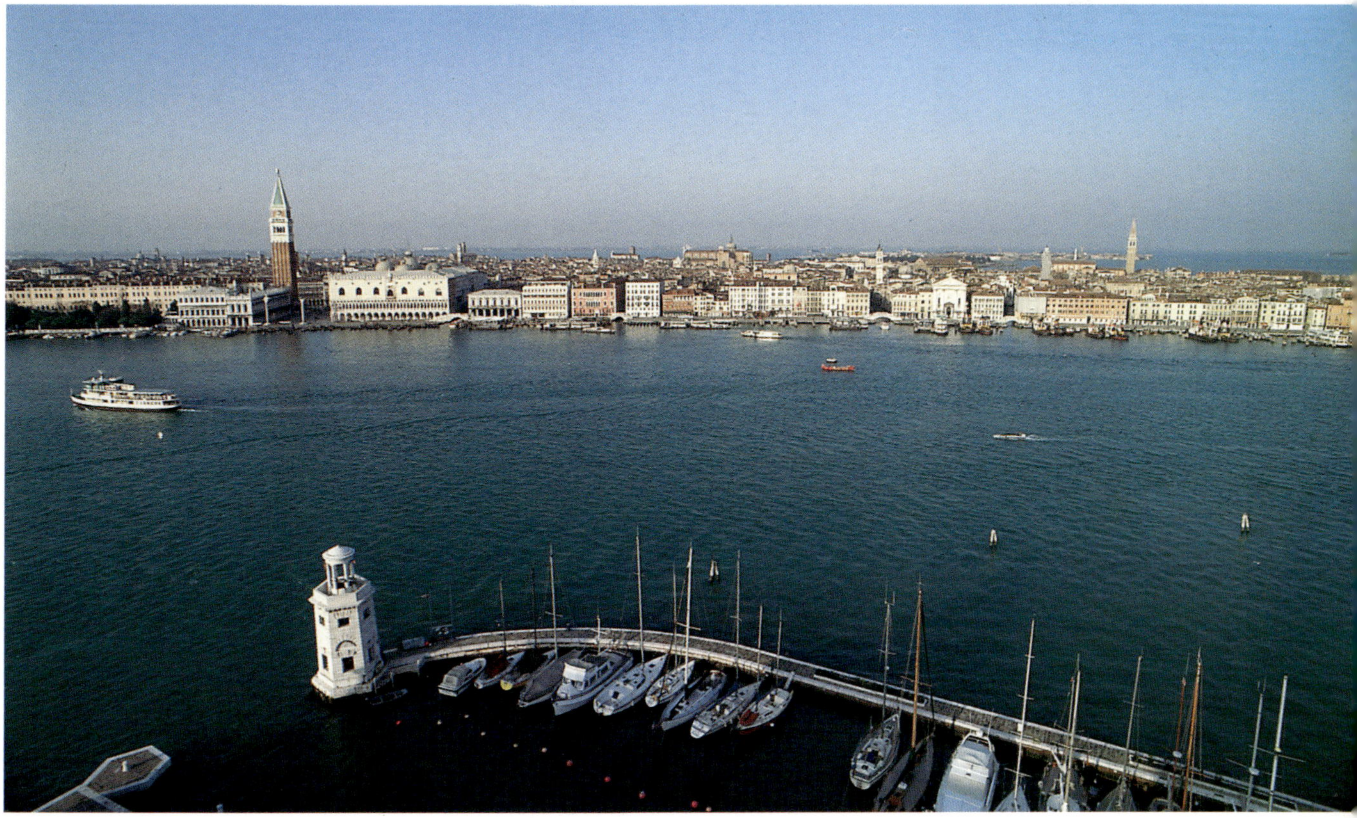

LA REGATA STORICA

Venezia è città di grandi tradizioni marinare, per cui molte sue feste sono legate al mare. La più importante tra queste è la **Regata Storica**, che si tiene sempre la prima domenica di settembre, con la quale si ricordano tutte quelle che si svolsero a Venezia a cominciare dalla più antica nel XIII secolo. Il corteo storico si snoda lungo il Canal Grande che si presenta nella veste più bella, con i palazzi addobbati con stendardi e drappi alle finestre. La partenza delle regate per vari tipi di imbarcazioni è prevista dal bacino di San Marco: si procede fino all'altezza della Stazione ferroviaria, qui si gira attorno a un palo, il giro del "paleto", e si risale il Canal Grande fino a Ca' Foscari dove c'è il traguardo.

Parte integrante della Regata Storica è il corteo acqueo che precede le gare vere e proprie e rievoca i festeggiamenti che furono tenuti a Venezia per l'arrivo di Caterina Cornaro, regina di Cipro. Tutto il Canale viene percorso da una parata di barche dette "bissone" sulle quali vogano numerosi rematori in costume d'epoca e in una di esse appare persino il doge che saluta la folla. Nel corso della giornata, le regate che si susseguono sono più di una, ma la più attesa è quella dei gondolini, gondole piccole e veloci portate da due vogatori.

Un'altra bellissima festa marittima è la **Regata delle Repubbliche Marinare** che si svolge in ricordo della gloria marinara di quattro città: Venezia appunto, Amalfi, Pisa e Genova, che ospitano a turno questa manifestazione. La regata vera e propria è preceduta da un corteo molto suggestivo lungo tutta piazza San Marco a cui partecipano in costume d'epoca i rappresentanti delle città che furono Repubbliche Marinare.

Altra festa di mare è la **Vogalonga**, che ha luogo la prima domenica di maggio. È una regata non competitiva, a cui partecipano tutti i veneziani capaci di vogare e si svolge su barche a remi di ogni dimensione, non solo lungo il Canal Grande, ma soprattutto tra le isole e gli isolotti della laguna settentrionale. È una grande festa della città ed è impressionante vedere le centinaia di barche che vi partecipano, riunite in bacino di San Marco prima della partenza.

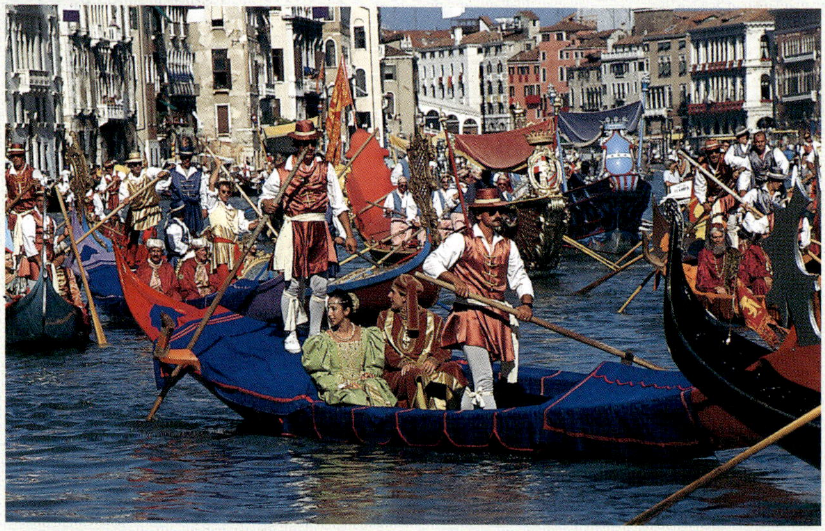

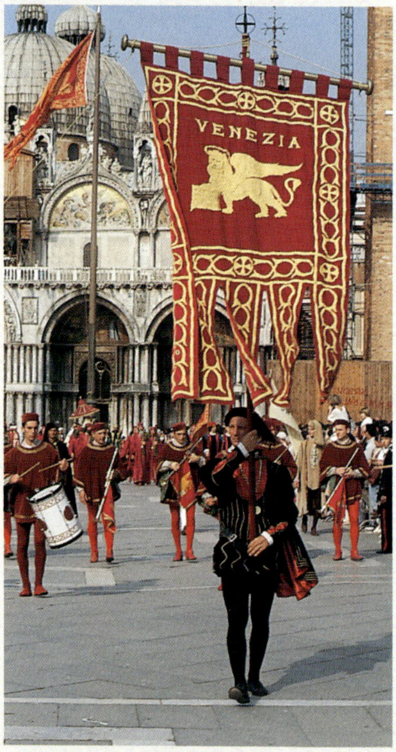

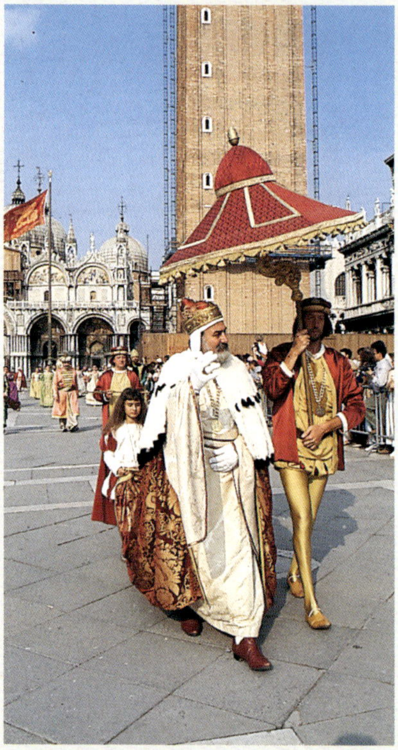

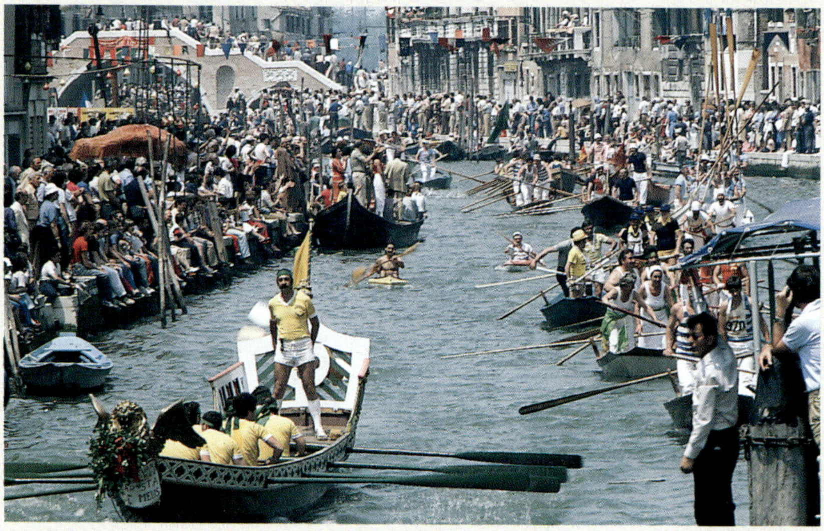

In questa pagina, dall'alto
La Regata Storica, due momenti della Regata delle Repubbliche Marinare e la Vogalonga.

Alla pagina accanto
Il corteo di barche durante la Regata Storica.

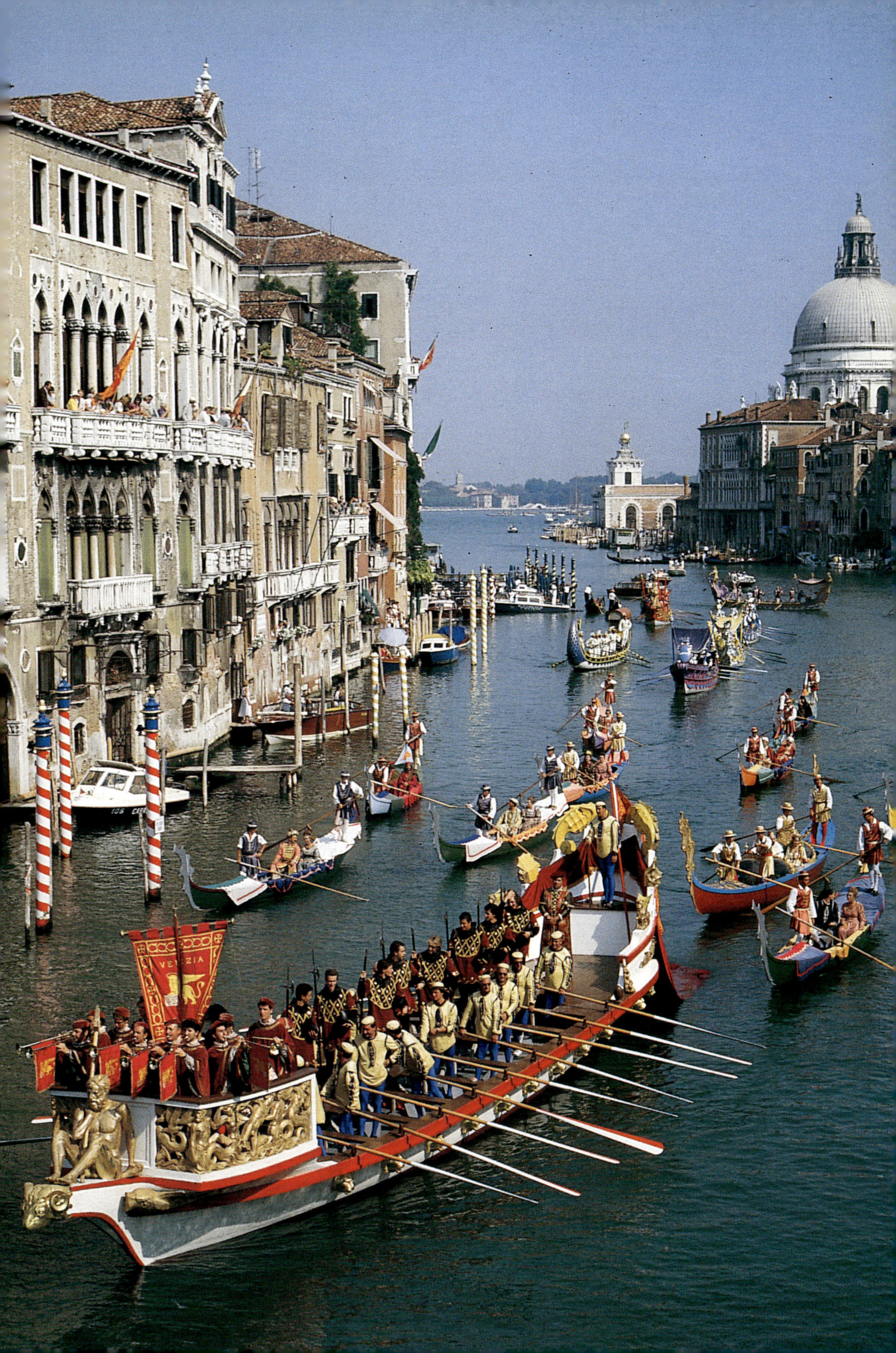

Piazza San Marco

Piazza San Marco è il cuore di Venezia. Visitata ogni anno da milioni di turisti, racchiude gli edifici più celebri della città: la basilica di San Marco, il Palazzo Ducale, il Campanile, le Procuratie Vecchie, le Procuratie Nuove e la Libreria Sansoviniana. Proprio per la sua importanza è l'unico grande spazio aperto che in città prende il nome di "piazza"; gli altri, in base alla dimensione, vengono chiamati "campi" o "campielli".
Innumerevoli sono gli artisti che hanno dipinto vedute e monumenti della piazza, descritto le grandi feste che vi si celebravano, narrato della gente che la frequentava, ambientato scene di racconti e romanzi. Più di uno scrittore ha definito questo luogo "il più bel salotto del mondo".
I monumenti che la circondano recano la testimonianza di una città dal passato glorioso e ricco di storia e di arte. Ognuno di essi racconta un'epoca di questo passato.
Infatti, nel corso dei secoli la piazza è stata il centro religioso, economico, politico e sociale della città e di conseguenza il teatro di ogni grande avvenimento: il ritorno da una vittoria marittima, l'arrivo di un re o di un ambasciatore, una ricorrenza religiosa, il Carnevale. Tuttora la piazza diventa di frequente teatro di grandi e importanti manifestazioni. Così come si presenta oggi, la splendida piazza San Marco è il risultato di una numerosa serie di cambiamenti che, negli aspetti più importanti, ebbero termine solo nel secolo scorso.

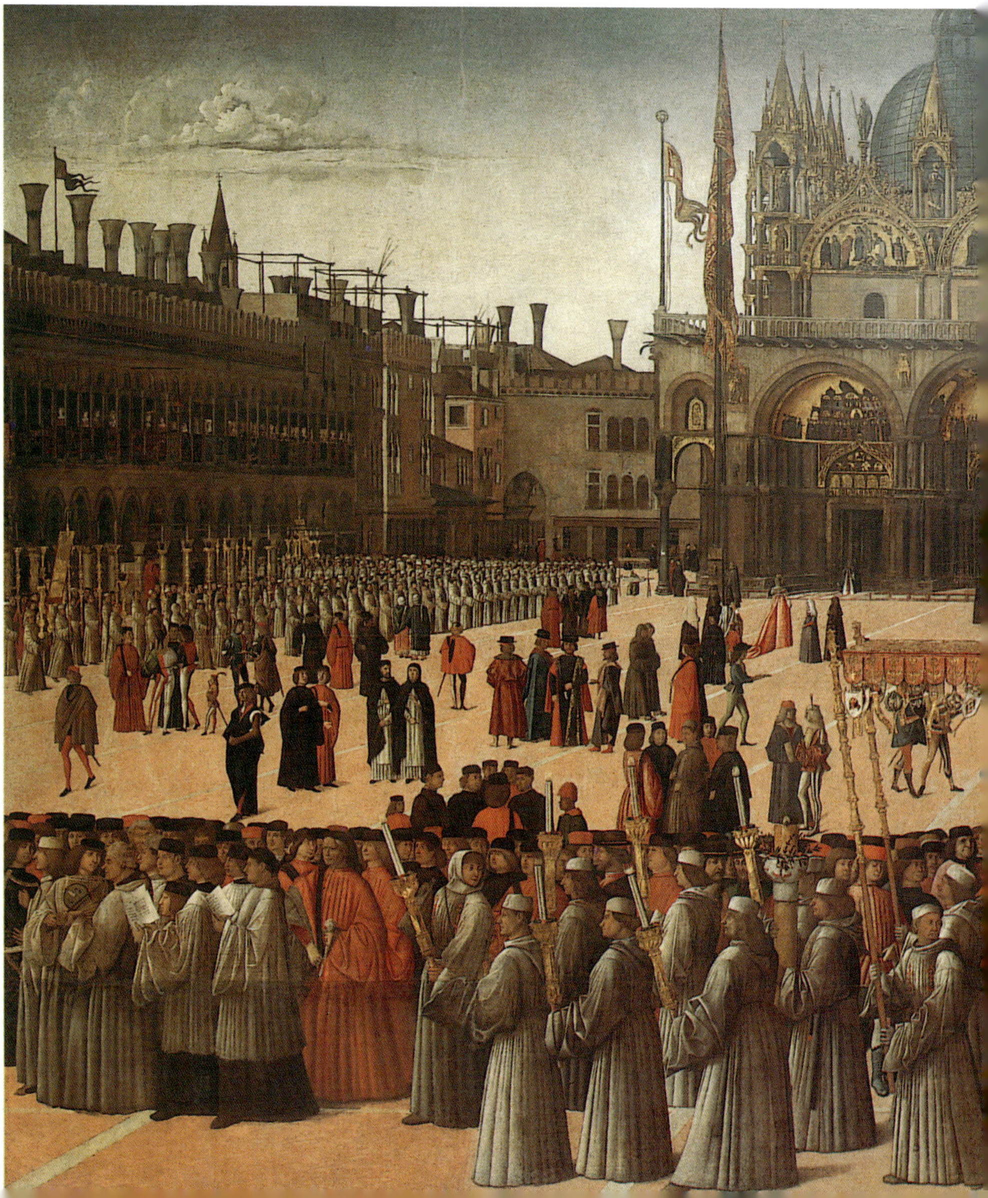

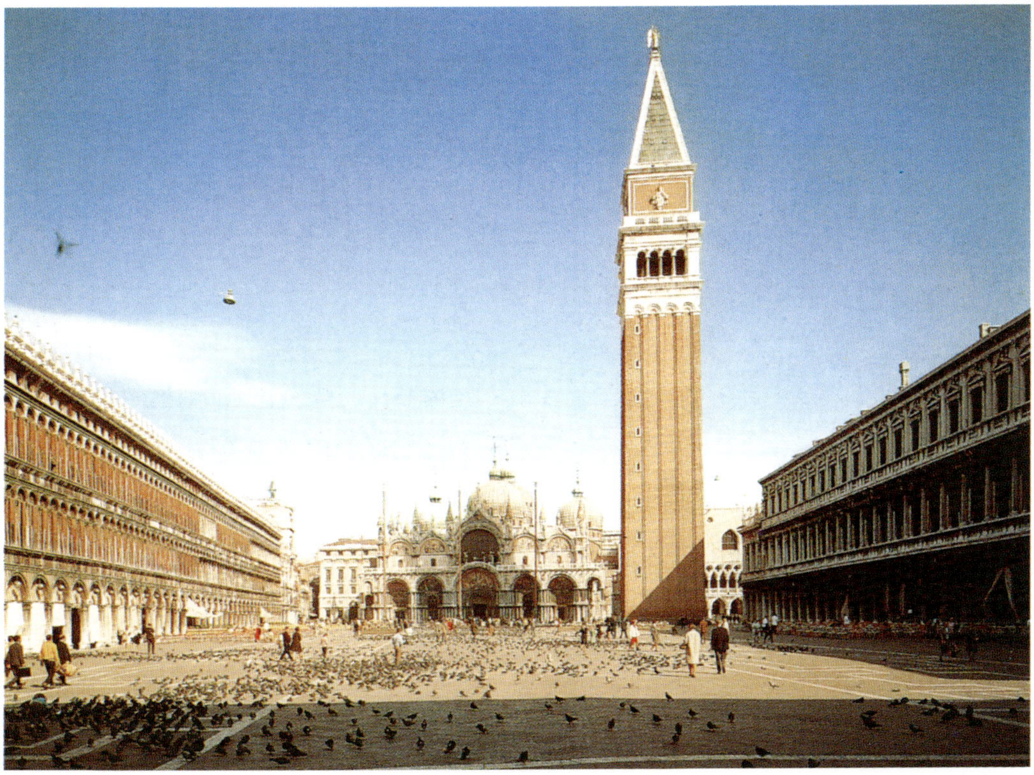

Piazza San Marco.

Gentile Bellini, Processione in piazza San Marco. Gallerie dell'Accademia.

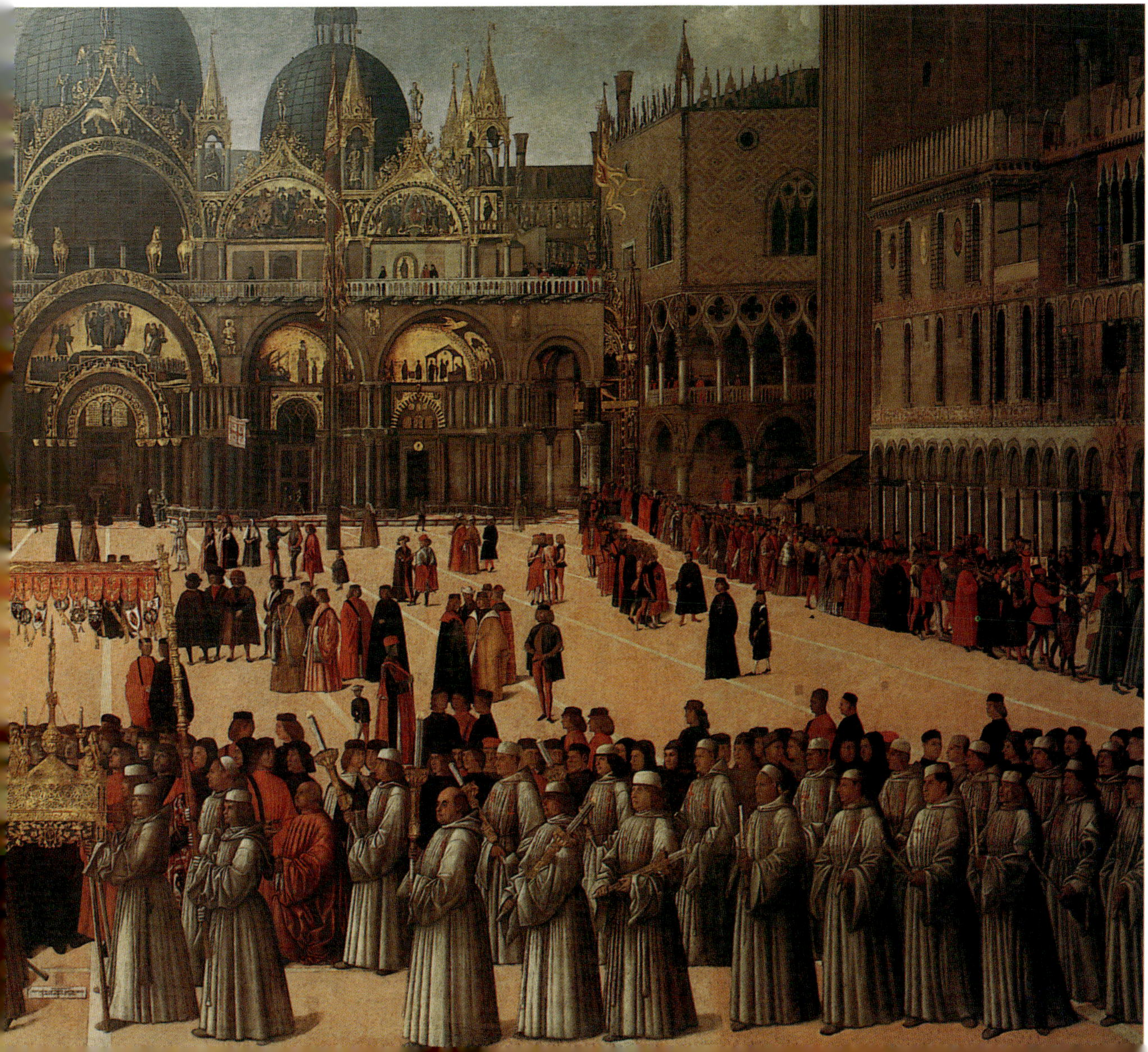

Il Campanile di San Marco

Dalla cima del **Campanile di San Marco** è possibile ammirare uno stupendo panorama della piazza e del centro storico.
Nel 1902 crollò improvvisamente, ma venne ricostruito esattamente come prima. Il Campanile, la cui loggetta alla base fu realizzata da Jacopo Sansovino, indica anche l'inizio della piazzetta, cioè lo spazio antistante il bacino di San Marco.

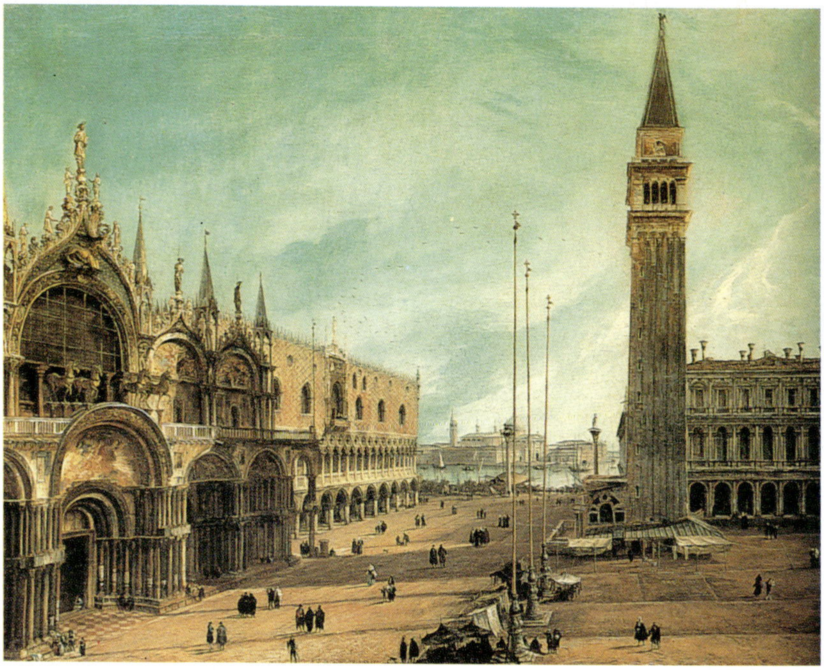

Canaletto, Piazza San Marco. New York, collezione privata.

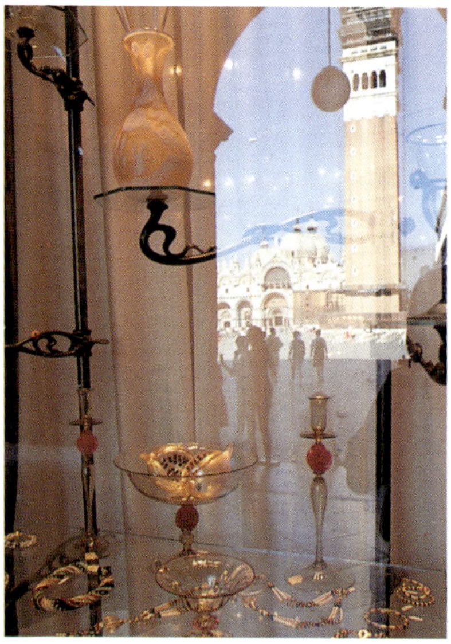

Nelle vetrine di un negozio si riflettono il Campanile e la basilica di San Marco.

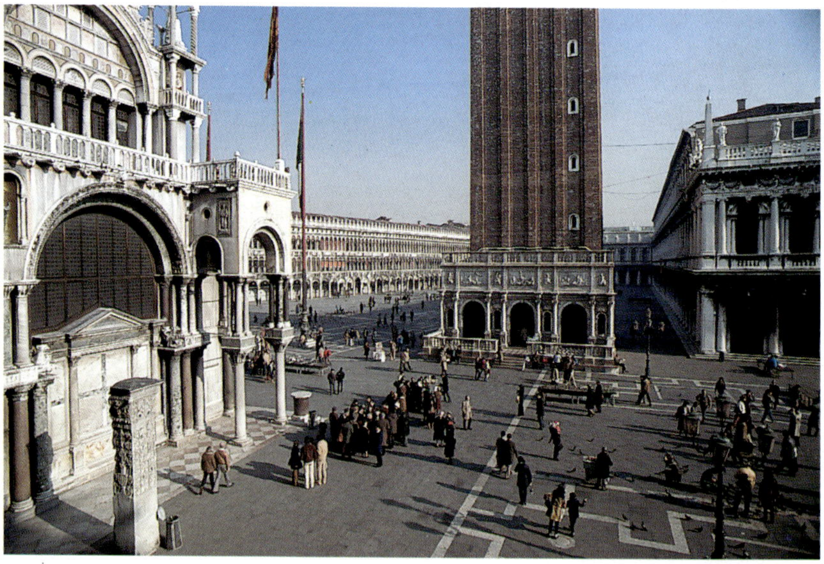

Scorcio del Campanile dal Palazzo Ducale.

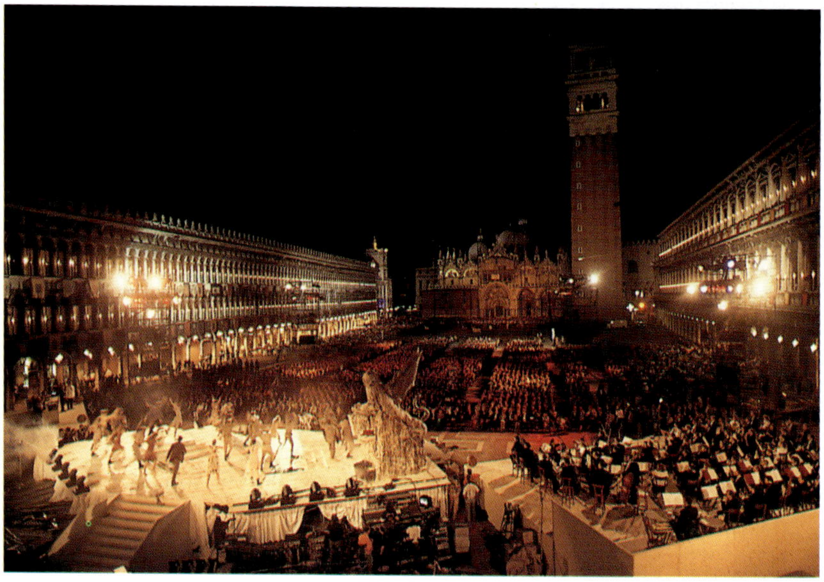

Spettacolo in piazza San Marco.

Alla pagina accanto
Veduta notturna della basilica di San Marco e della Torre dell'Orologio.

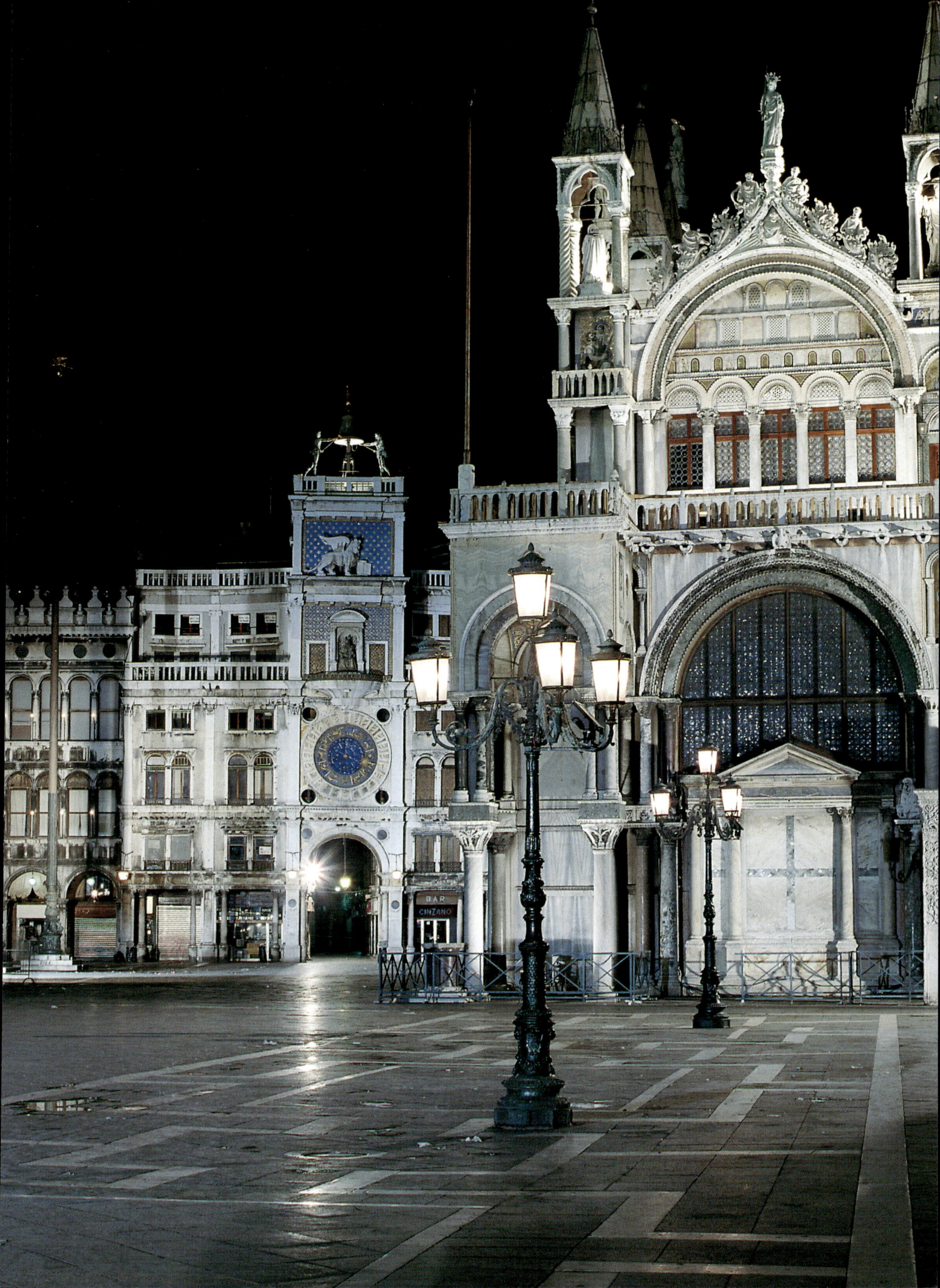
BAR
CINZANO

Le Procuratie Vecchie e la Torre dell'Orologio

Su piazza San Marco si affacciano le **Procuratie**, due lunghi edifici porticati che definiscono i lati settentrionale e meridionale della piazza, sotto i quali si aprono i più eleganti negozi della città. Le **Procuratie Vecchie**, edificate nel XII secolo e ristrutturate agli inizi del Cinquecento, erano la residenza dei procuratori di San Marco, la più alta magistratura dello Stato dopo il doge, istituita già nel Mille, per sovrintendere alla costruzione e conservazione della basilica. Questa istituzione, ovviamente con poteri diversi, esiste ancora oggi.

Posta a completamento delle Procuratie Vecchie, la **Torre dell'Orologio** fu realizzata alla fine del Quattrocento ed è sovrastata da una terrazza da cui due statue in bronzo, i *Mori*, battono le ore. Sulla sua facciata due finestrelle segnano le ore e i minuti. Tra i *Mori* e le ore troneggia il simbolo di Venezia, il *leone alato*, su un campo azzurro stellato. Il quadrante è splendido e riporta le ore in cifre romane, i mesi, i segni zodiacali, le fasi lunari.

Durante la settimana dell'Ascensione le figure dei *Magi* della torre , che si trovano all'interno del meccanismo dell'orologio, escono ogni ora da una porticina e si chinano davanti alla *Madonna con Bambino* situata nella nicchia.

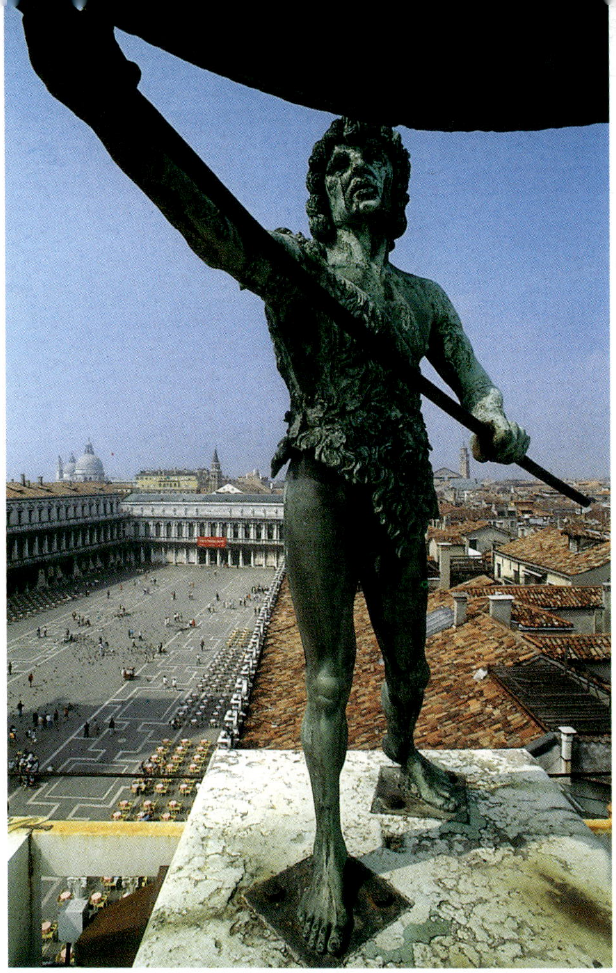

La piazza vista di scorcio da uno dei Mori sulla Torre dell'Orologio.

Alla pagina accanto
Il leone di San Marco sulla Torre dell'Orologio.

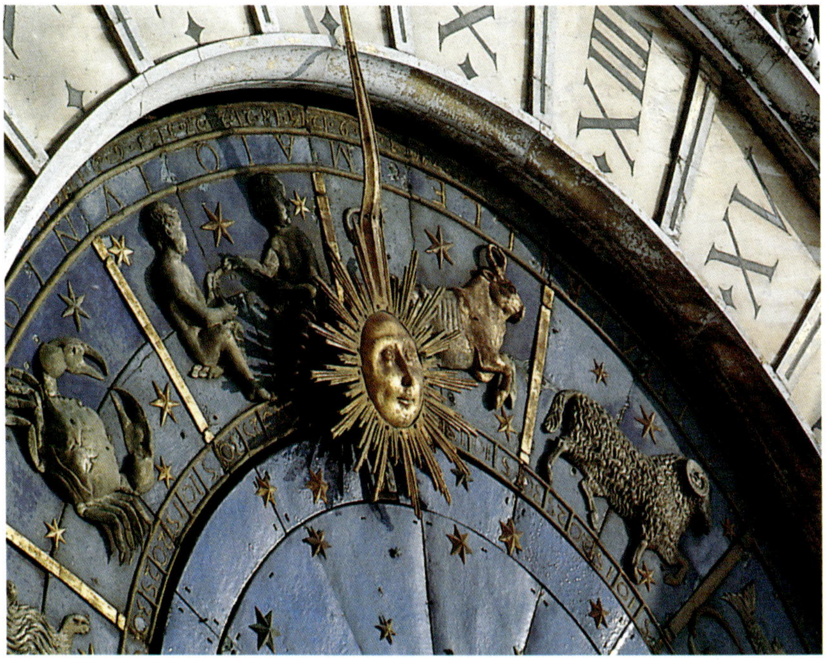

Torre dell'Orologio: il quadrante.

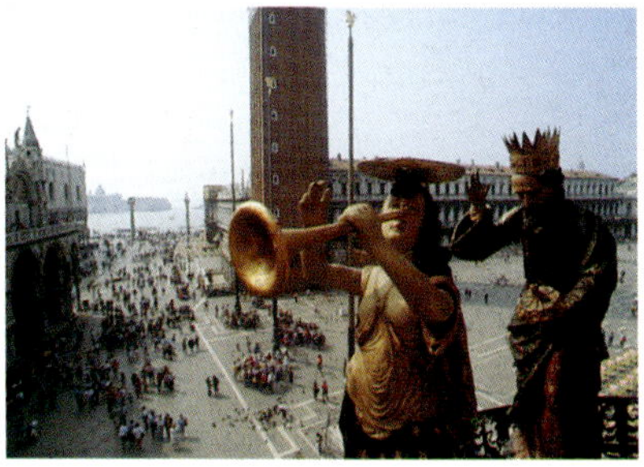

La sfilata dei re Magi sulla Torre dell'Orologio.

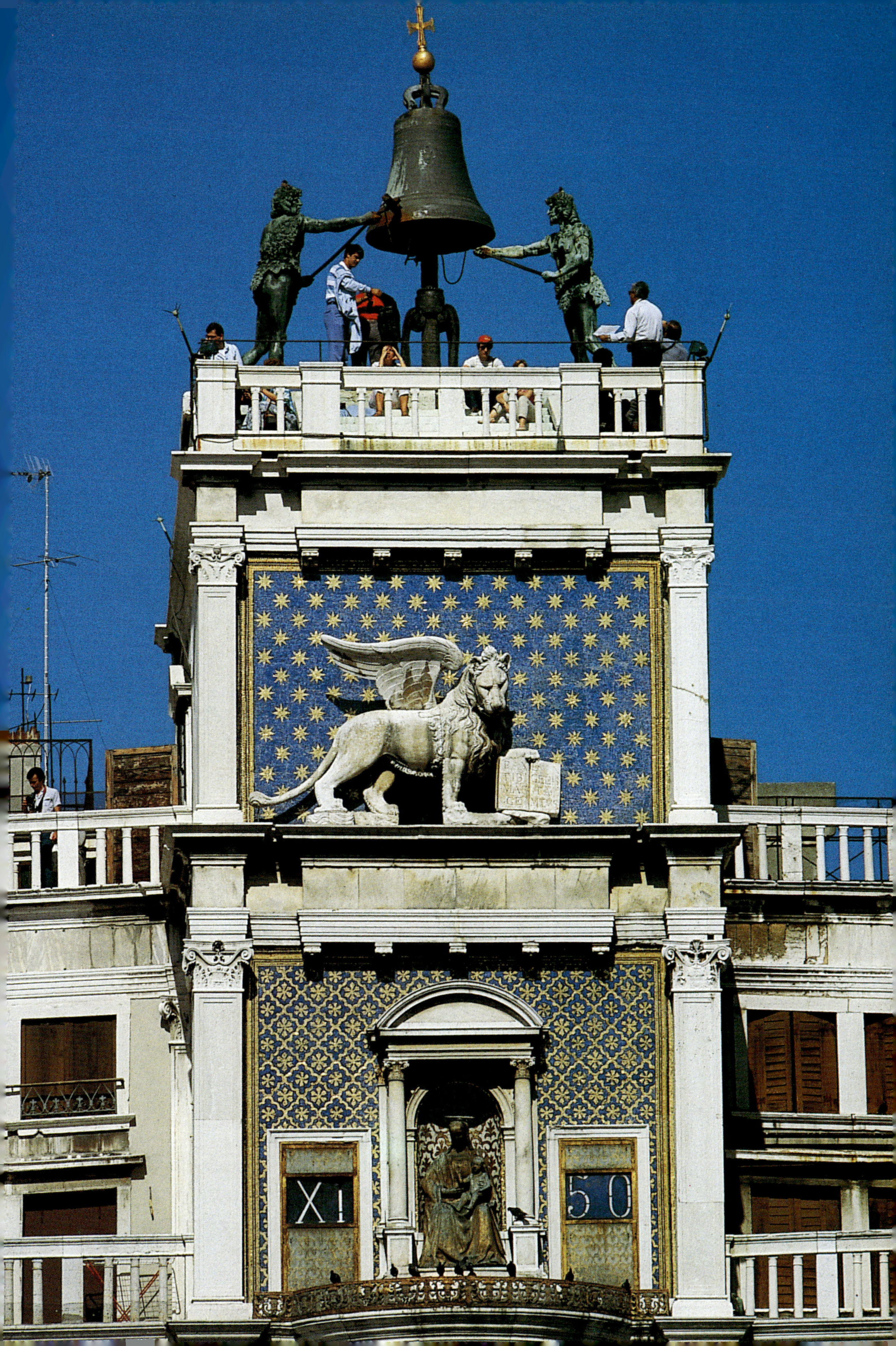
XI
50

Nel braccio corto di piazza San Marco le Procuratie Vecchie e Nuove sono unite fra loro da un edificio detto **Ala Napoleonica**. Per costruirlo, all'inizio dell'Ottocento sotto il dominio di Napoleone, fu necessario radere al suolo l'antica chiesa di San Geminiano. Ora l'Ala Napoleonica e alcune sale delle Procuratie Nuove ospitano il **Museo Correr**, che raccoglie testimonianze dell'arte veneziana nelle sue più varie espressioni.
Le sale neoclassiche conservano oggi una splendida collezione di statue e bassorilievi dello scultore Antonio Canova tra le quali si segnala la statua *Dedalo e Icaro*.
La pinacoteca raccoglie, invece, opere di pittura veneziana e fra queste ricordiamo il famosissimo quadro di Vittore Carpaccio *Due dame veneziane*.

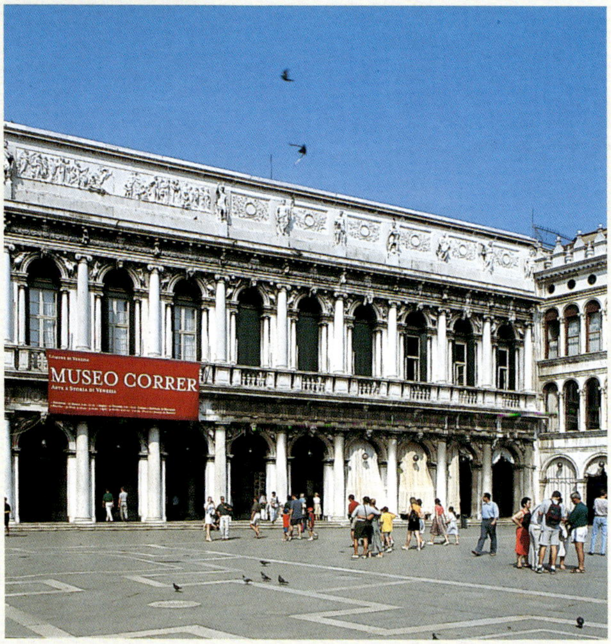

L'Ala Napoleonica, sede del Museo Correr.

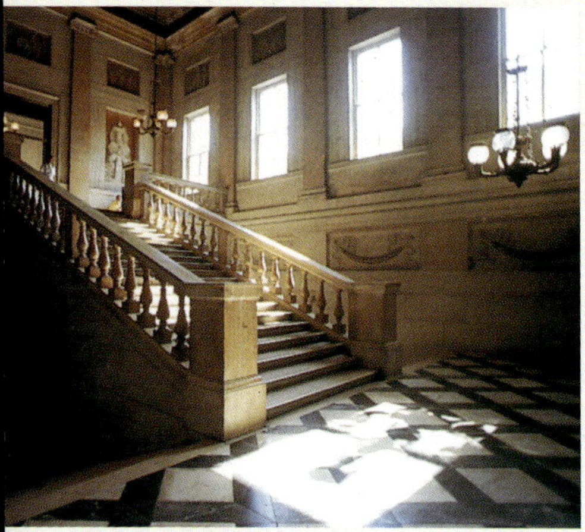

Lo scalone d'accesso al Museo Correr.

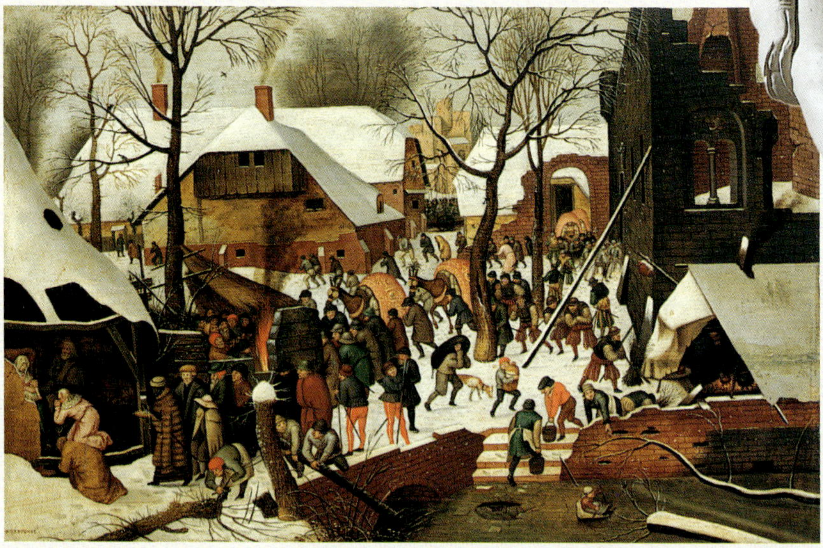

Pieter Bruegel il Giovane, Adorazione dei Magi.

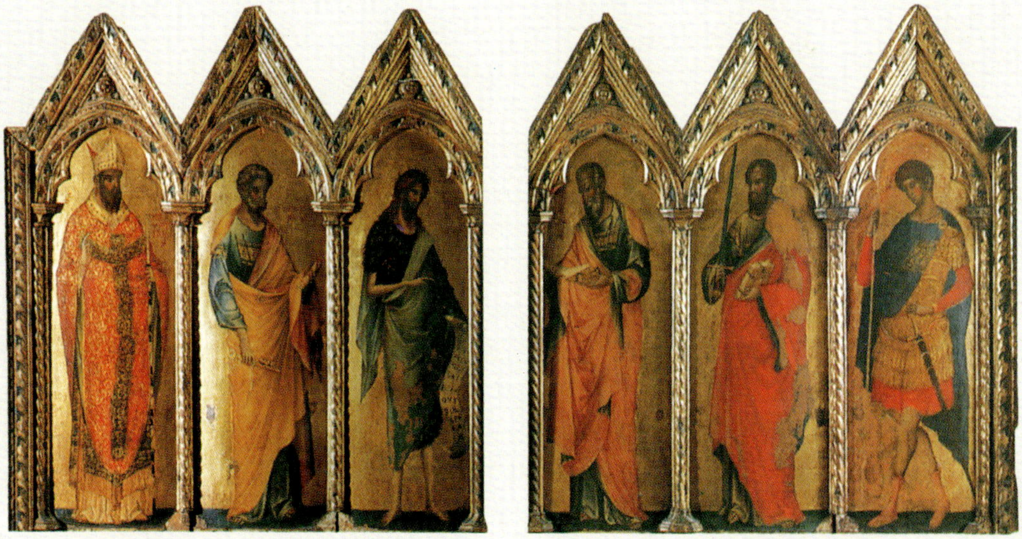

Paolo Veneziano, Sant'Agostino, san Pietro, san Giovanni Battista, san Giovanni Evangelista, san Paolo, san Giorgio.

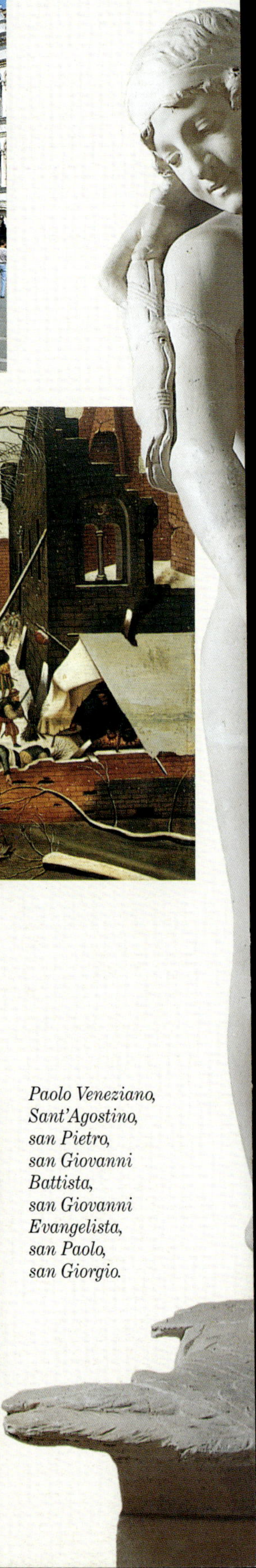

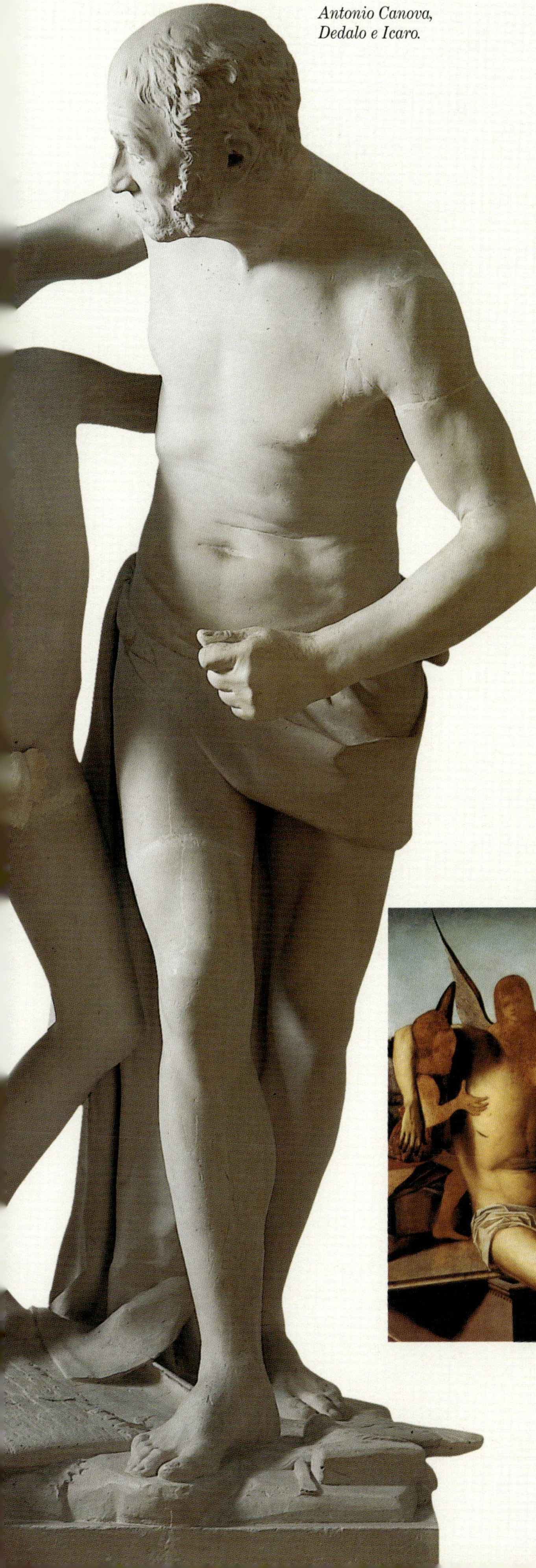

Antonio Canova,
Dedalo e Icaro.

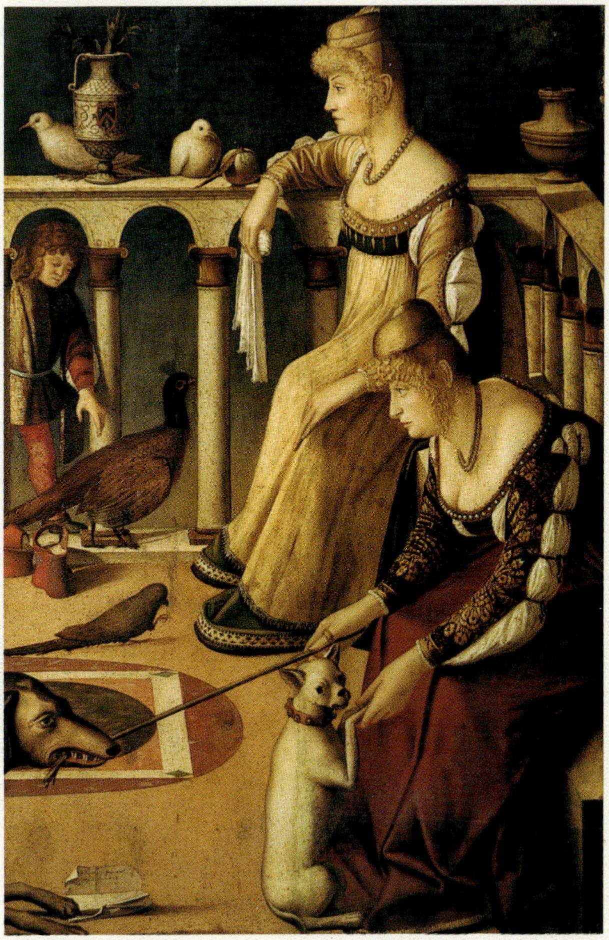

Vittore Carpaccio,
Due dame veneziane.

In basso
Antonello
da Messina,
Pietà con tre angeli.

Giovanni Bellini,
Crocifissione.

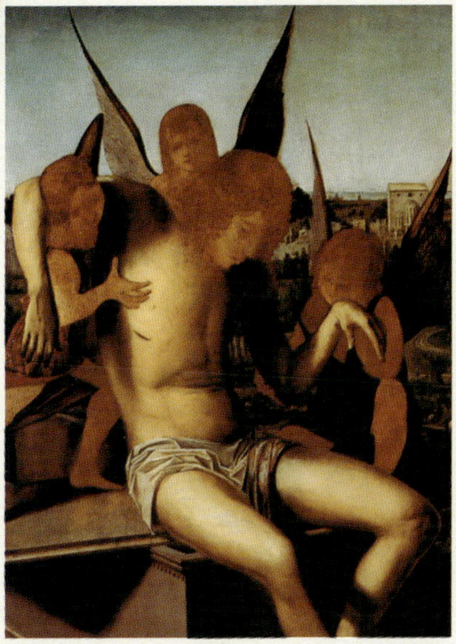

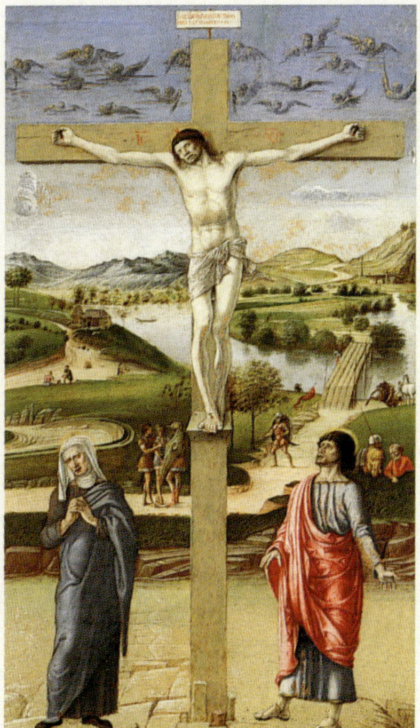

Le Procuratie Nuove

Le **Procuratie Nuove** si aprono sul lato meridionale di piazza San Marco; furono chiamate così perché costruite successivamente alle Procuratie Vecchie e terminate a metà del Seicento da Baldassarre Longhena. Il complesso fu adibito a palazzo Reale in epoca napoleonica. Sotto i portici delle Procuratie Nuove si trova il Caffè Florian, storico locale dove nel secolo scorso si incontravano viaggiatori e letterati.

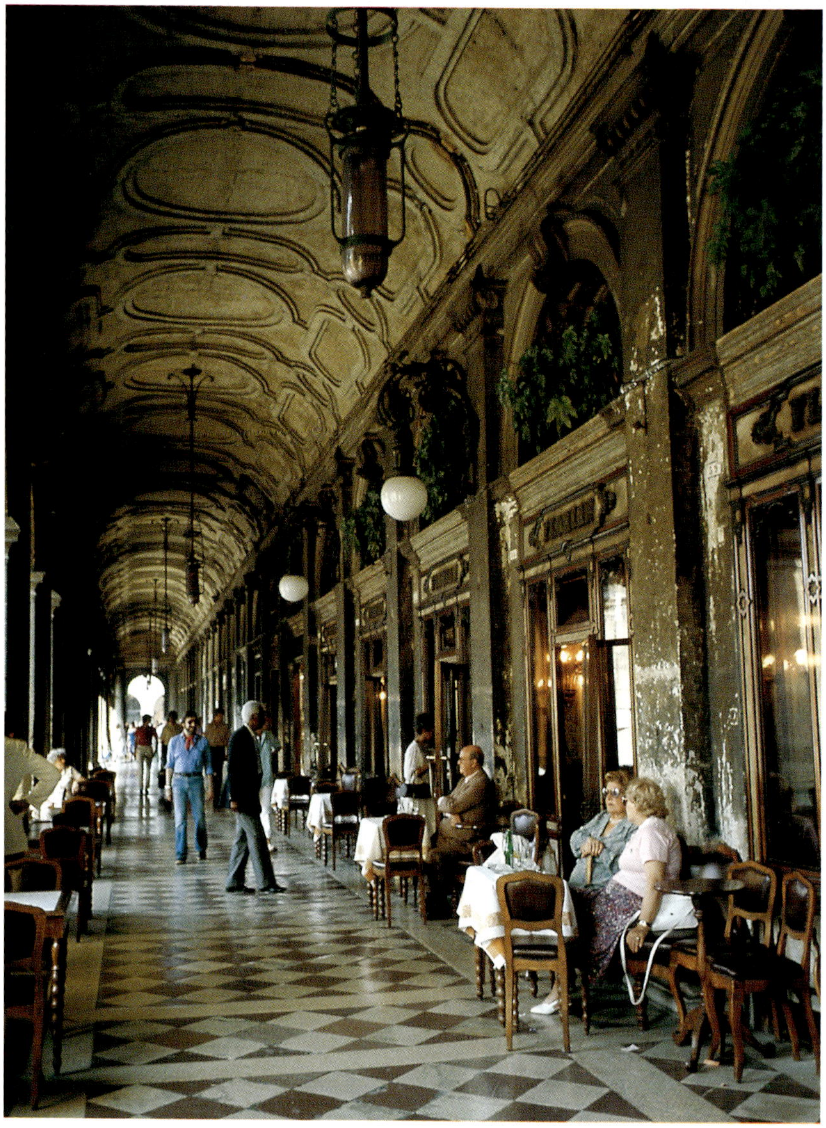

Le Procuratie Nuove.

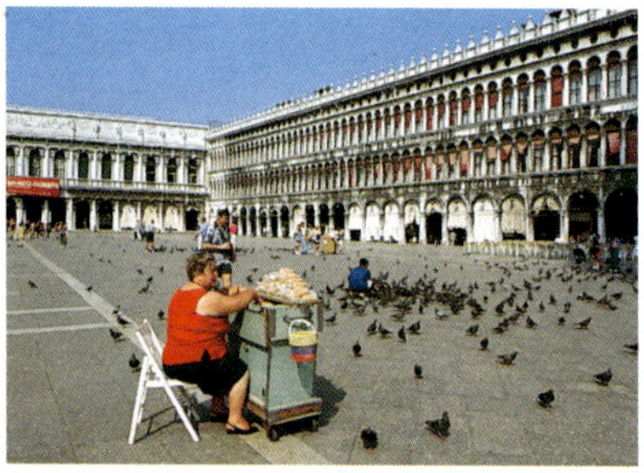

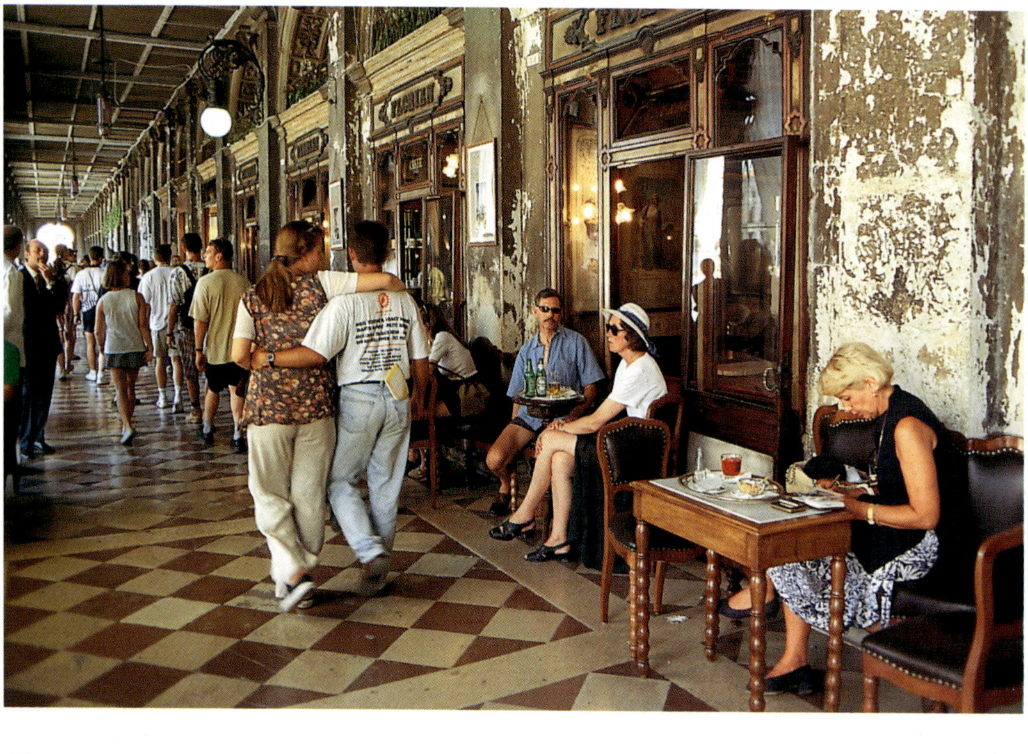

A fianco e in alto
Due immagini del Caffè Florian, un tempo luogo d'incontro di viaggiatori e letterati.

Alla pagina accanto
Michele Marieschi, Piazza San Marco a Venezia (particolare). Collezione privata.

Alle pagine 32-33
Piazzetta San Marco.

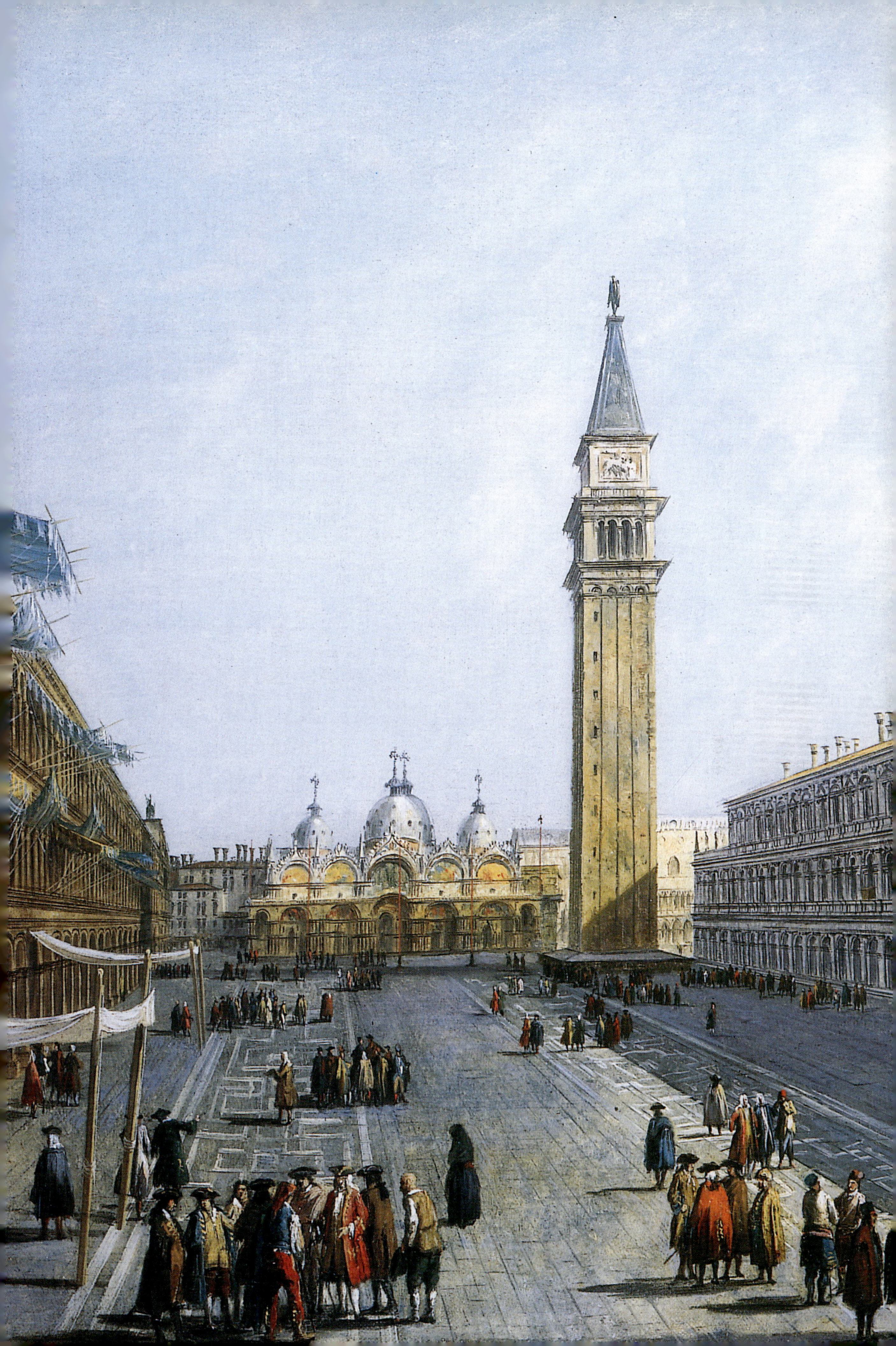

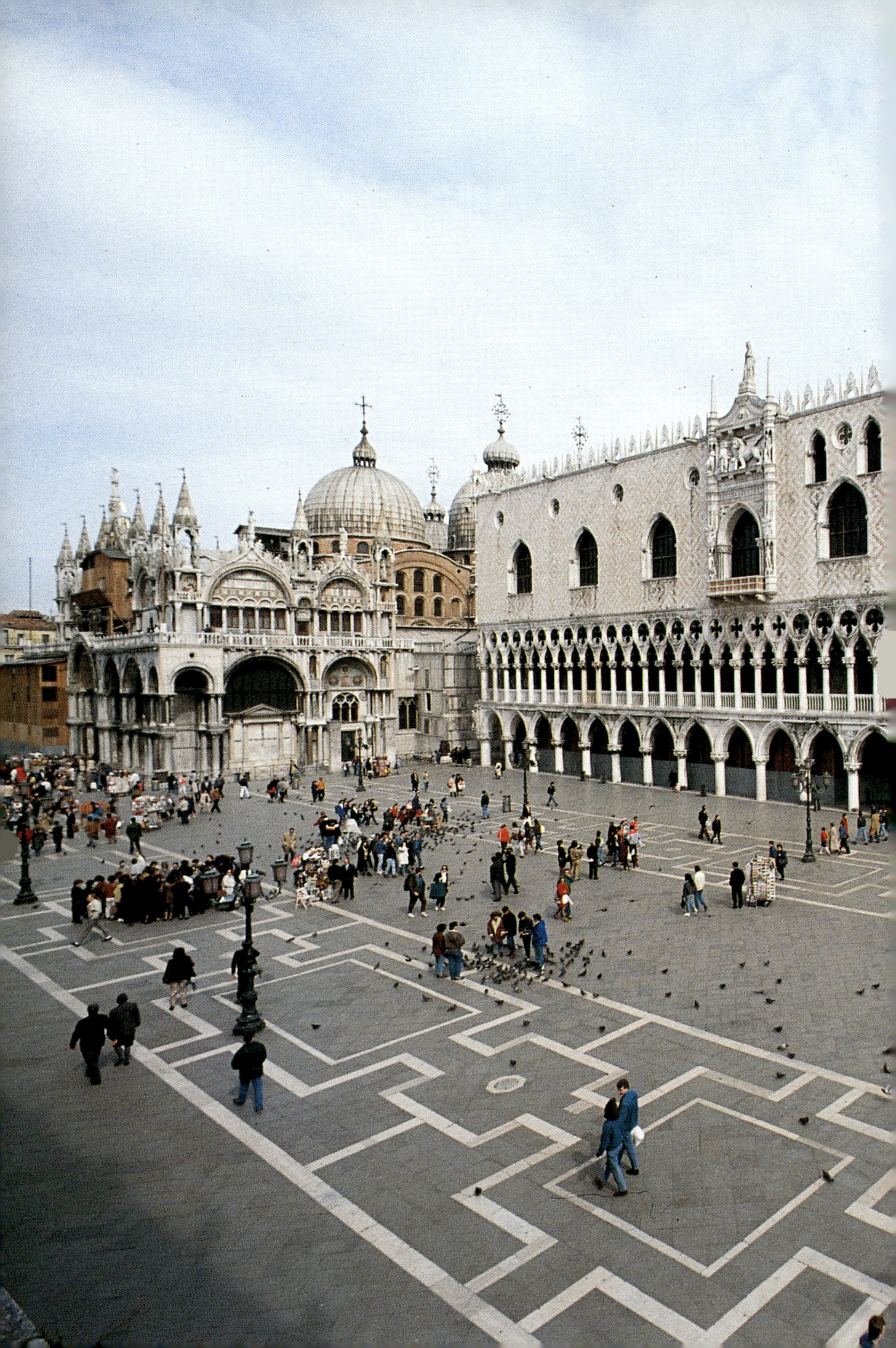

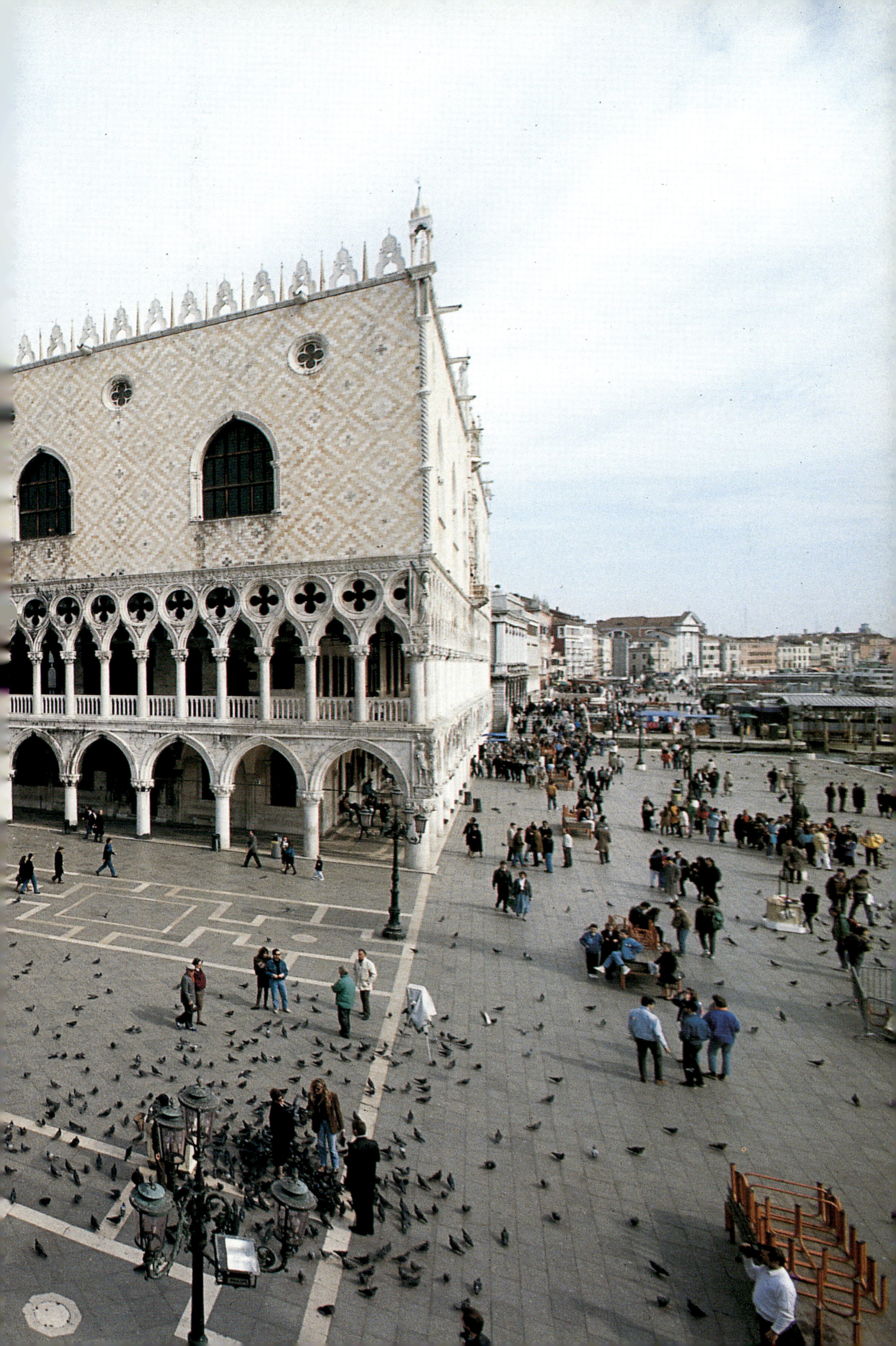

La piazzetta

Sulla piazzetta si affacciano la Libreria Sansoviniana e Palazzo Ducale. La **Libreria Sansoviniana,** capolavoro di Jacopo Sansovino, ha una facciata di impianto classicista impreziosita da una terrazza con una balaustra decorata da statue di divinità mitologiche.
È sede della **Biblioteca Marciana,** nata dalla donazione del cardinal Bessarione che nel 1468 lasciò alla Repubblica la propria raccolta di volumi. Si tratta di una delle più importanti biblioteche del mondo, non solo perché conta circa 900.000 volumi, ma anche per la straordinaria e vastissima collezione di incunaboli e preziosi manoscritti.
Delimitano la piazzetta verso il Molo due alte colonne granitiche su cui sono posti il leone di San Marco e la statua di San Teodoro (il Tòdaro), primo patrono di Venezia. Fino al Settecento tra le due colonne avvenivano le esecuzioni dei criminali.

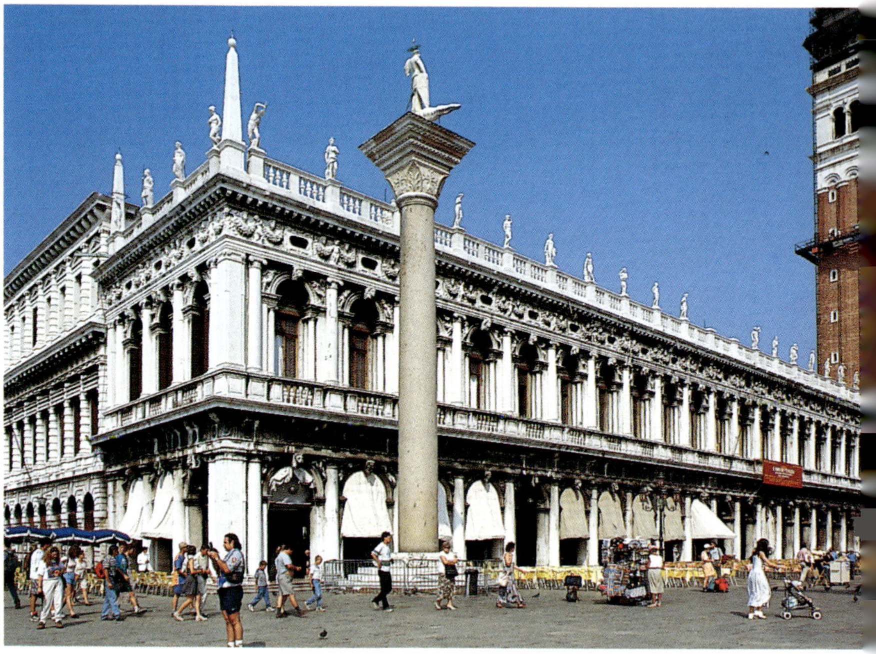

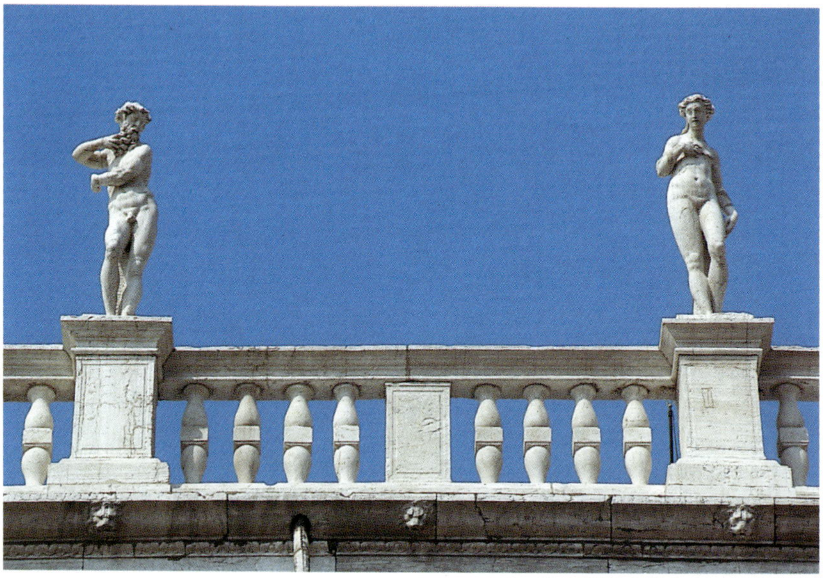

In alto
La Libreria Sansoviniana.

Balaustra con divinità mitologiche, particolare della Libreria Sansoviniana.

I manoscritti della Biblioteca Marciana.

Una sala di lettura della Biblioteca Marciana.

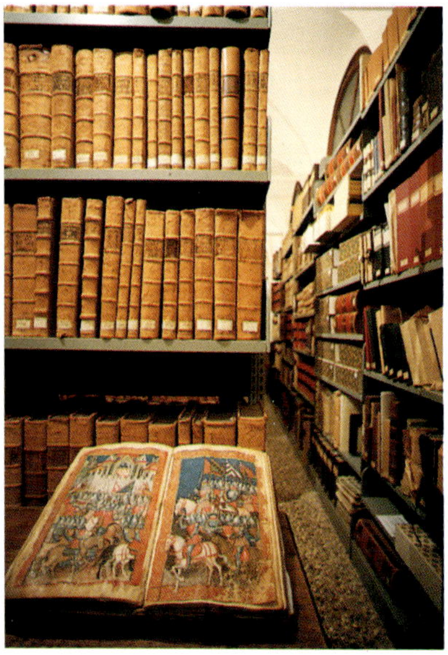

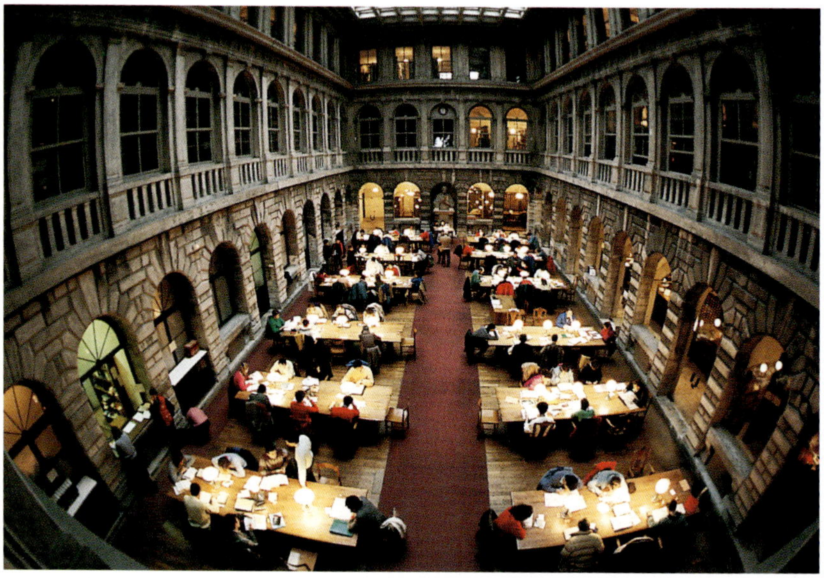

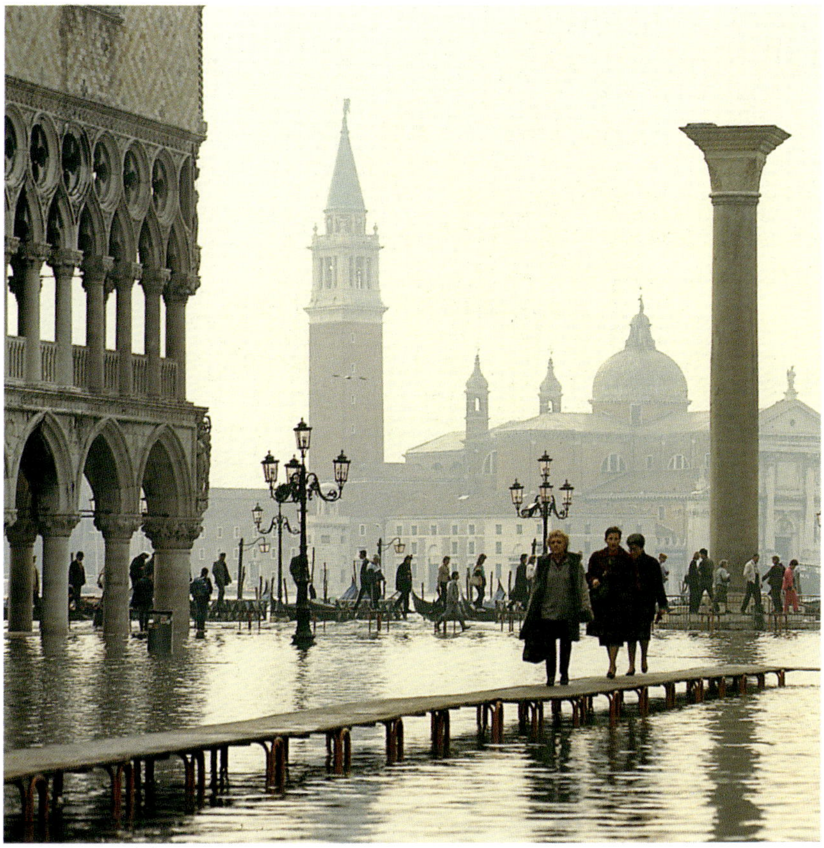

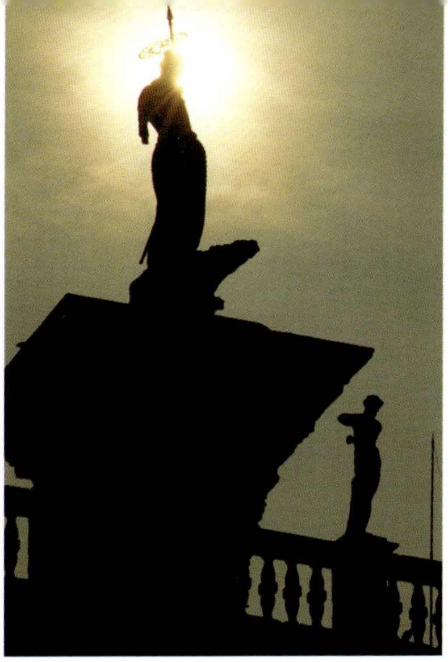

Acqua alta in piazzetta San Marco.

La statua del Tòdaro su una delle colonne in piazzetta San Marco.

Francesco Guardi, Piazzetta San Marco verso San Giorgio. Ca' d'Oro.

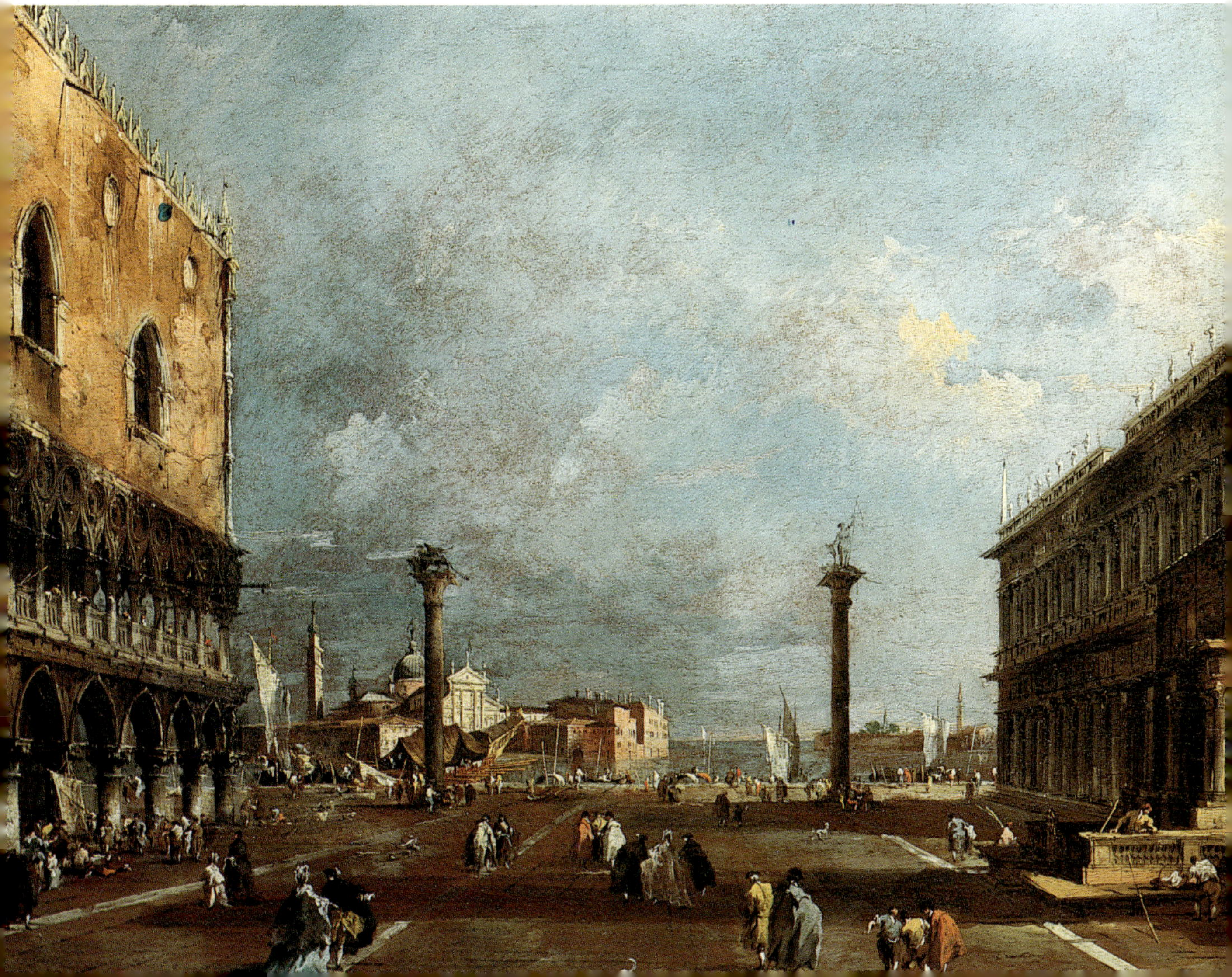

Basilica di San Marco

Il monumento che maestosamente domina la piazza è la **basilica di San Marco**, incorniciata dalle due ali di portici delle Procuratie Vecchie e Nuove che, aprendosi leggermente a ventaglio, ne enfatizzano la grandiosità. L'edificio originario è del IX secolo, ma consistenti rifacimenti furono attuati alla fine del X secolo e poi a partire dal 1063; a quest'epoca risale l'impianto principale della chiesa attuale, secondo un modello che doveva ricordare la basilica dei Dodici Apostoli di Costantinopoli. Da allora, San Marco andò impreziosendosi negli anni con elementi artistici che rispecchiavano il gusto delle varie epoche.

La chiesa era stata realizzata per accogliere il corpo di san Marco, trasportato qui da Alessandria d'Egitto. Il simbolo evangelico del leone alato divenne l'emblema della città e san Marco il santo protettore. Nello stesso tempo la basilica era anche la cappella privata del Doge, quindi accanto a Palazzo Ducale che ne era la residenza, e luogo adibito alle cerimonie di Stato in quanto accoglieva le cerimonie ufficiali della Repubblica come l'investitura del Doge.

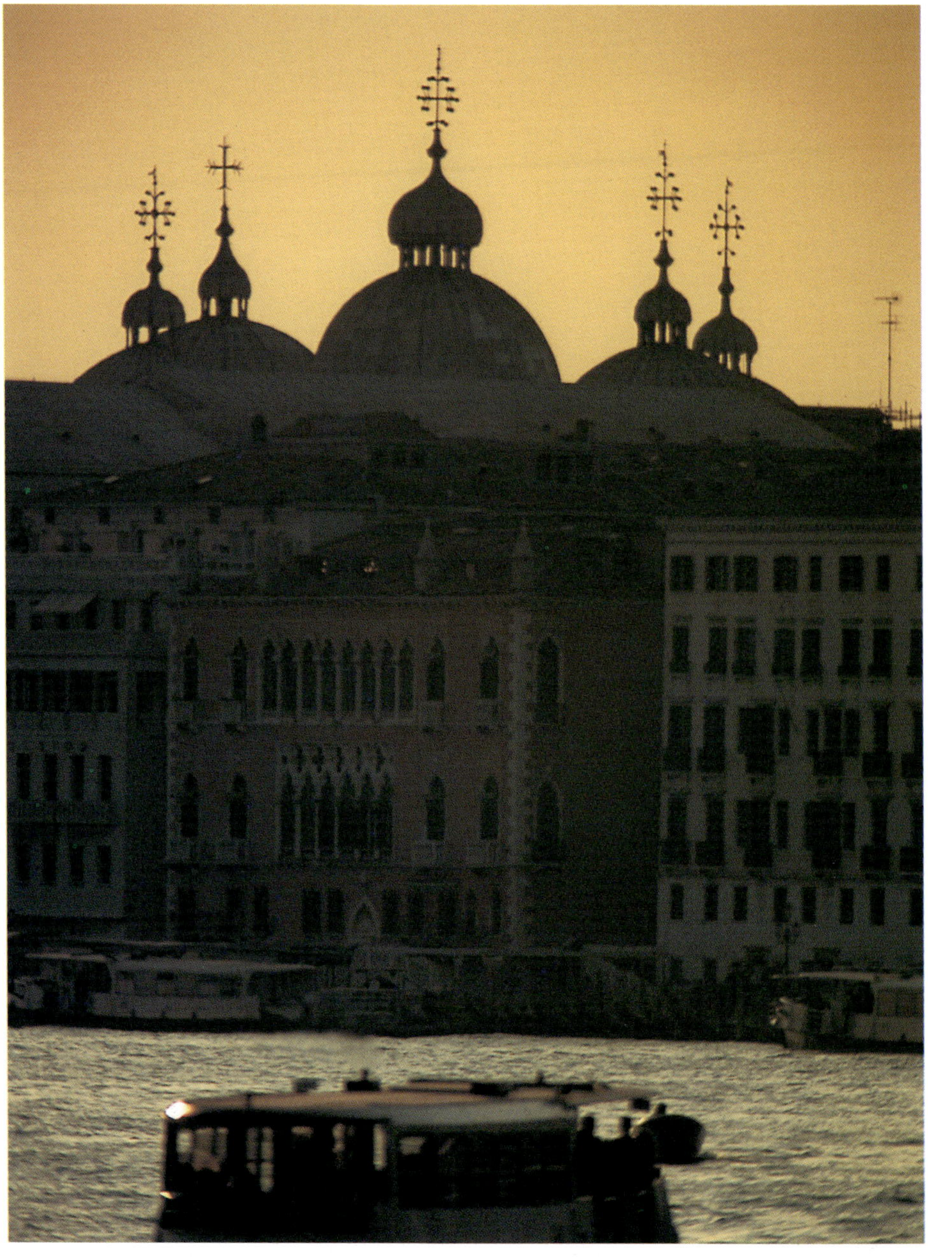

Alla pagina accanto
Facciata della basilica di San Marco.

Tramonto sul bacino di San Marco.

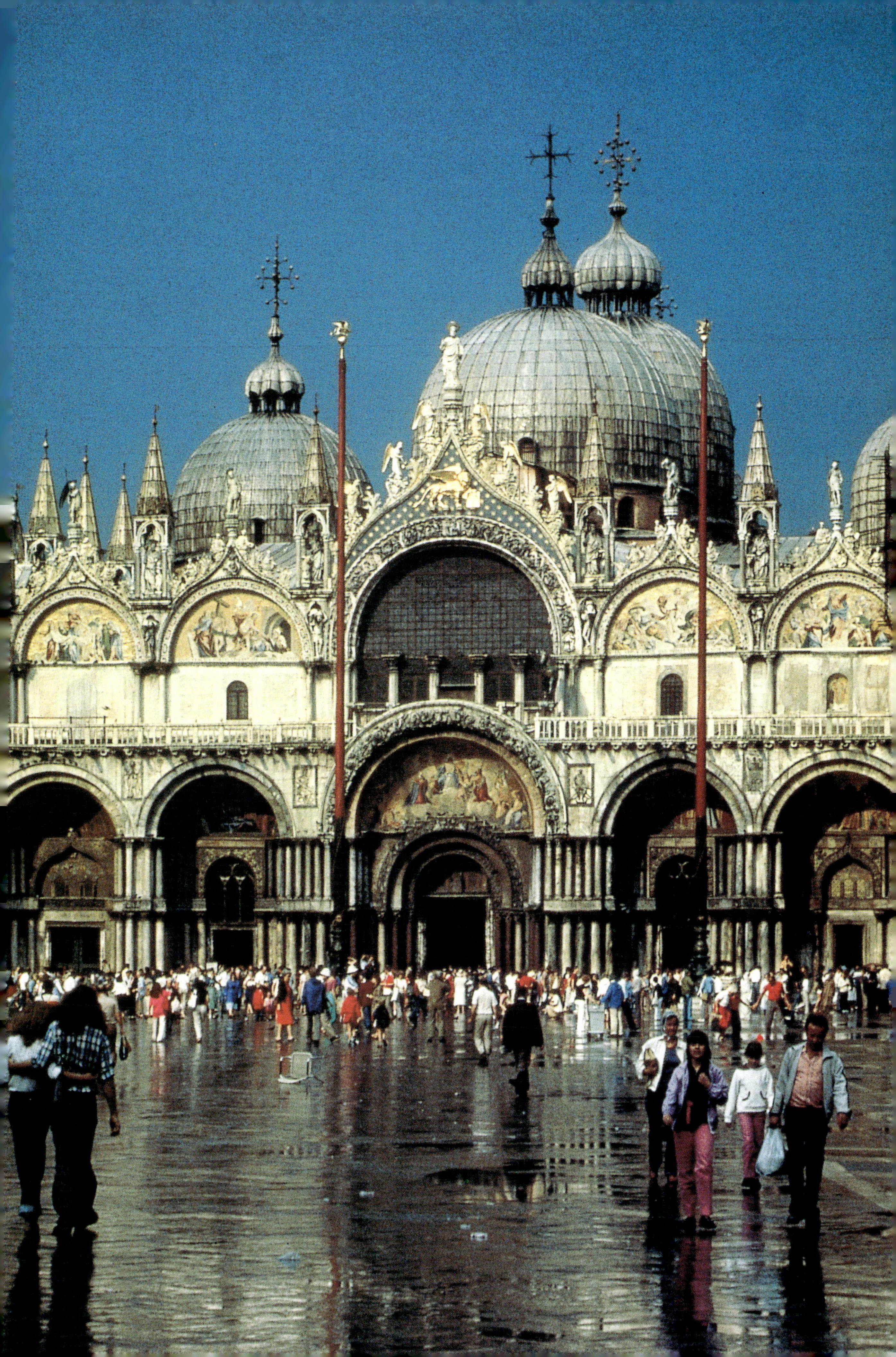

L’esterno della basilica

La facciata è a due ordini sovrapposti con grandi archi. Nella parte inferiore vi sono cinque arcate con un doppio ordine di colonne rientranti verso i portali. Il primo a sinistra è il **portale di Sant’Alipio** che conserva nella calotta interna l’unico mosaico antico della facciata (XIII secolo), con la *Traslazione del corpo di san Marco* nella chiesa. Il tema delle storie del corpo di San Marco è riproposto anche nelle altre lunette. Qui tuttavia è rappresentata l’antica facciata della chiesa, già con i quattro cavalli in bronzo al centro.
I quattro lunettoni dell’ordine superiore furono decorati nel Seicento con mosaici che riprendono scene della vita di Cristo. Il quinto, quello centrale, è un finestrone che si apre su una balconata dove sono collocate le copie dei quattro cavalli in bronzo divenuti ormai uno dei simboli della città. Portati a Venezia da Costantinopoli dove ornavano un ippodromo, durante la Quarta Crociata, conferiscono al portale della chiesa il tono di un arco trionfale. Si ritiene siano di epoca romana e gli originali si trovano nel Museo di San Marco. Da questa terrazza i dogi assistevano alle cerimonie che si svolgevano in piazza.

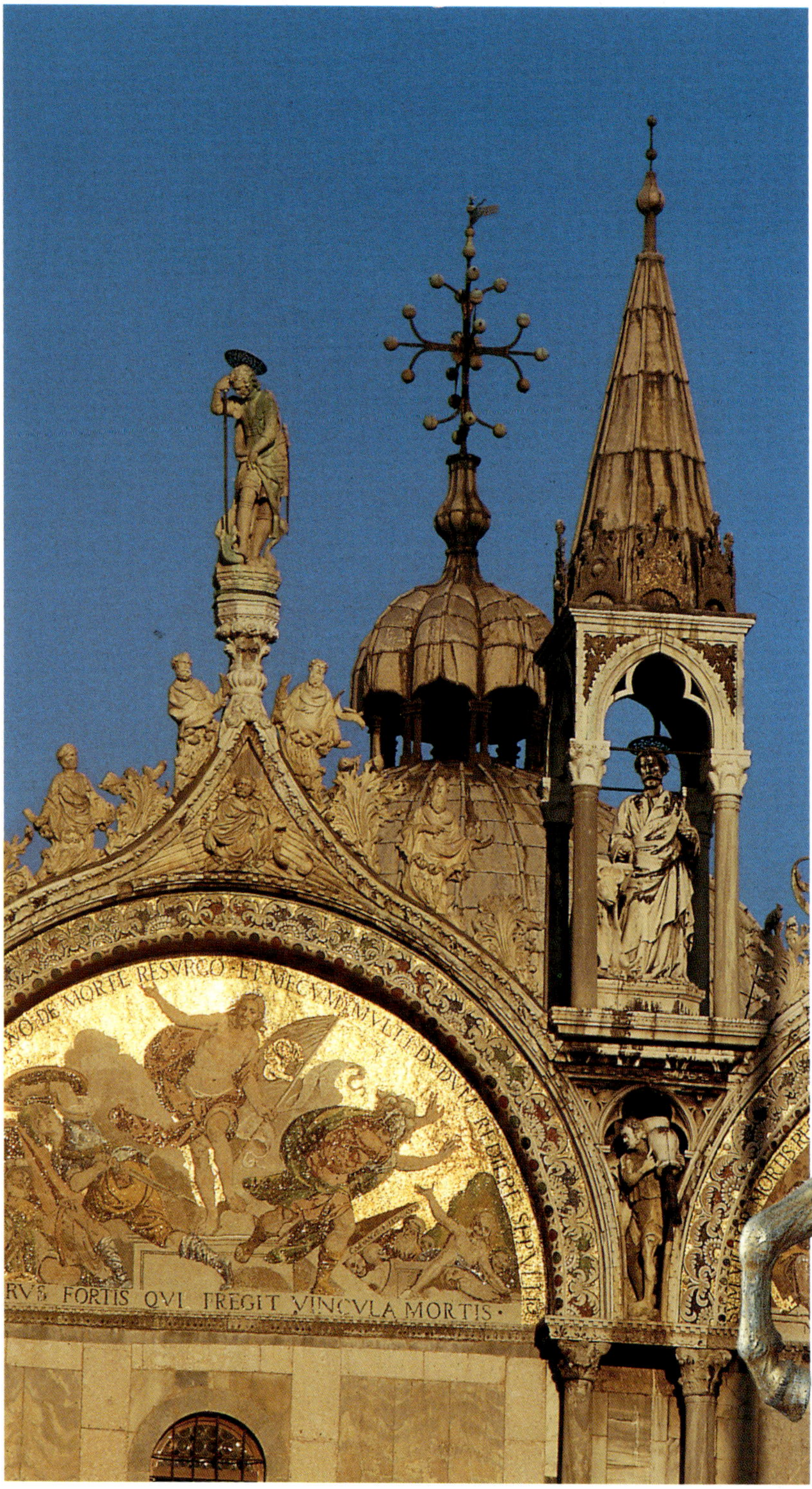

Basilica di San Marco: particolare di uno dei quattro lunettoni dell’ordine superiore della facciata.

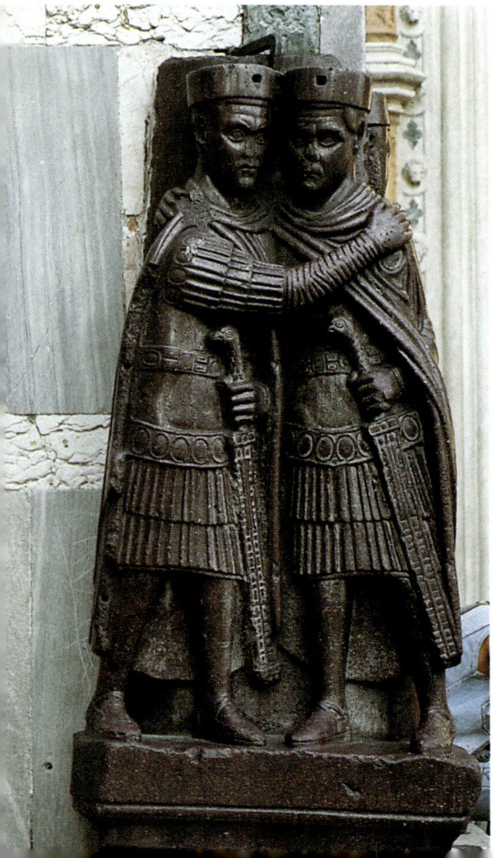

I Tetrarchi, gruppo scultoreo in porfido tra la basilica e Palazzo Ducale.

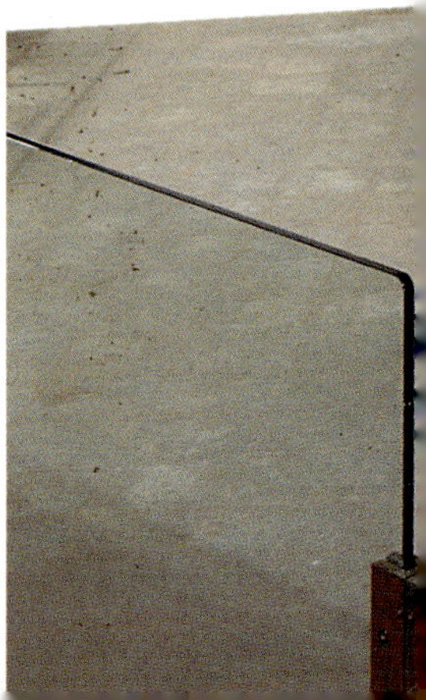

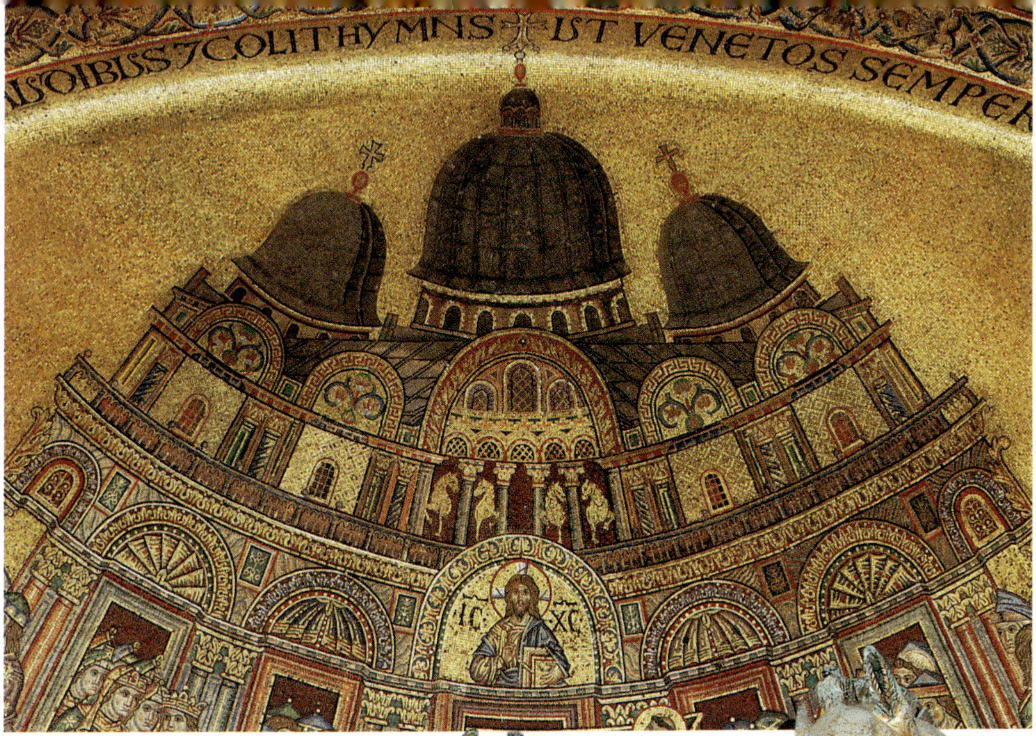

Basilica di San Marco: mosaico del portale di Sant'Alipio.

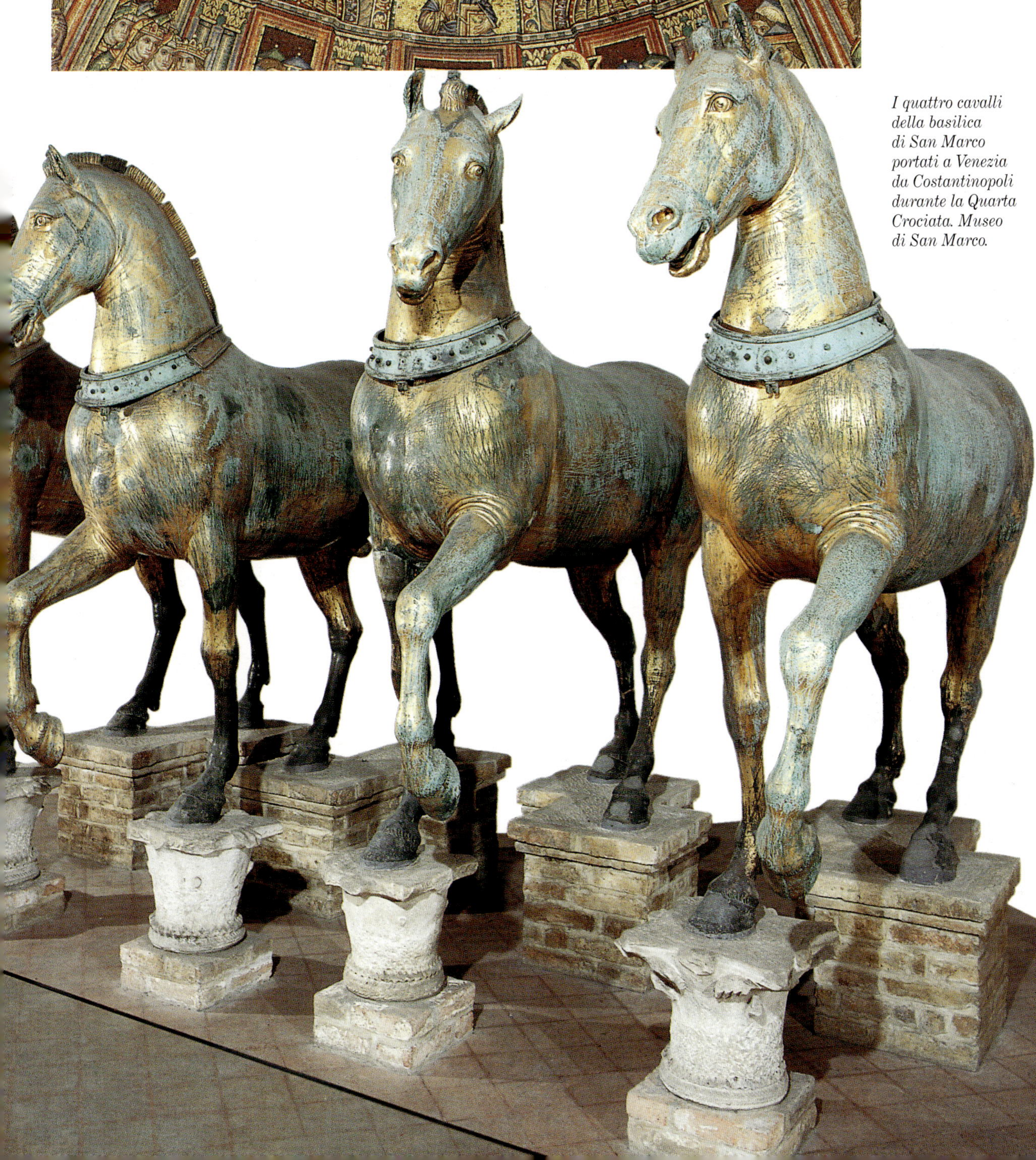

I quattro cavalli della basilica di San Marco portati a Venezia da Costantinopoli durante la Quarta Crociata. Museo di San Marco.

Il nartece

Prima dell'ingresso vero e proprio, si accede al **nartece**, che gira attorno ai fianchi della chiesa. L'ambiente svolge un'opera di mediazione tra lo spazio aperto, rumoroso, dell'esterno e quello religioso, soffuso di luci dorate dell'interno. I mosaici dell'atrio sono tra i più belli della basilica e narrano storie dell'Antico Testamento. Si ritiene, inoltre, che le colonne del nartece siano quelle della basilica originaria. Nei mosaici del nartece, in epoca duecentesca, sono rappresentati episodi che vanno dalla *Creazione del mondo*, *Adamo ed Eva*, l'*Arca di Noè*, fino alla *Vita di Giuseppe*. La precisione delle scene ha un carattere quasi miniaturistico. Fra i mosaici spiccano quelli della prima cupola, che rappresenta la *Genesi*, dove il racconto si sviluppa lungo tre fasce concentriche e comprende ventiquattro episodi.

Alla pagina accanto
Una suggestiva immagine d'assieme dei mosaici dell'interno.

Particolari dei mosaici del nartece della basilica di San Marco.

In basso a sinistra
La cupola della Genesi.

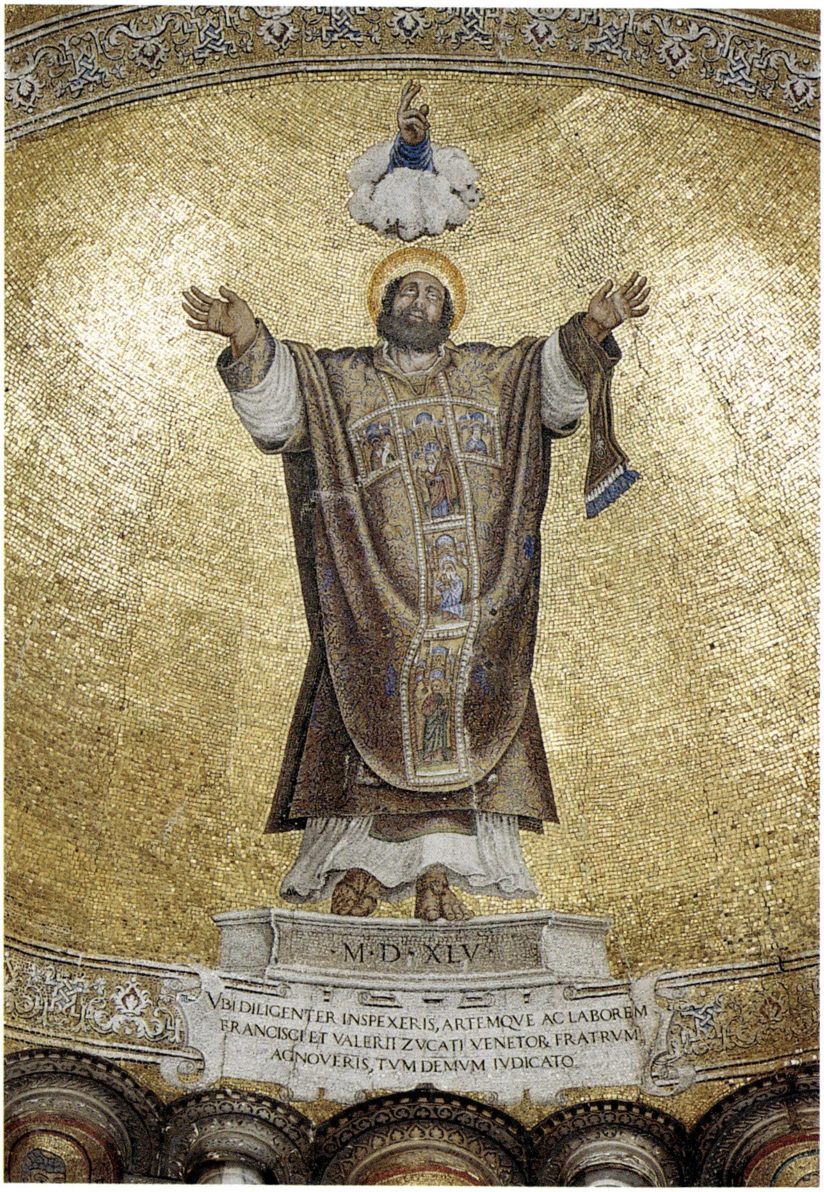

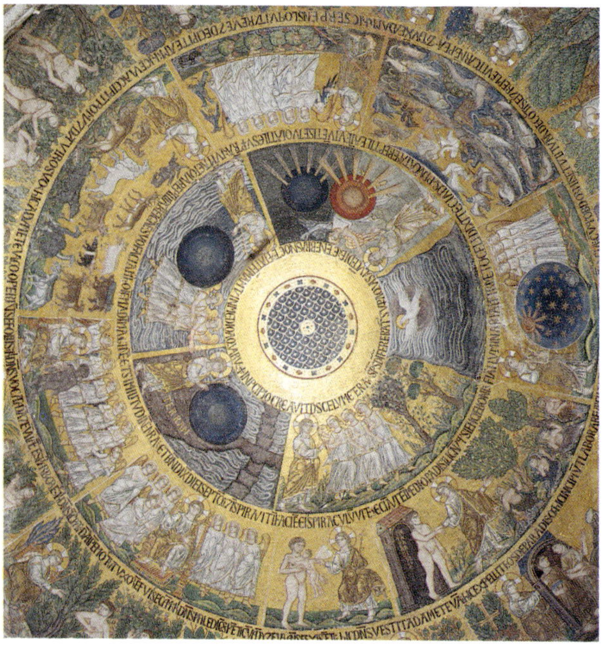

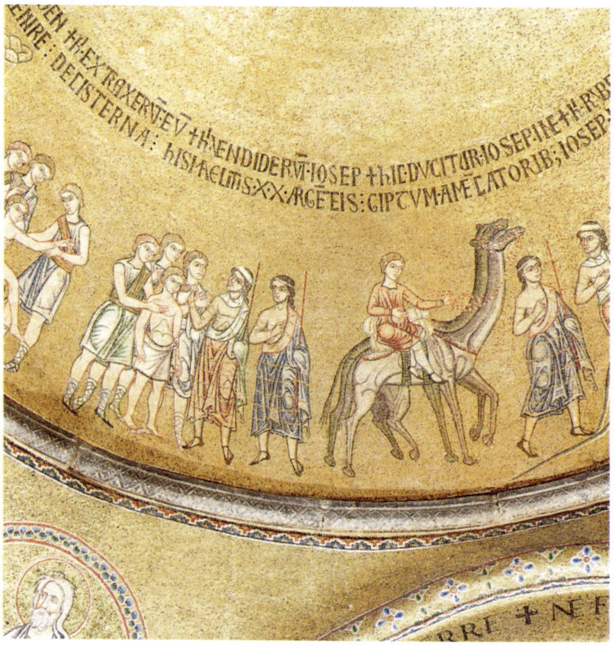

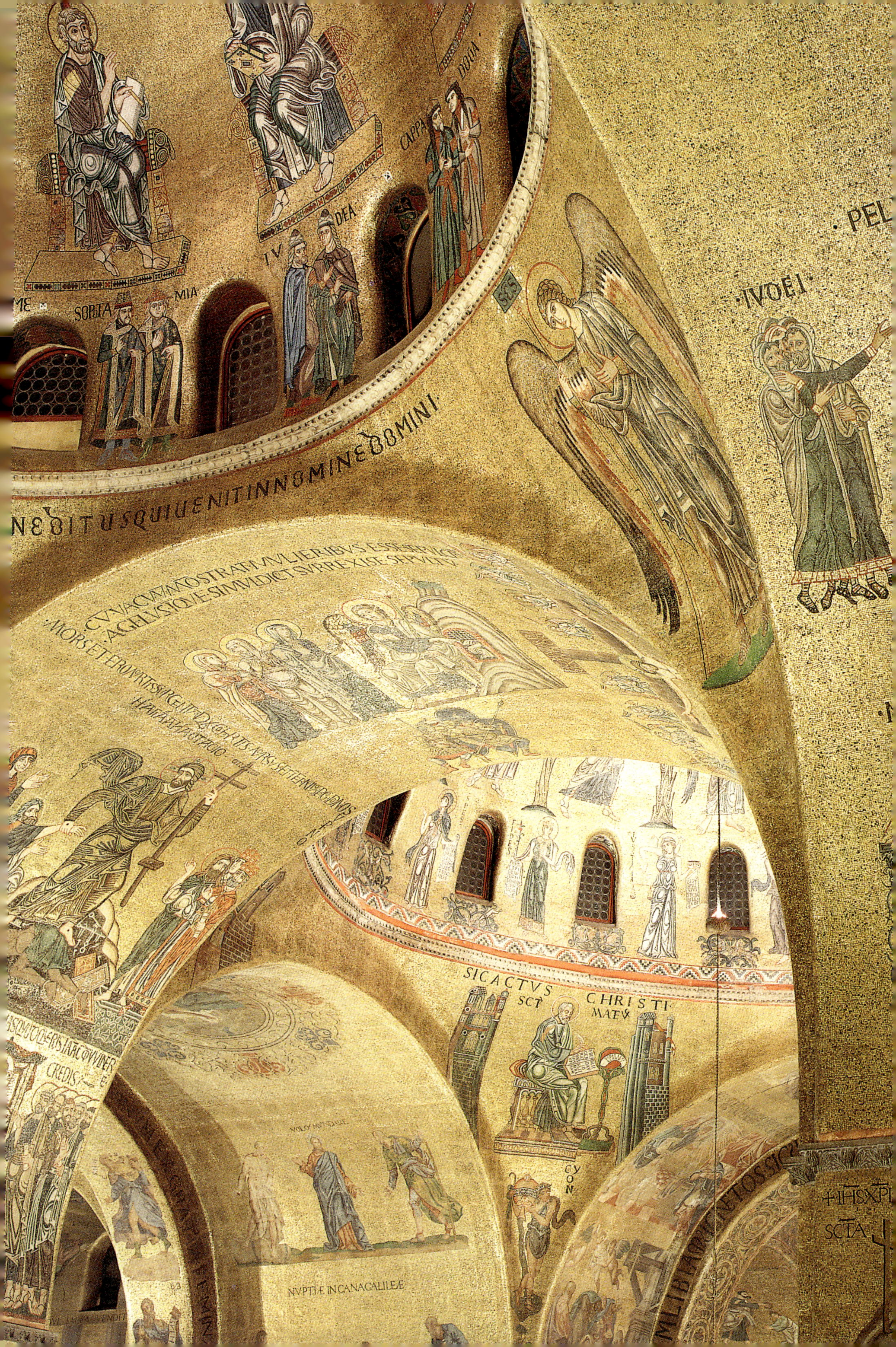
NEDITUSQUIUENITINNOMINEDOMINI
SICACTUS
SCT
CHRISTI
MATEU
NUPTIÆ IN CANAGALILEÆ

La chiesa è a croce greca, con cinque cupole, una al centro e le altre su ciascuno dei quattro bracci. L'interno è un unico brillare di mosaici dorati, un rifulgere di luci e riflessi luminosi di grande suggestione. Quasi quattromila metri quadrati di mosaici distribuiti tra pareti, volte, cupole rivelano il gusto tipico orientale della decorazione ad ampi sfondi dorati. In parte originali, dei secoli XII-XIV, in parte d'epoca posteriore, i mosaici hanno per soggetto l'esaltazione della Chiesa di Cristo e della Chiesa di Venezia e di San Marco. È bizantino lo schema secondo cui sono disposti i mosaici, che "accompagnano" e completano le cerimonie religiose che venivano celebrate. Lungo l'asse principale della chiesa è rappresentata l'*Esaltazione del Cristo*; al catino absidale con *Cristo Pantocrator*, seguono la cupola con l'*Emanuele*, la cupola dell'Ascensione e poi la cupola della Pentacoste. Ai lati e attorno sono rappresentate invece le *Feste della Chiesa*. Nelle navate laterali sono narrate le storie di *San Marco* e dei *Santi* più popolari a Venezia. Tra i mosaici più belli vi sono quelli della cupola centrale, che rappresenta l'*Ascensione*, e che sono datati al tredicesimo secolo. Al centro è rappresentato *Cristo benedicente* che sale al cielo portato da quattro angeli, poi vi sono la *Vergine tra due angeli e i dodici Apostoli*, e nella fascia inferiore tra le monofore, sedici figure femminili simboleggiano le *Virtù* e le *Beatitudini*. Anche il pavimento della basilica è di mosaico marmoreo e l'impressione è quella di camminare su di un tappeto orientale con motivi floreali, geometrici, corone e bordi policromi.

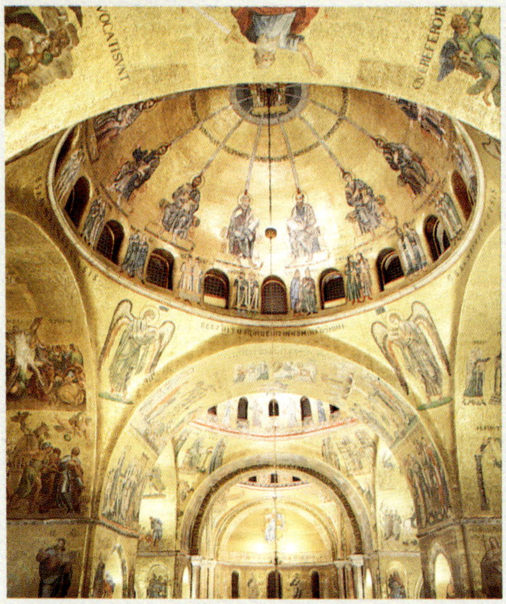

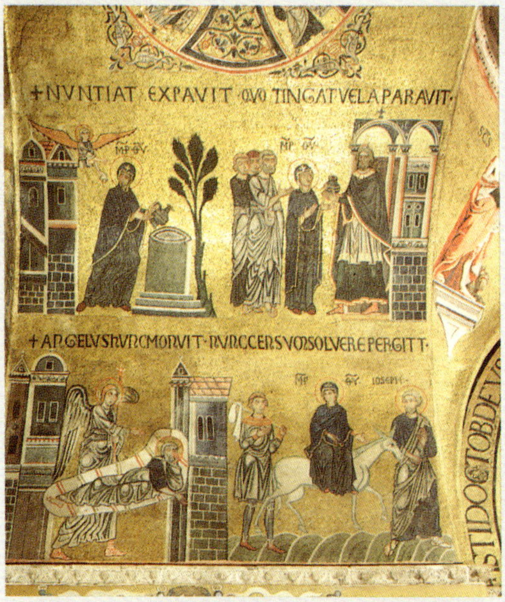

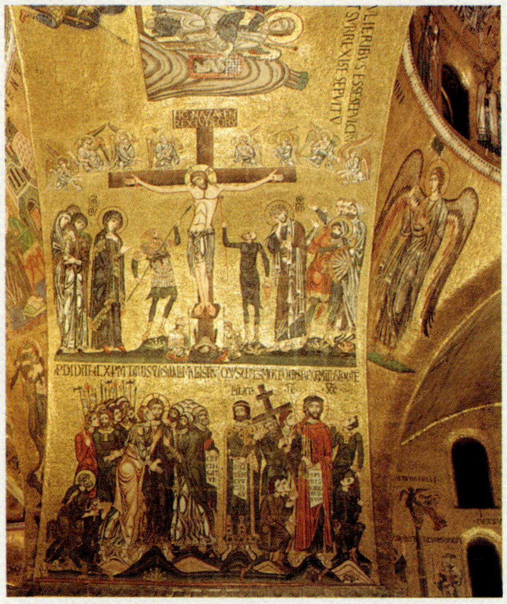

I mosaici (XIII secolo) dell'interno della basilica.

A fianco
Storie della Vergine e Scene della Passione.

Alla pagina accanto
I mosaici della cupola dell'Ascensione.

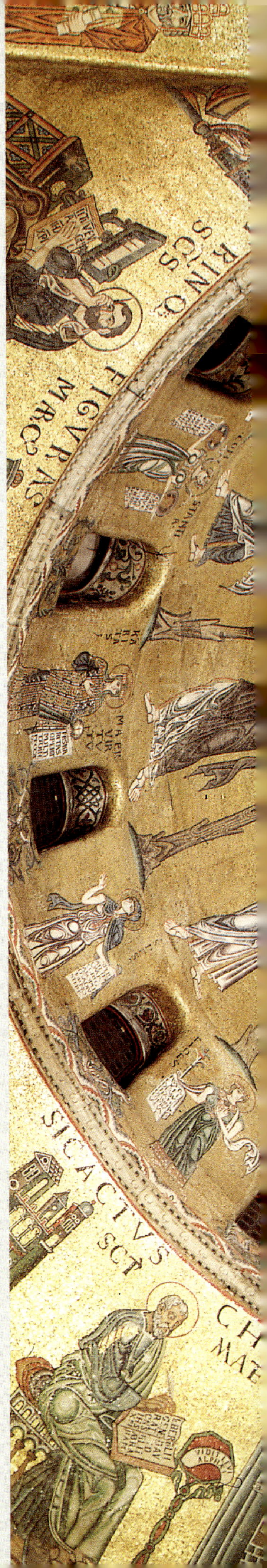

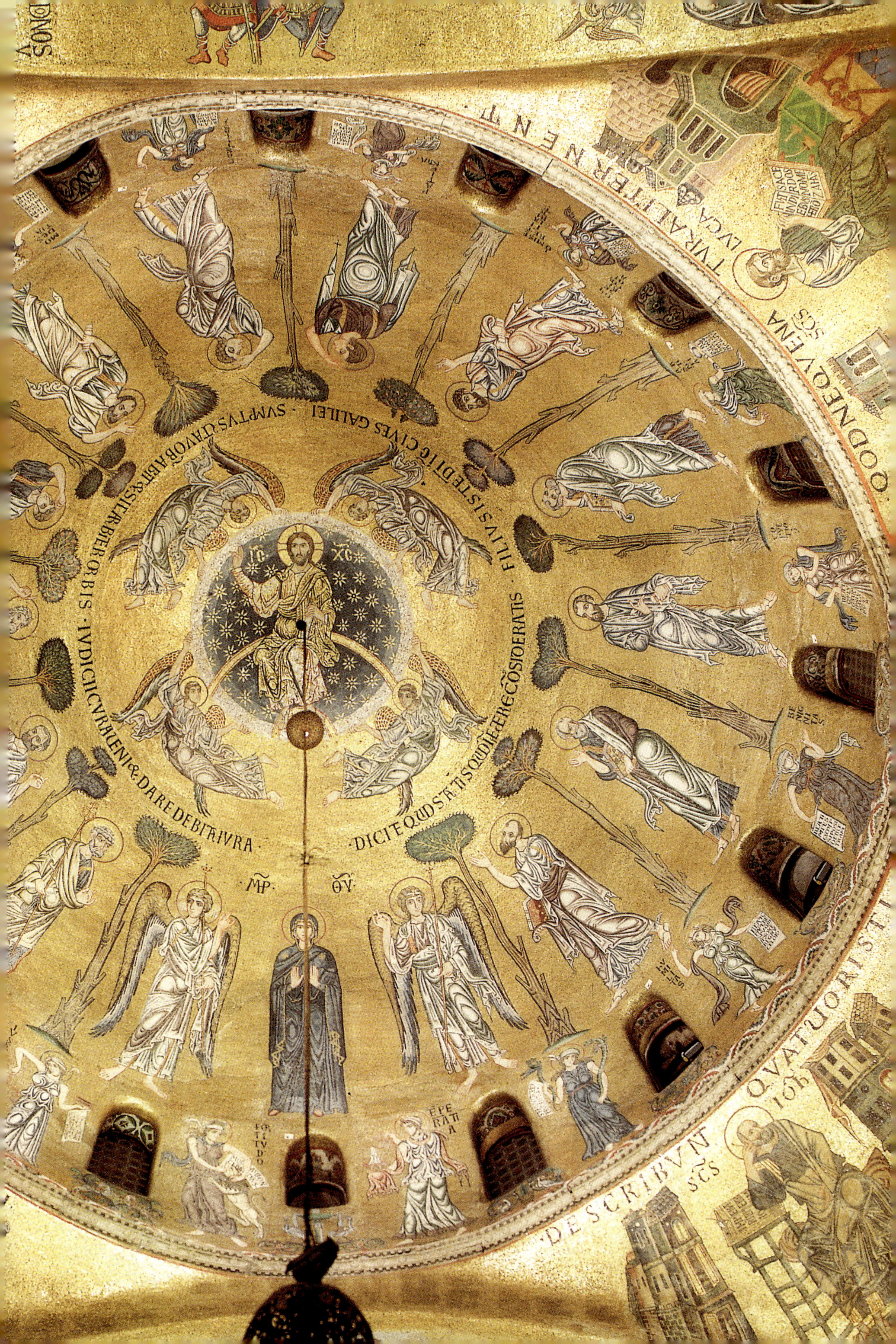
IC XC
MP ΘV

La Pala d'Oro

Dietro l'altare maggiore è sistemata l'opera più preziosa della basilica, la **Pala d'Oro**. Lunga quasi tre metri e mezzo, venne iniziata nel 976 d.C. e continuamente abbellita fino al Trecento. Questo capolavoro di oreficeria su una lamina d'oro, è impreziosito da perle, smalti e pietre dure. Nei duecentocinquanta riquadri smaltati, racchiusi da un'unica cornice in argento dorato, sono rappresentati soggetti sacri. Nel riquadro in alto uno smalto bizantino raffigura l'*Arcangelo Gabriele* e 16 medaglioni con figure di *Santi*.

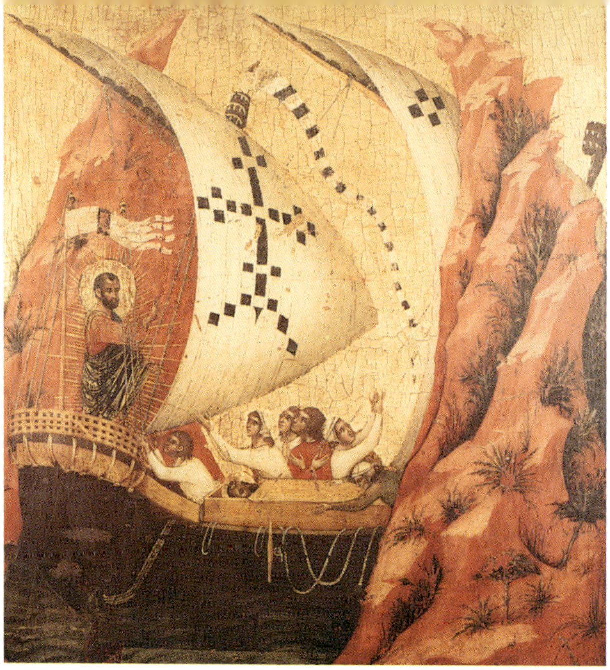

Particolari della Pala d'Oro all'interno della basilica di San Marco.

Alle pagine seguenti *La Pala d'Oro.*

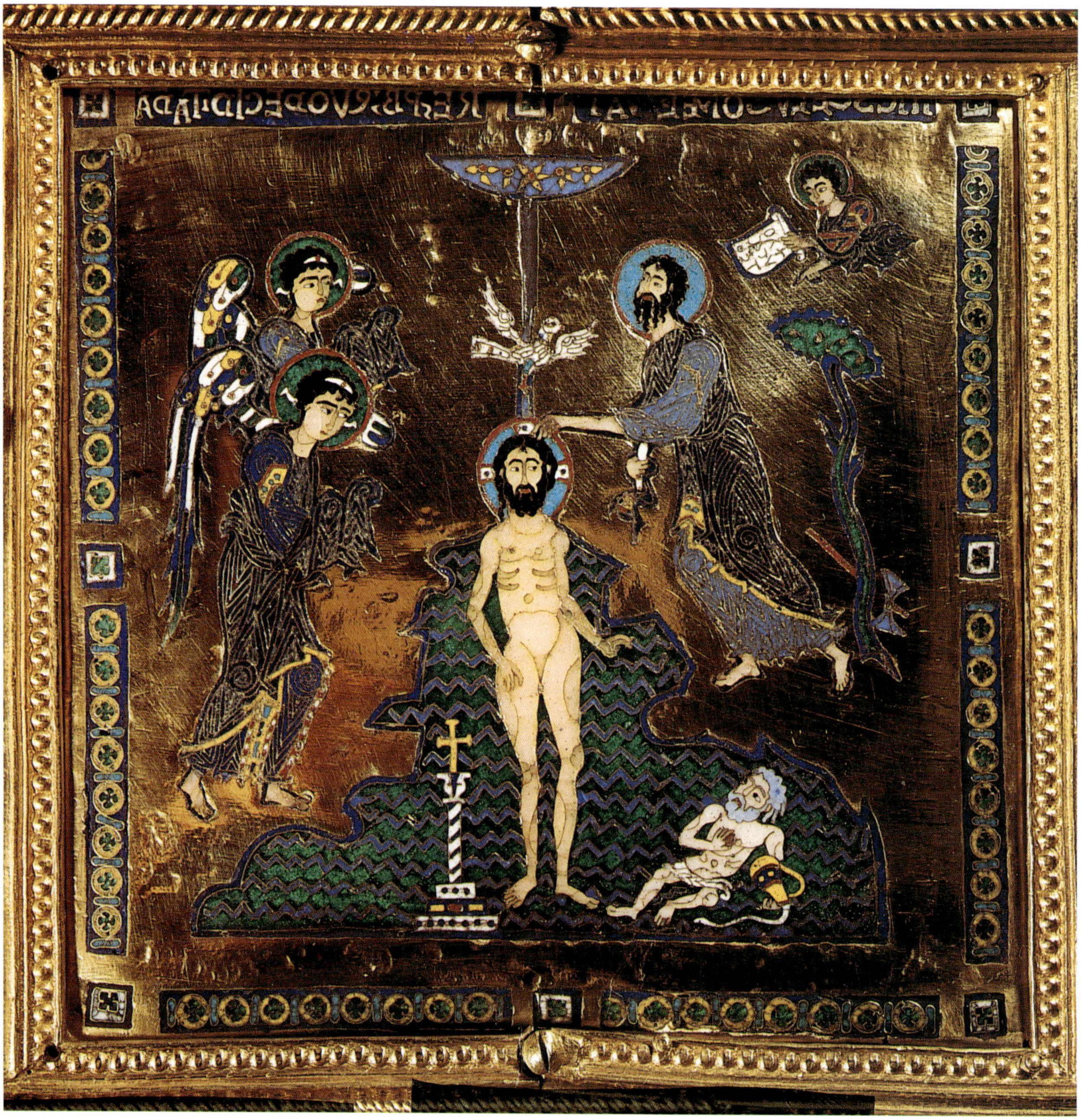

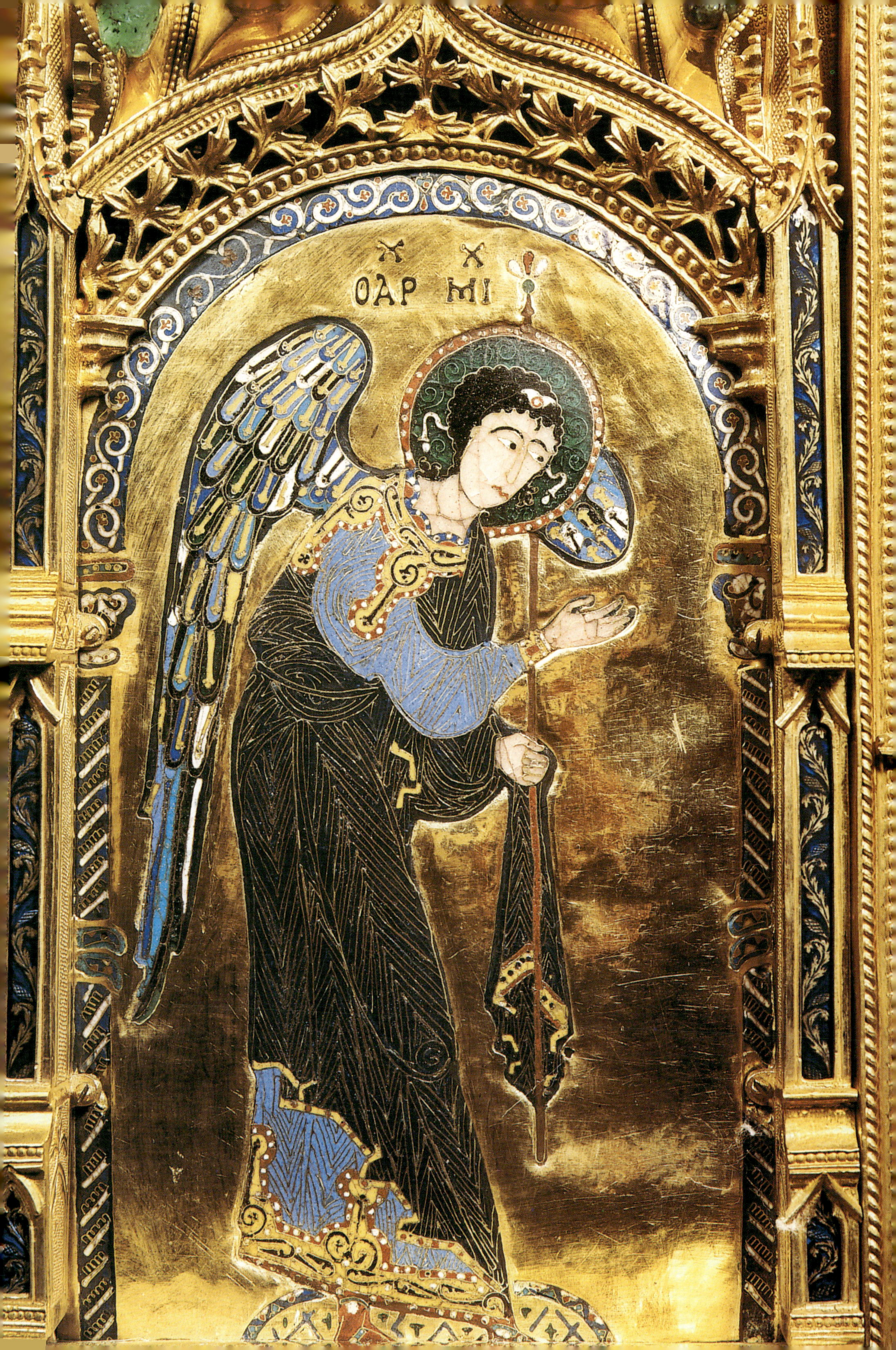
ΟΑΡ ΜΙ

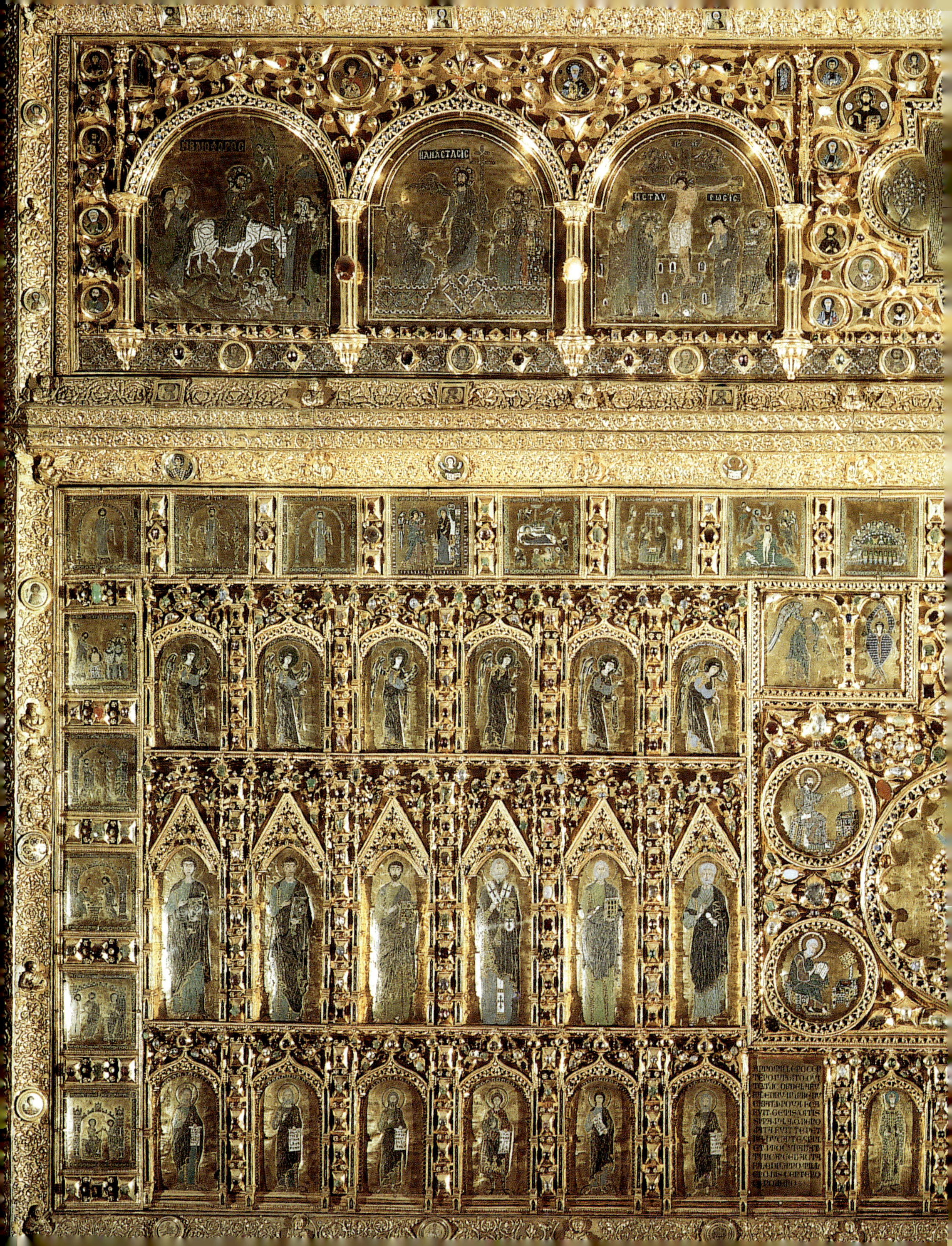

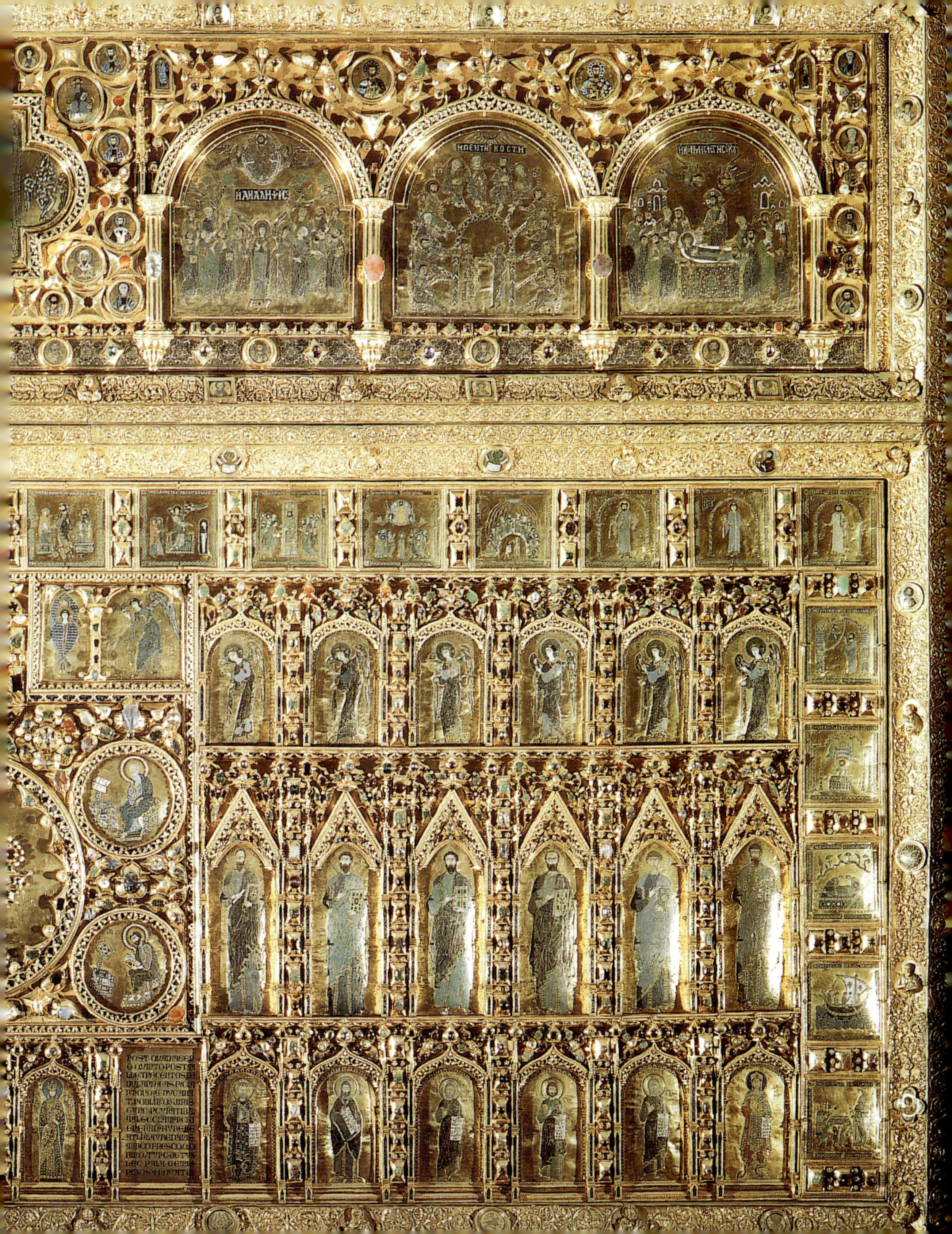

Il battistero e il Tesoro di San Marco

Il **battistero**, sulla destra della basilica, è un vasto ambiente a tre campate e conserva nelle cupole e sopra le pareti preziosi mosaici che narrano episodi della vita di Cristo e di San Giovanni Battista. Al centro si trova il fonte battesimale di Jacopo Sansovino. Tra i mosaici del battistero è di notevole interesse il lunettone con la *Danza di Salomè* . In particolare, è di rara bellezza l'abito della crudele principessa Salomé: una veste sfarzosa di colore rosso arricchita da bordure e manicotti di ermellino. Questi mosaici, realizzati a metà del Trecento, risentono già dell'influenza della pittura veneziana del secolo.

Il **Tesoro di San Marco** venne costituito nel XIII secolo con oggetti sacri e reliquie portati a Venezia in seguito alla presa di Costantinopoli. Saccheggiato dopo la caduta della Repubblica, mantiene tuttora una preziosa collezione di argenteria e pezzi d'oreficeria bizantina.

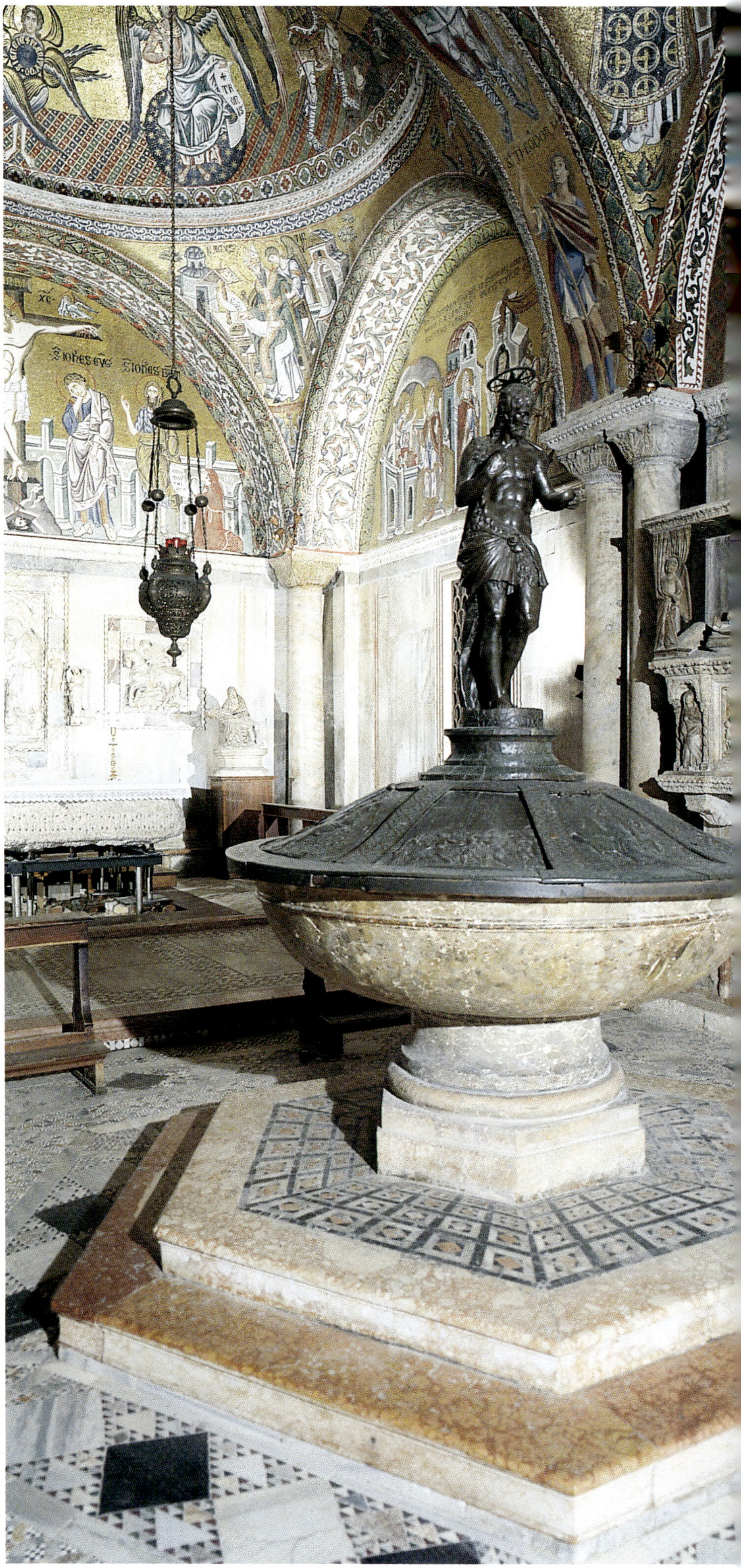

Sulla facciata della basilica sono state collocate le copie dei cavalli di bronzo, i cui originali si trovano nel Museo di San Marco.

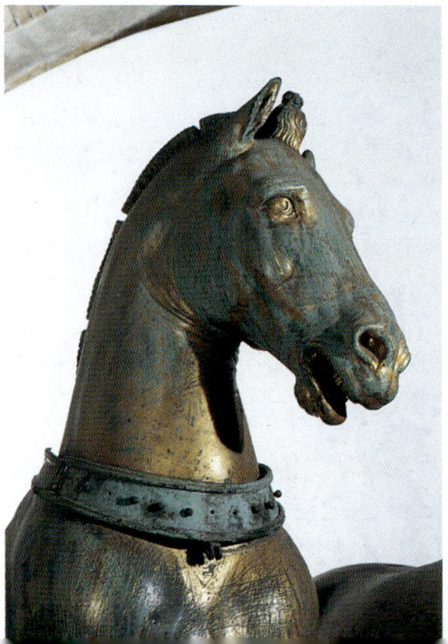

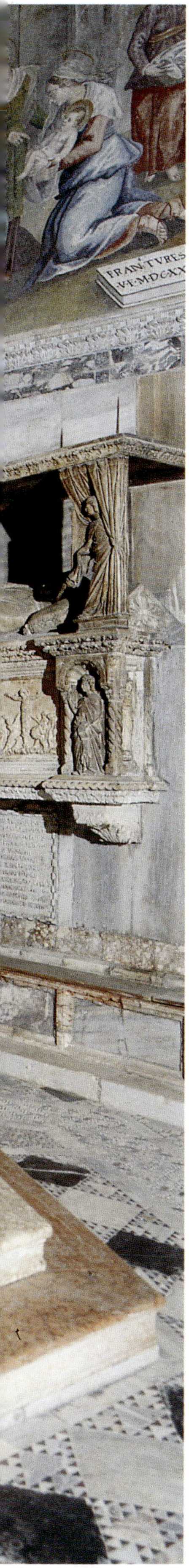

L'interno del battistero: fonte battesimale di Jacopo Sansovino.

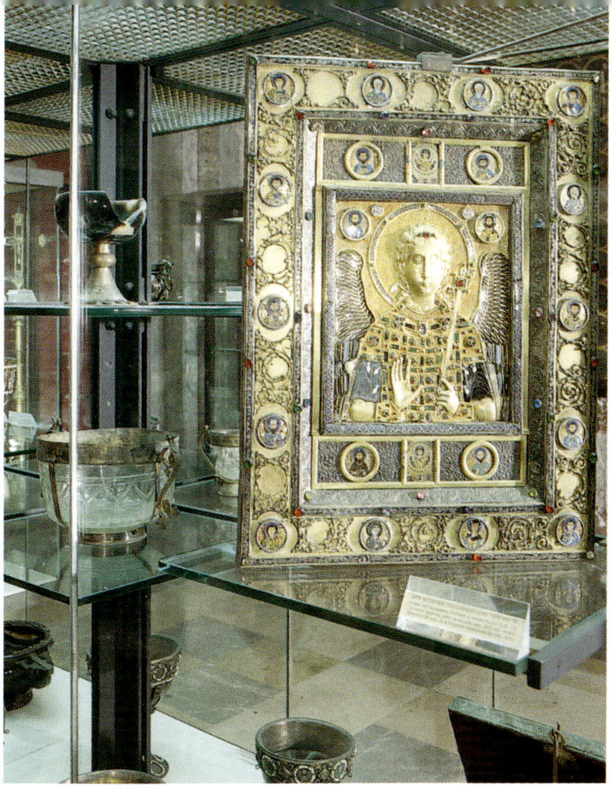

Tesoro di San Marco.

Battistero, particolare della Danza di Salomè.

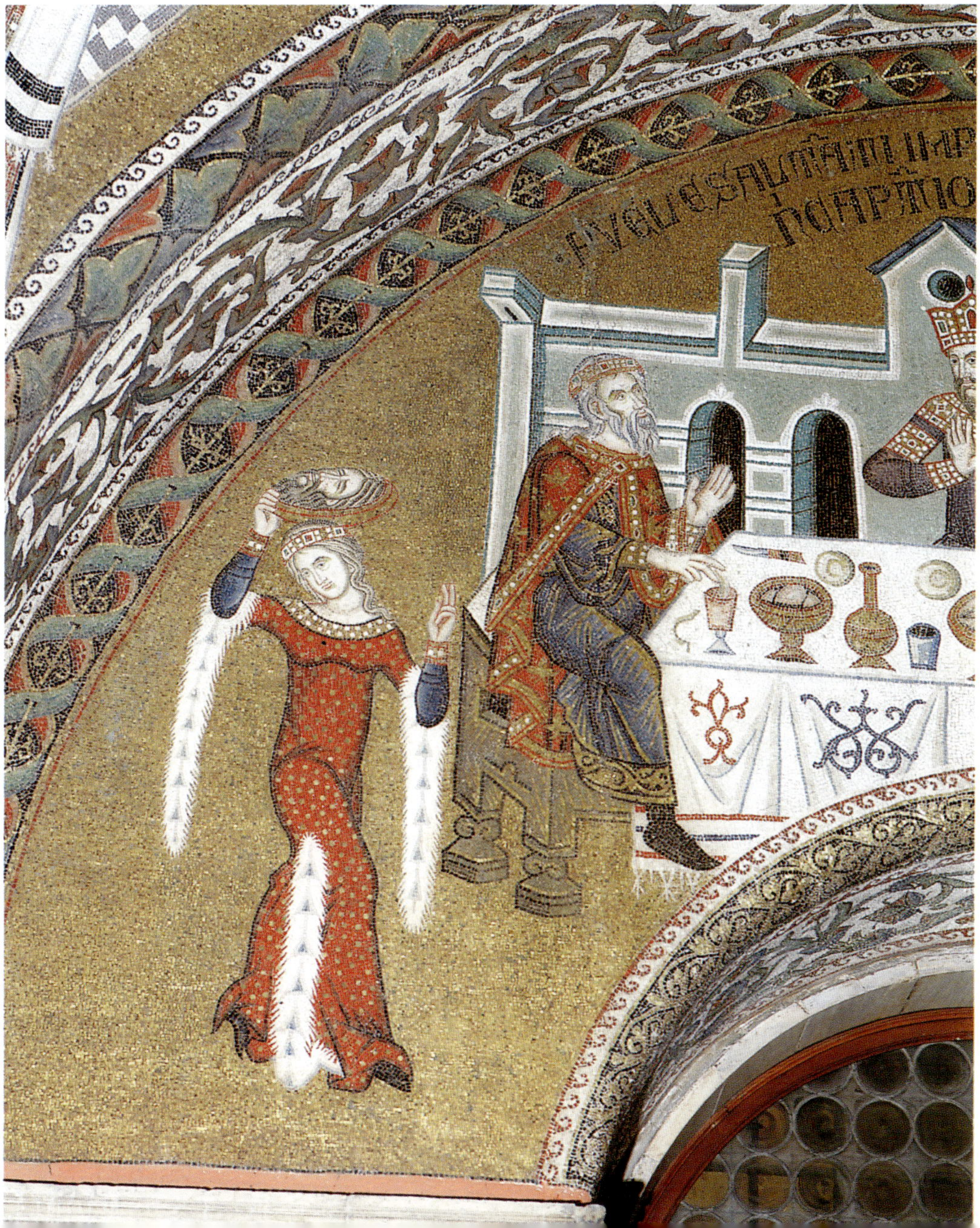

Palazzo Ducale

Fino alla caduta della Repubblica di Venezia nel 1797, **Palazzo Ducale** è stato la residenza del doge e il simbolo più significativo della potenza politica, culturale e militare della città. Il palazzo ospitava infatti gli appartamenti privati del doge, sale d'armi, prigioni, oltre naturalmente alle sale dove si riunivano i rappresentanti delle principali istituzioni. All'interno del palazzo vi sono testimonianze di diverse epoche storiche, dalle antiche fondazioni originarie, a tutto l'insieme in stile gotico, alle splendide tele dei pittori del rinascimento veneziano, alle buie prigioni che vennero cantate da Byron nei suoi poemi. Anche Palazzo Ducale, così come lo vediamo oggi, è il frutto di una serie di rifacimenti succedutisi nei secoli, perché spesso molte sue parti furono devastate dagli incendi.

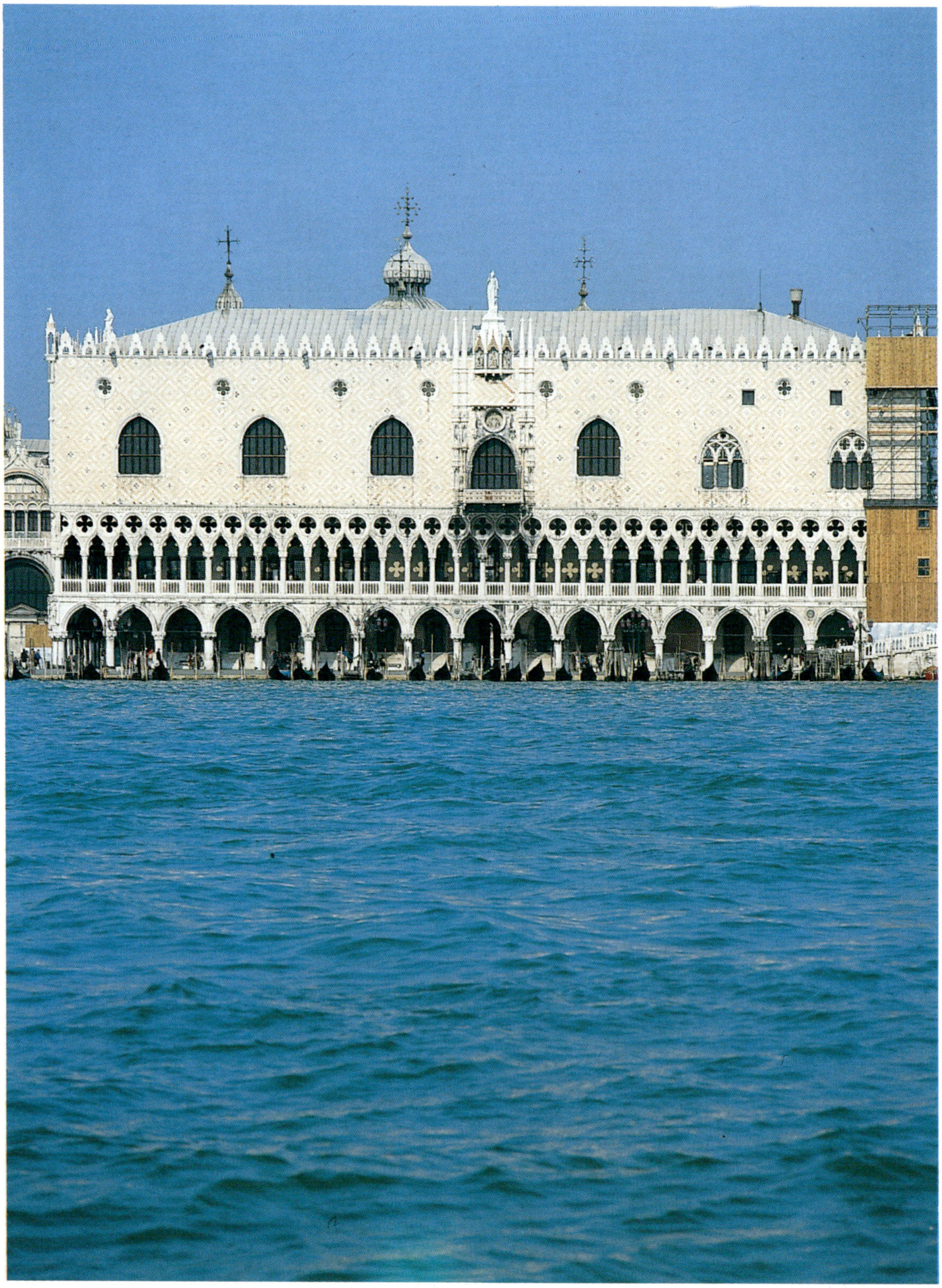

Palazzo Ducale visto dalla laguna.

Alla pagina accanto *Luca Carlevarijs, Ingresso dell'ambasciatore britannico conte di Manchester in Palazzo Ducale. Birmingham, City Museum and Art Gallery.*

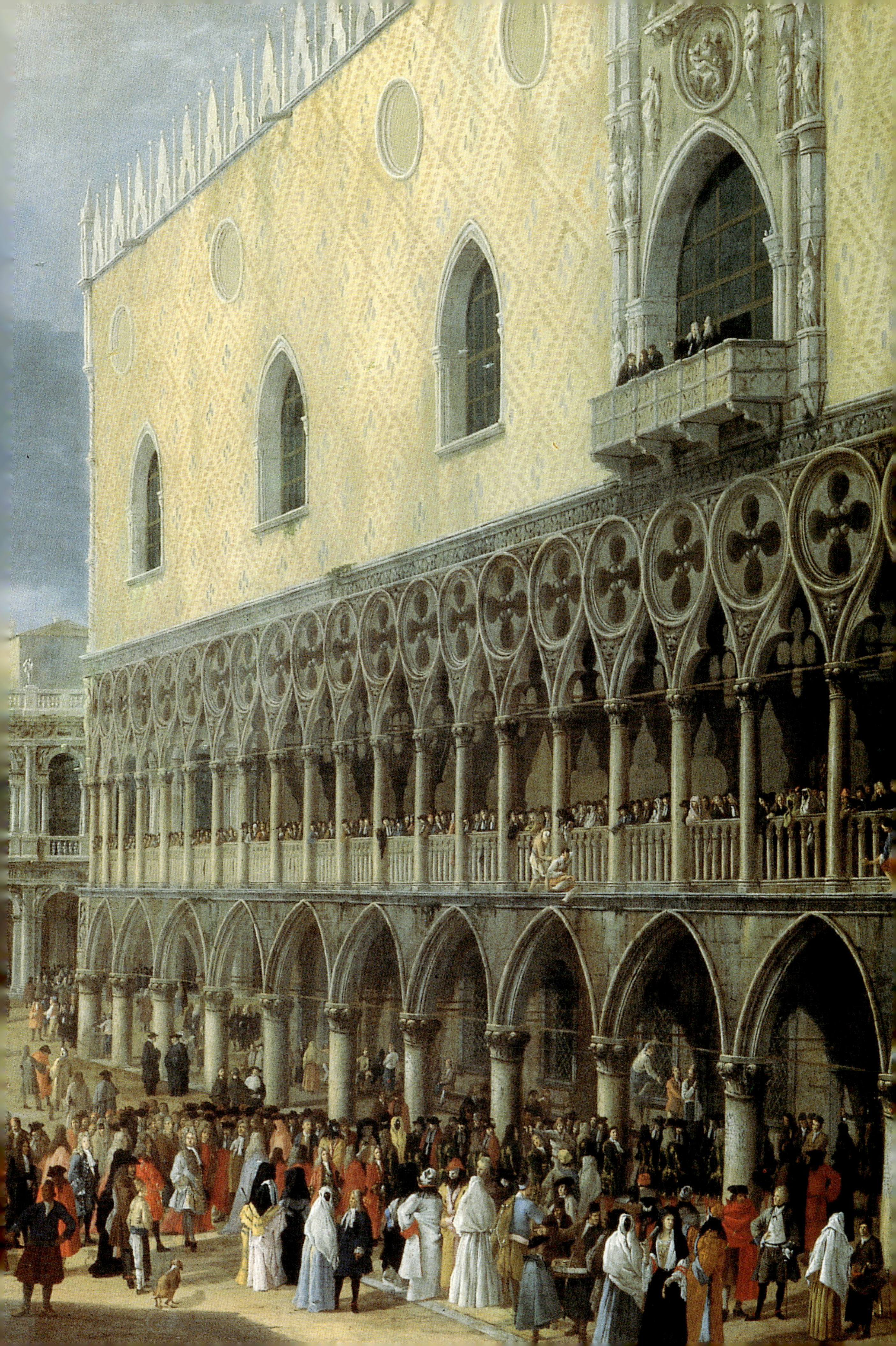

L'esterno di Palazzo Ducale

Uno degli esempi più suggestivi di arte gotica è **l'esterno di Palazzo Ducale**, poiché presenta un audace rovesciamento degli equilibri architettonici, con un blocco monolitico al piano superiore sostenuto da un aereo loggiato e un porticato al piano terreno che corrono lungo i lati del palazzo prospicienti la laguna e la piazzetta. Iniziando a contare dal lato più vicino alla basilica, la nona e la decima colonna del loggiato, in marmo rosso, segnano il punto da cui venivano lette le sentenze di morte, mentre la tredicesima colonna del portico è più grande dalle altre, perché indica la fine della Sala del Maggior Consiglio al piano superiore.

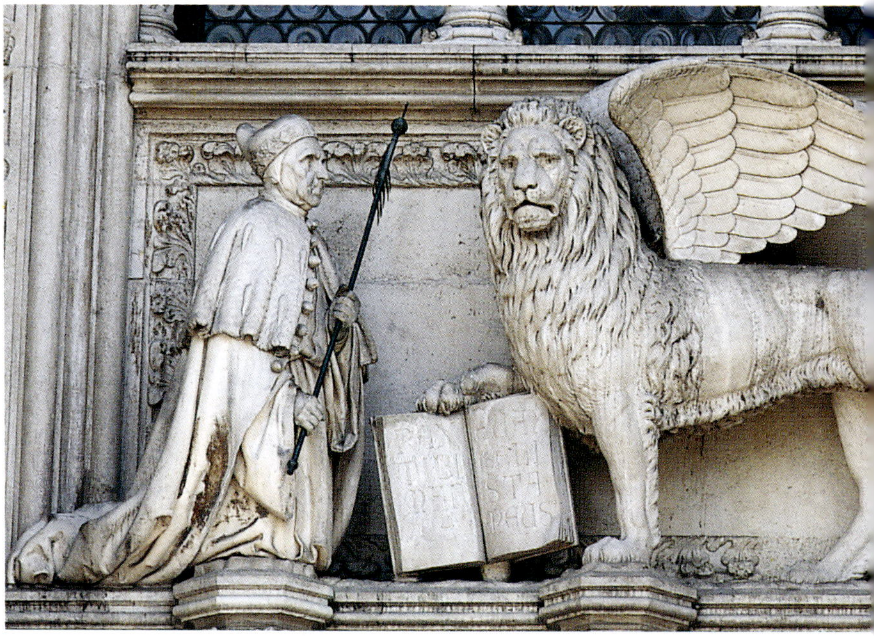

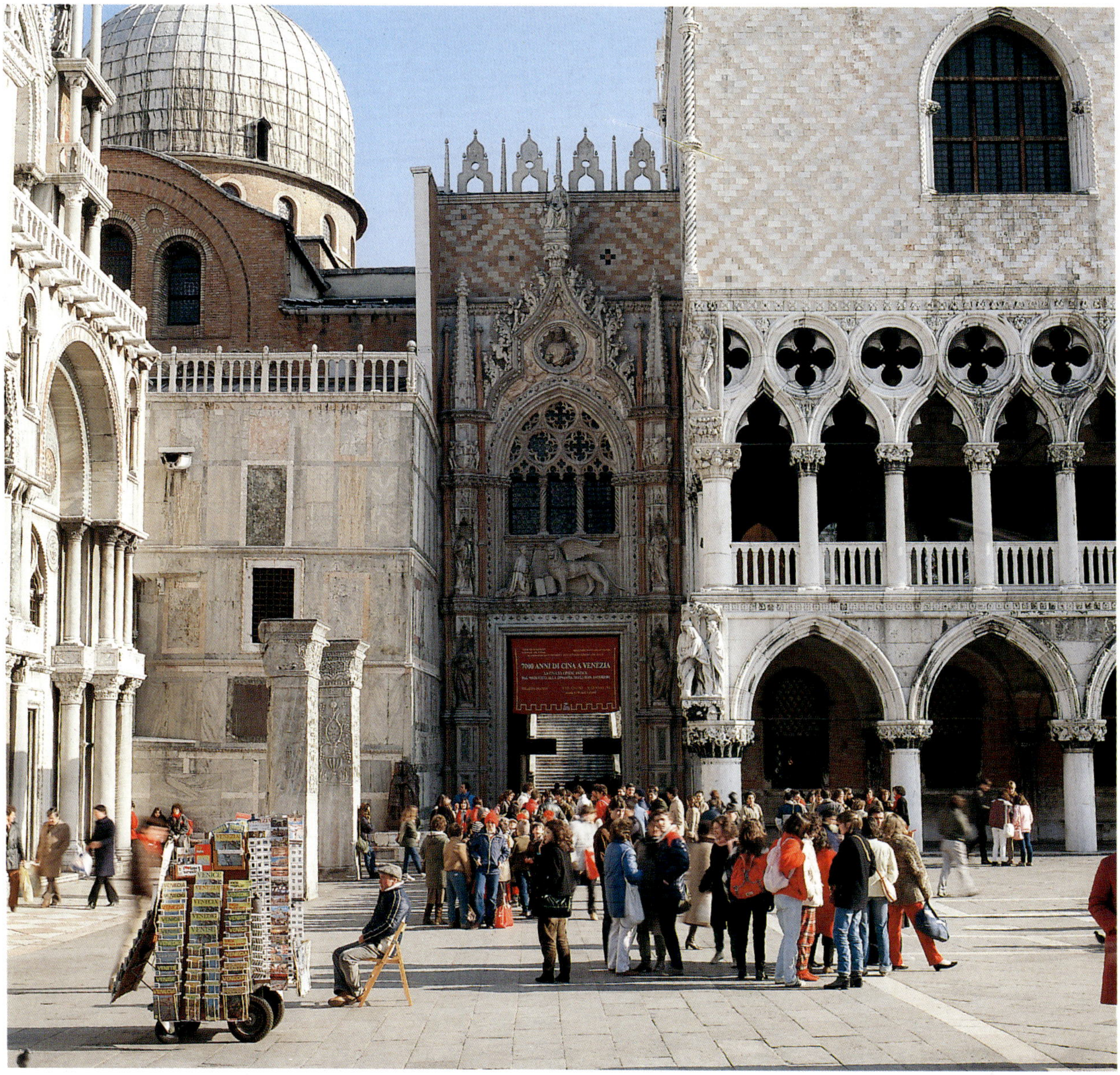

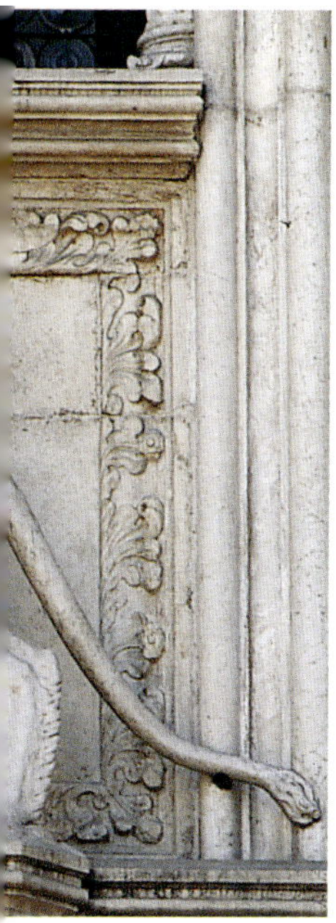

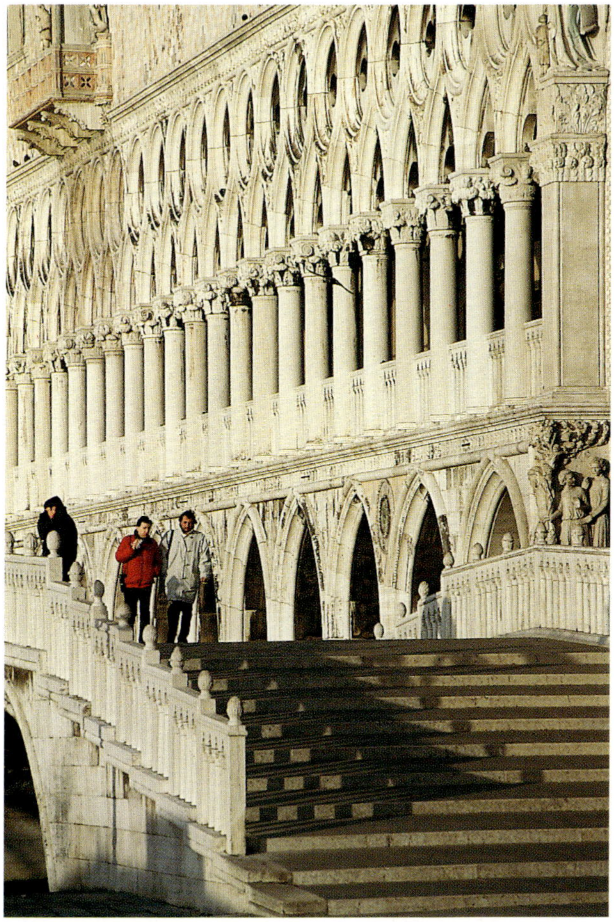

L'ingresso principale al palazzo è la Porta della Carta realizzata da Giovanni e Bartolomeo Bon a metà del XV secolo. Si pensa che fosse chiamata così per via di un archivio ubicato in zona o, forse, per la presenza degli uffici degli scrivani. Sopra questo portale gotico di grande bellezza è sistemata la statua del doge Francesco Foscari in ginocchio davanti al leone alato di San Marco.

in alto
Porta della Carta, particolare con il doge inginocchiato davanti al leone di San Marco.

Alla pagina accanto
Porta della Carta.

Loggiato di Palazzo Ducale visto dalla riva degli Schiavoni.

Una suggestiva immagine dei trafori del loggiato.

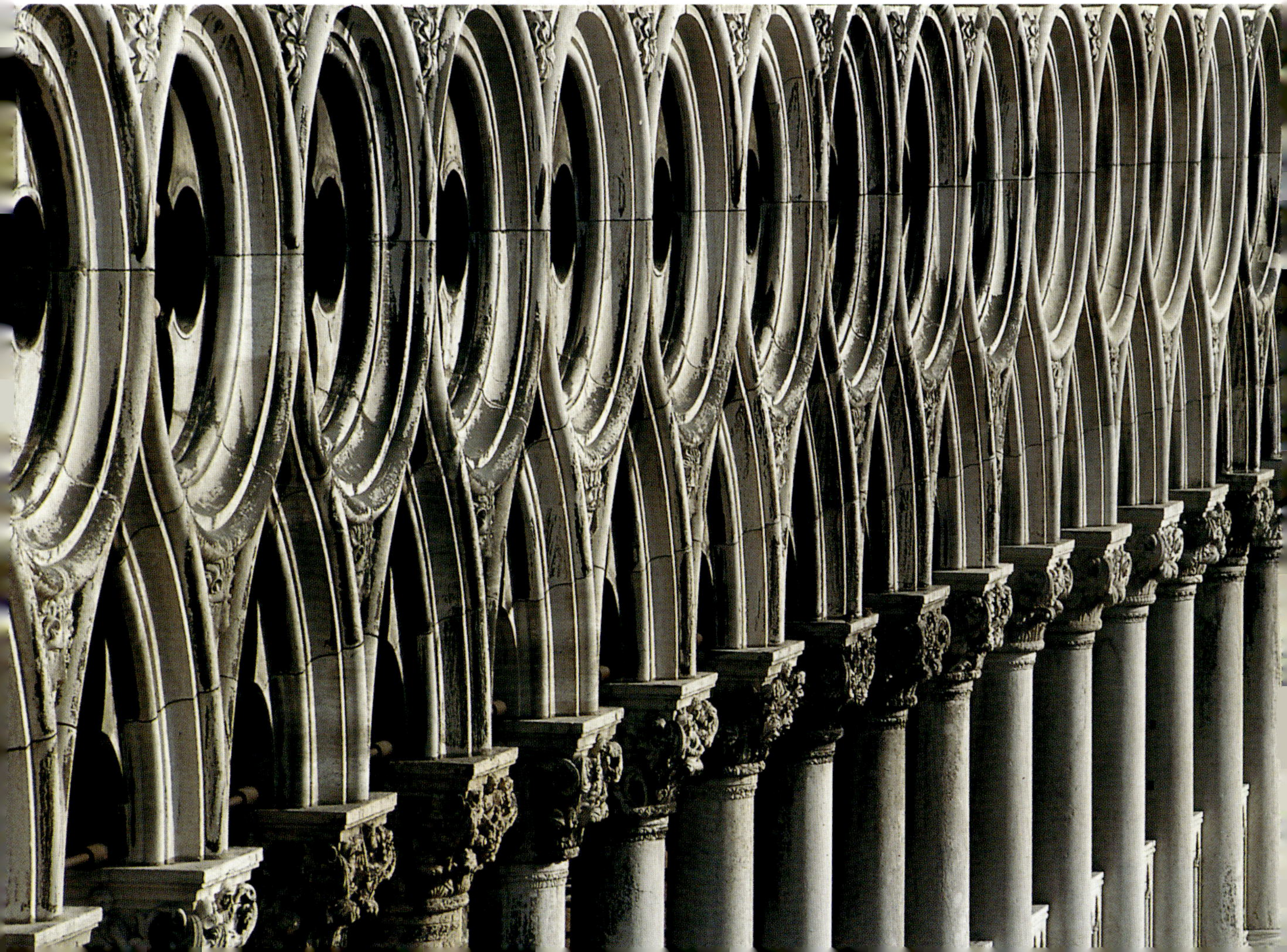

Alcuni degli splendidi capitelli che ornano il portico e il loggiato superiore di Palazzo Ducale sono copie degli originali, conservati nel Museo dell'Opera, ospitato all'interno del palazzo.
"Il più bel capitello d'Europa" così lo scrittore inglese John Ruskin definì il capitello n. 19, quello situato sull'angolo del palazzo e raffigurante *La creazione di Adamo*.
Sopra al capitello, nello spigolo, sono rappresentati Adamo ed Eva. Attribuito allo scultore Filippo Calendario e datato al XIV secolo, questo capitello è il principale e l'originale è al museo dell'Opera
Da questo capitello ha inizio la lettura dell'apparato iconografico delle facciate esterne di Palazzo Ducale che sviluppa la storia dell'uomo e dell'universo.
I soggetti dei capitelli del portico sono astrologici, biblici, allegorici, mentre i capitelli del loggiato hanno un carattere prevalentemente decorativo con motivi floreali ed elementi umani.

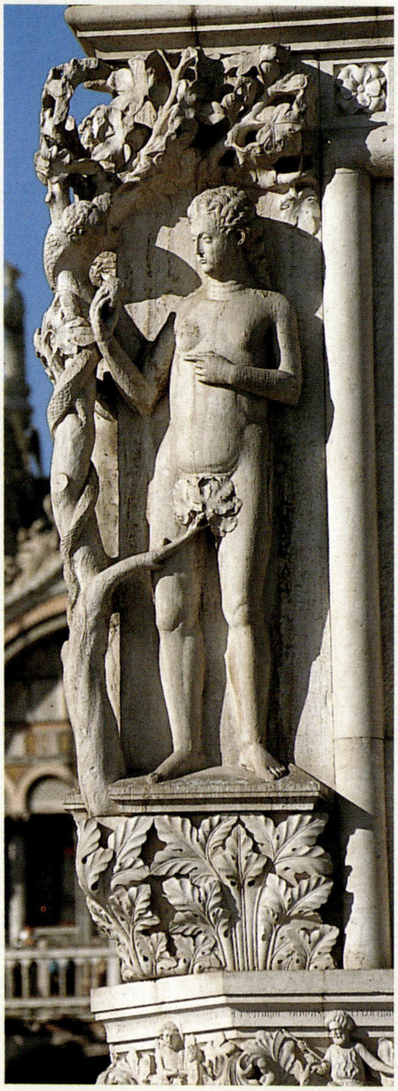

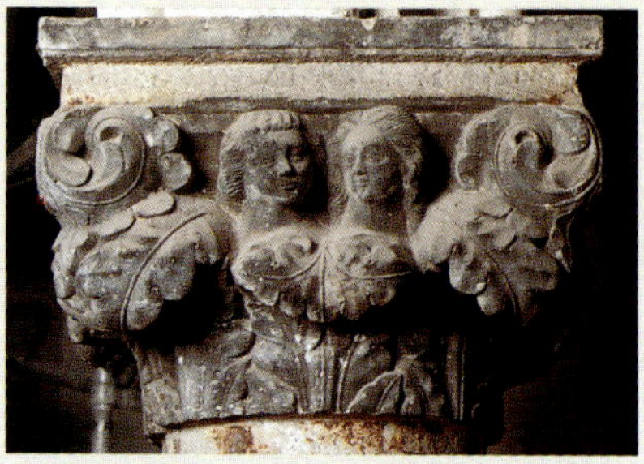

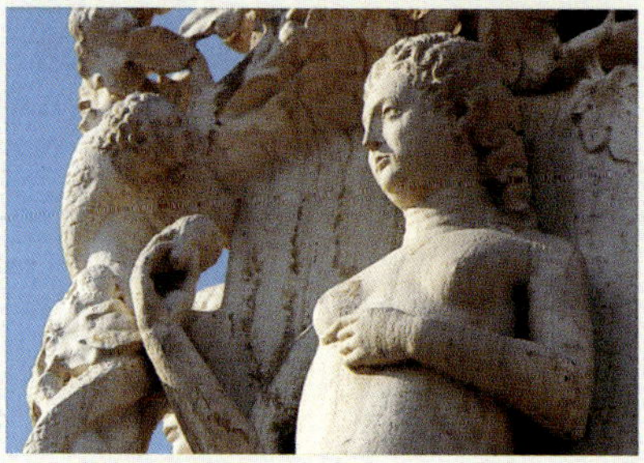

Spigolo esterno di Palazzo Ducale: Eva (intero e particolare).

In alto
Uno dei capitelli di Palazzo Ducale conservati al Museo dell'Opera.

Particolare di un capitello di Palazzo Ducale.

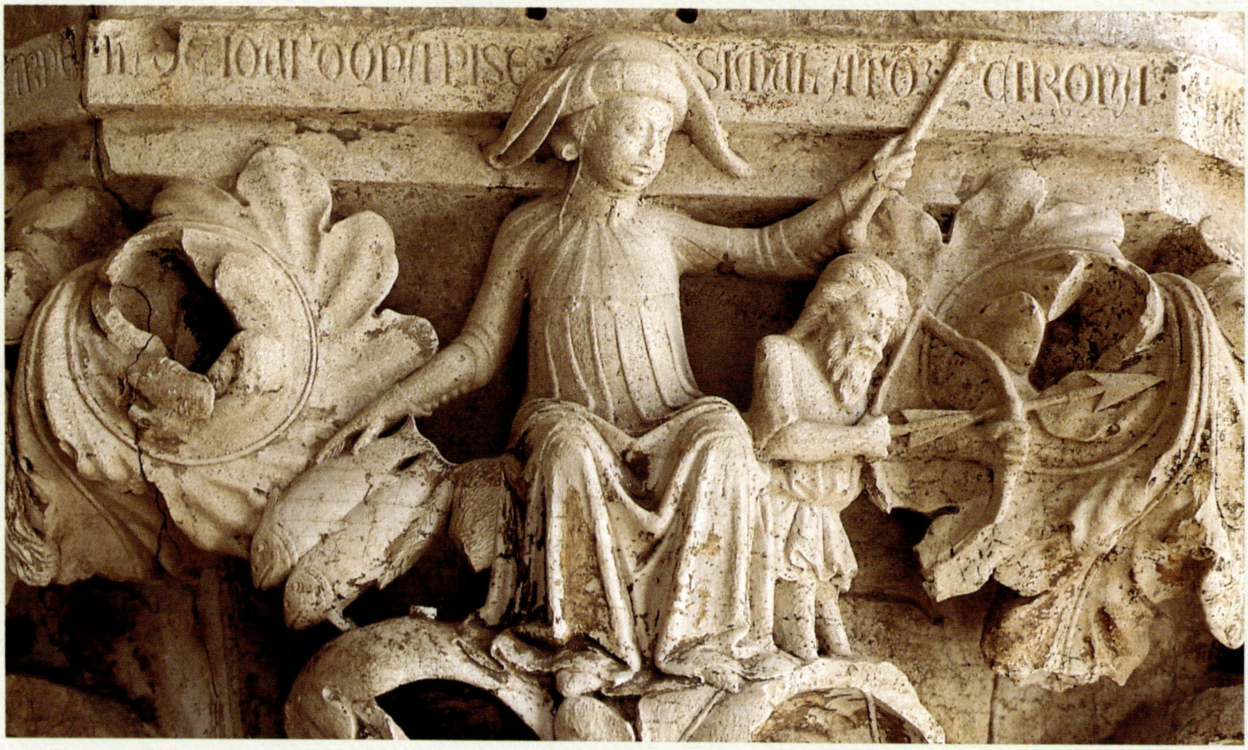

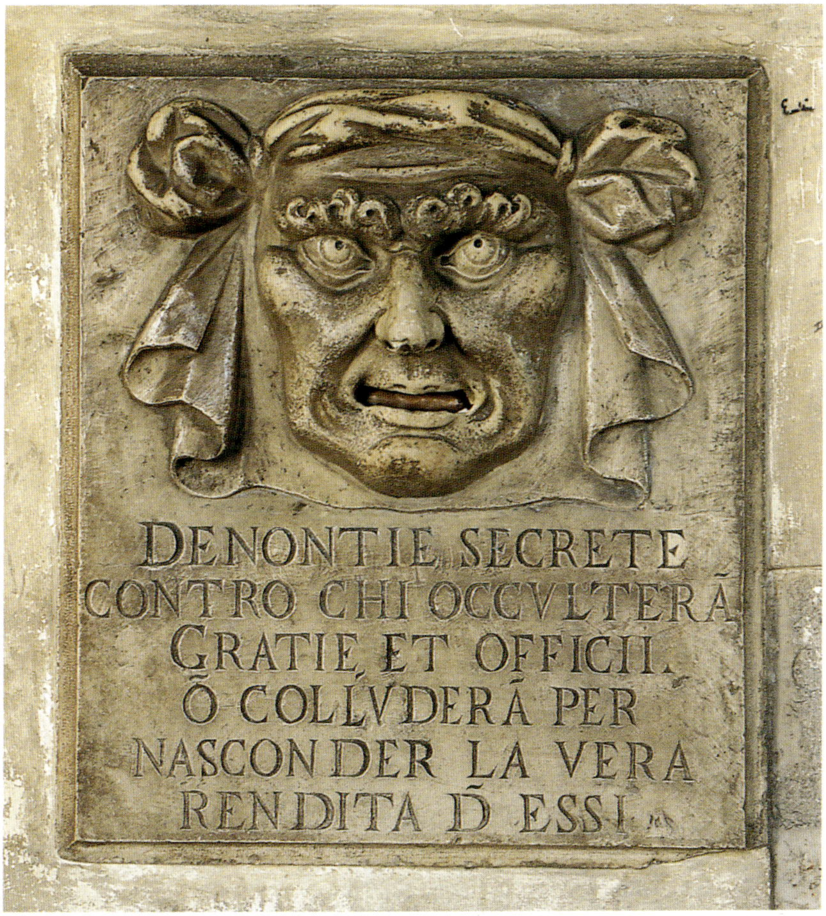

Il Museo dell'Opera

In un luogo un tempo destinato a prigioni, con alcuni reperti come un muro spesso più di un metro e una colonna con capitello risalenti addirittura al XII-XIII secolo, si trova questo museo al piano terreno del Palazzo Ducale. Qui sono raccolti i capitelli originali del porticato, tutti trecenteschi tranne uno, e del loggiato esterno. Sono una quarantina di capitelli, sostituiti nell'Ottocento a seguito di una grande opera di restauro a cui venne sottoposto Palazzo Ducale.

Palazzo Ducale: bocca di leone per le denunce segrete.

Il Museo dell'Opera a Palazzo Ducale.

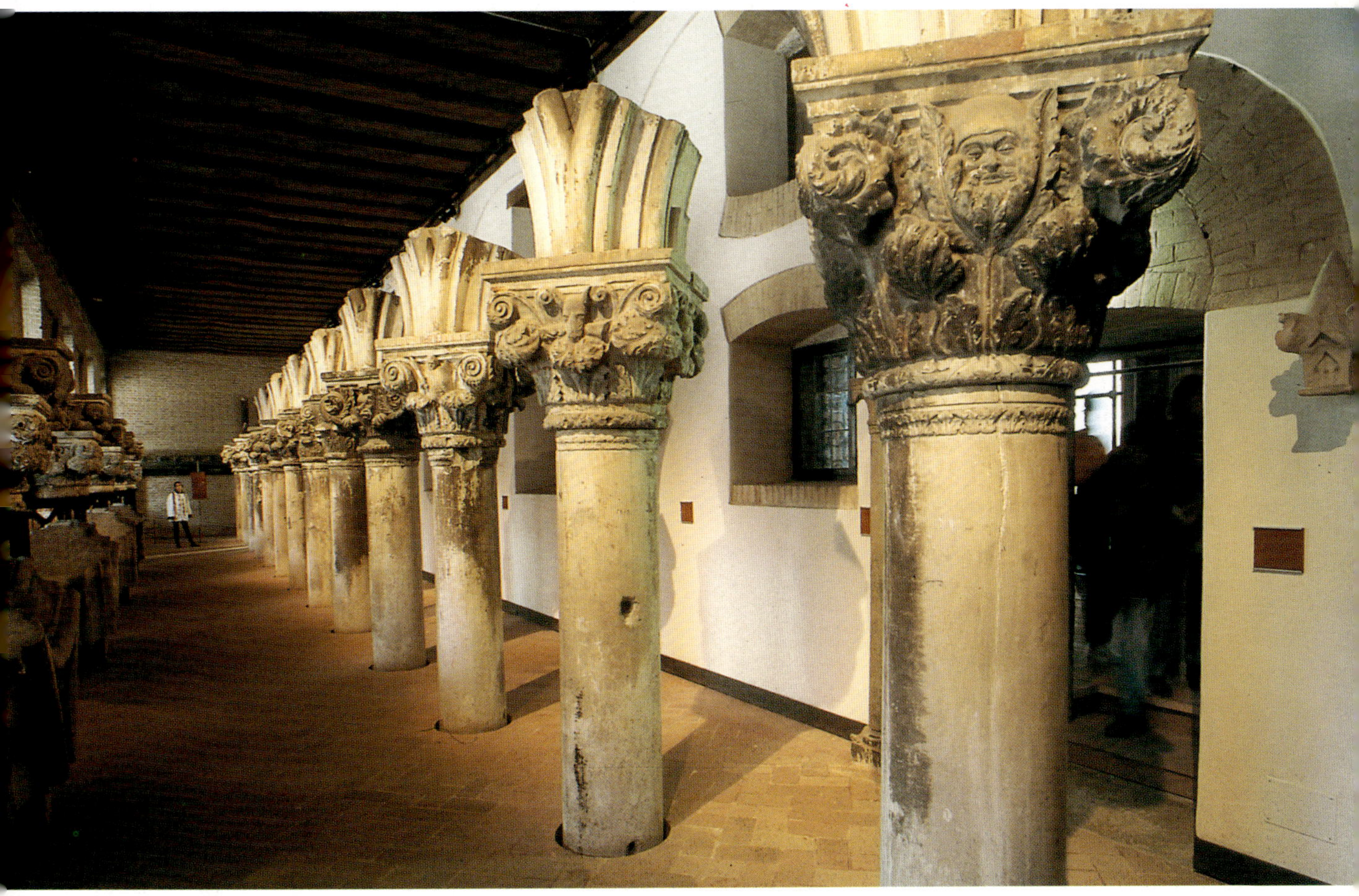

La Scala dei Giganti e la Scala d'Oro

Nel cortile di Palazzo Ducale il susseguirsi maestoso di archi e di portici è interrotto dalla **Scala dei Giganti**, scalone del tardo Cinquecento dove si svolgeva la cerimonia dell'incoronazione del doge, che riceveva dal consigliere più anziano la "zoia", il berretto ducale. Il nome della Scala deriva dalle due enormi statue di Nettuno e di Marte, scolpite da Jacopo Sansovino, che si trovano in cima. Le due divinità rappresentavano la potenza della Serenissima per mare e per terra.

La **Scala d'Oro**, al piano delle logge del palazzo, deriva il proprio nome dagli stucchi dorati del soffitto a botte. Era uno scalone di rappresentanza, riservato a magistrati e personaggi illustri. Venne iniziata su progetto di Jacopo Sansovino dopo il 1554 ed ultimata quattro anni più tardi dallo Scarpagnino.

Accanto alla Scala d'Oro si trova una delle **bocche di leone** per le denuncie segrete. Le denunce, firmate ma anche anonime, che venivano trovate nelle bocche di leone disseminate nel palazzo, erano in genere l'inizio di un procedimento giudiziario.

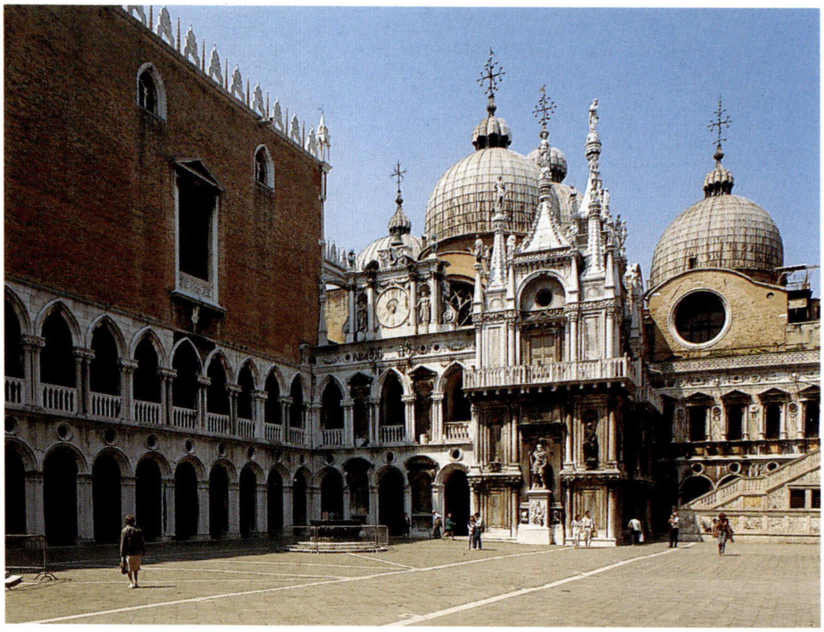

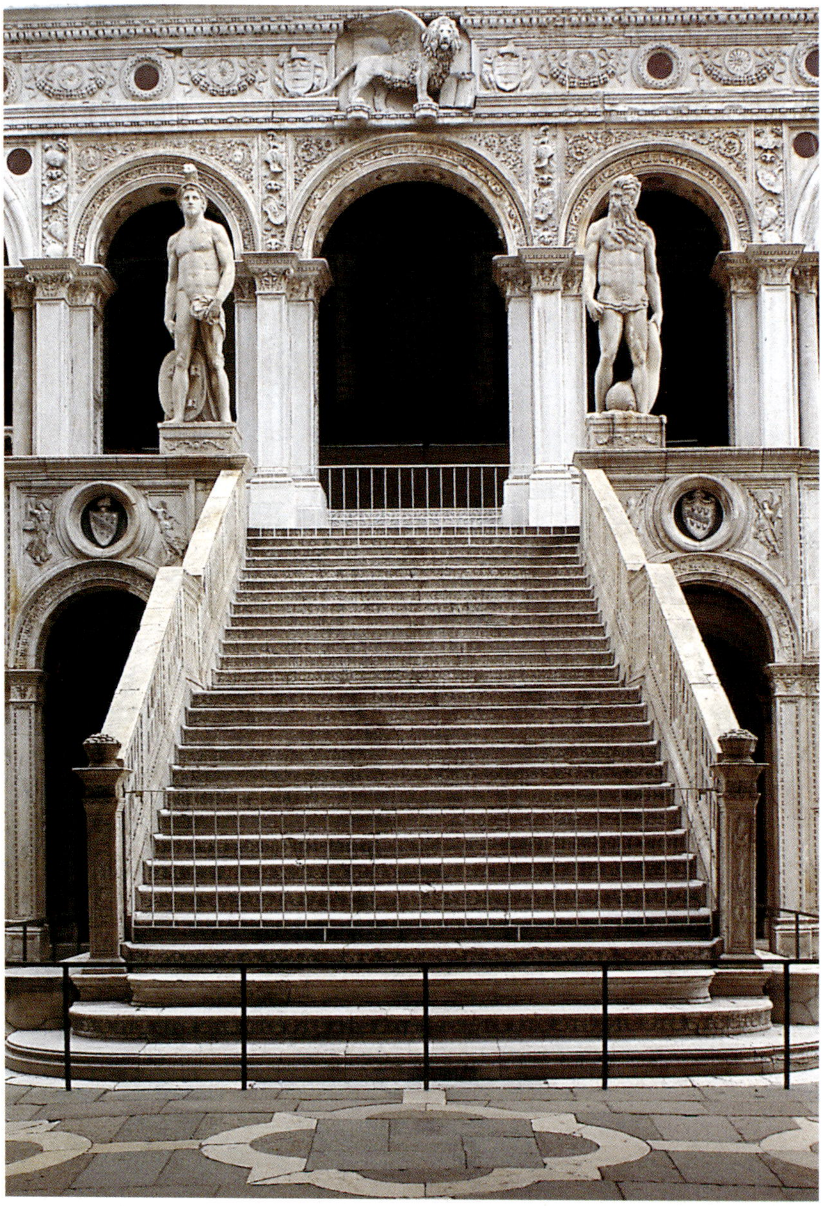

In alto
Il cortile interno di Palazzo Ducale.

A fianco
La Scala dei Giganti.

Alla pagina accanto
La Scala d'Oro.

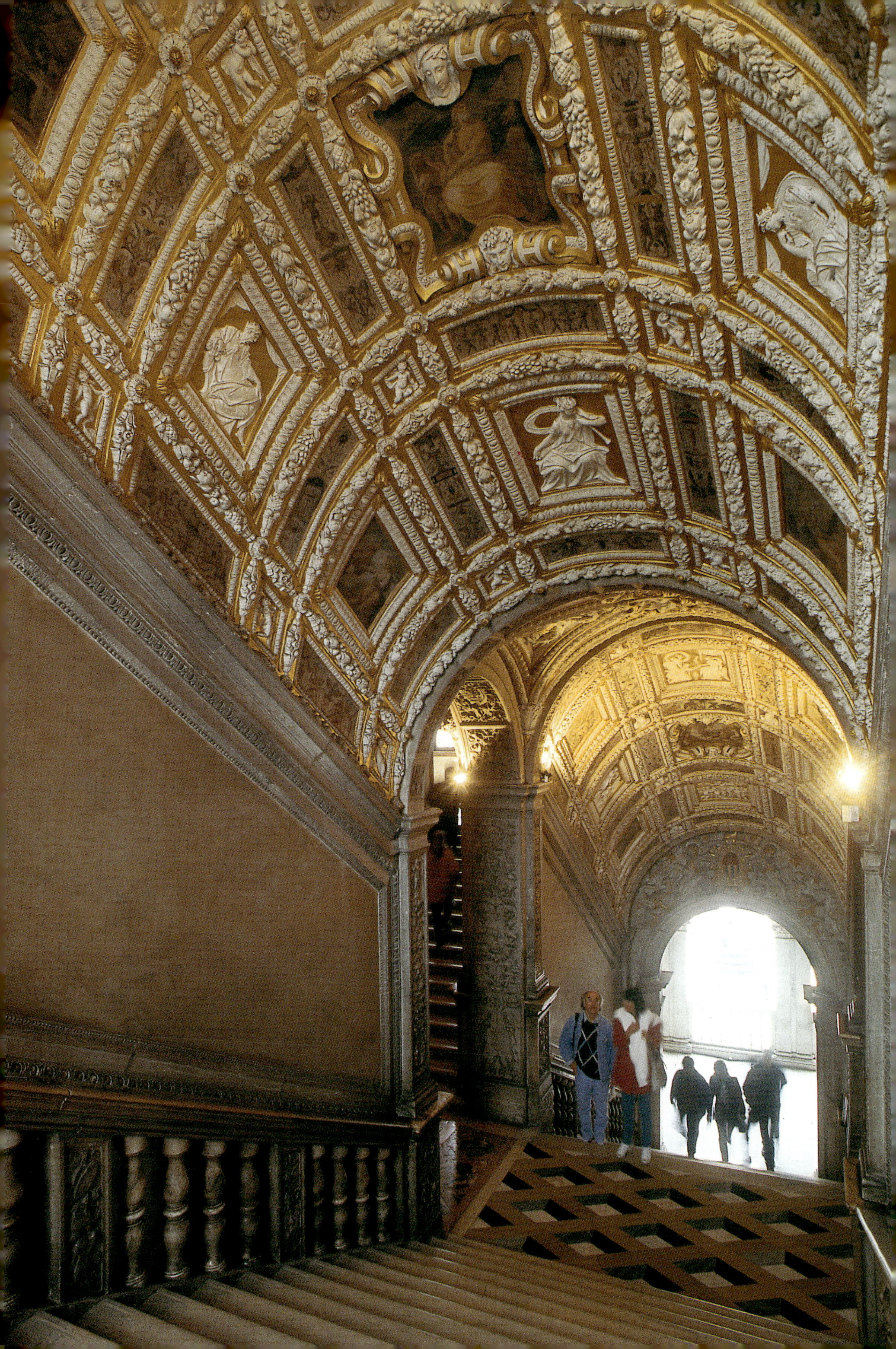

L'Appartamento dei Dogi

Recentemente è stato riaperto al pubblico l'**Appartamento dei Dogi**.

Le sale, circa una decina, dove il doge trascorreva i momenti più intimi prima di indossare le insegne del potere, sono decorate con arredi d'epoca e tele dei maggiori artisti di scuola veneziana.

Alla morte del doge gli eredi dovevano ritirare entro tre giorni tutti i mobili che gli appartenevano, liberando così l'appartamento prima dell'arrivo del doge successivo.

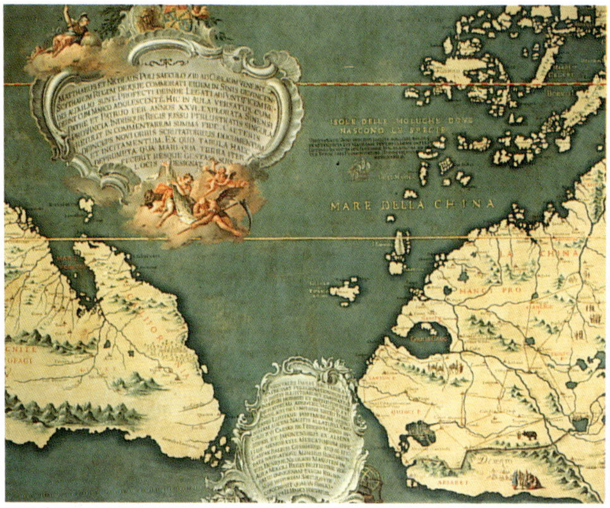

Dall'alto
Mappa dell'Asia e dell'America nell'Appartamento dei Dogi.

L'Appartamento dei Dogi.

Giambattista Tiepolo, Nettuno offre a Venezia le ricchezze. Sala delle Quattro porte.

A sinistra
Tiziano, San Cristoforo. Sala dei Filosofi.

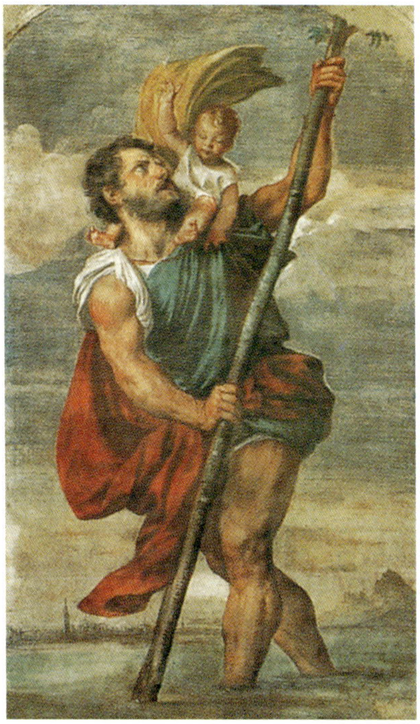

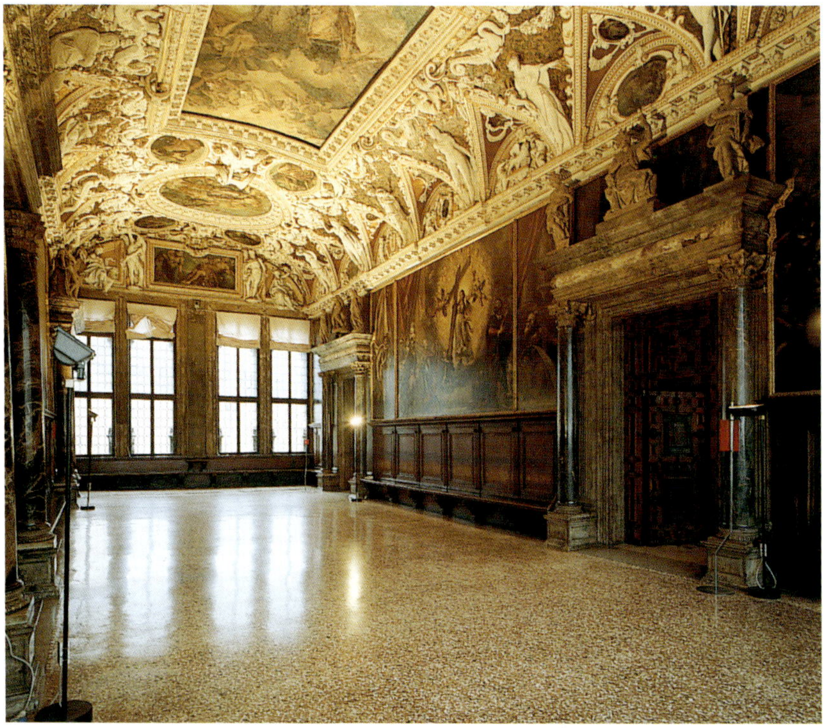

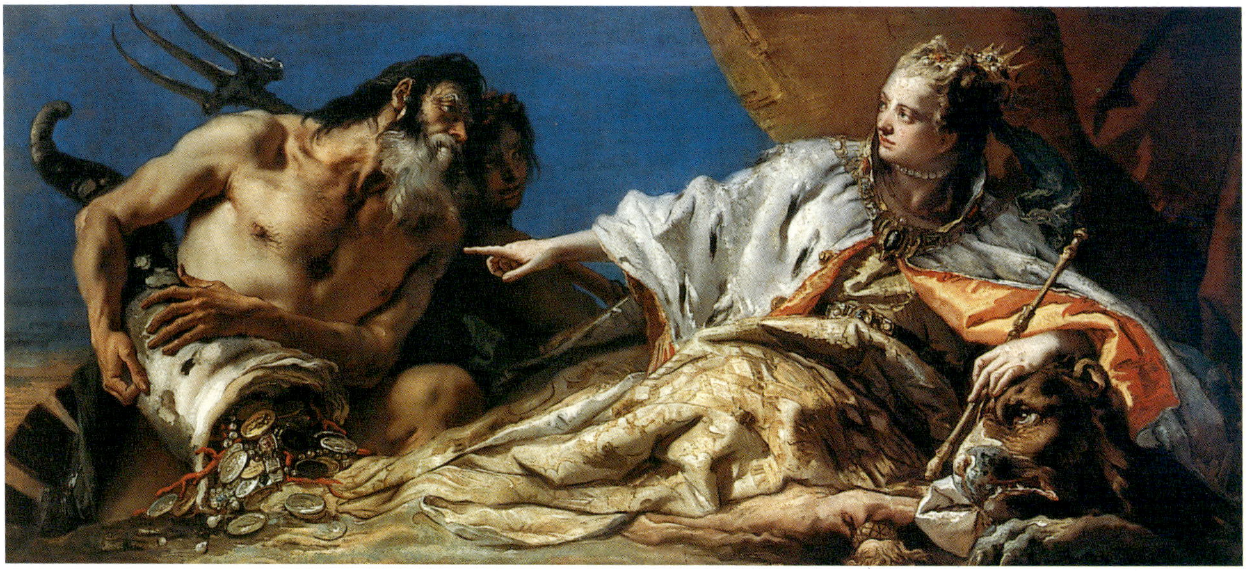

Paolo Veronese, Trionfo di Venezia.

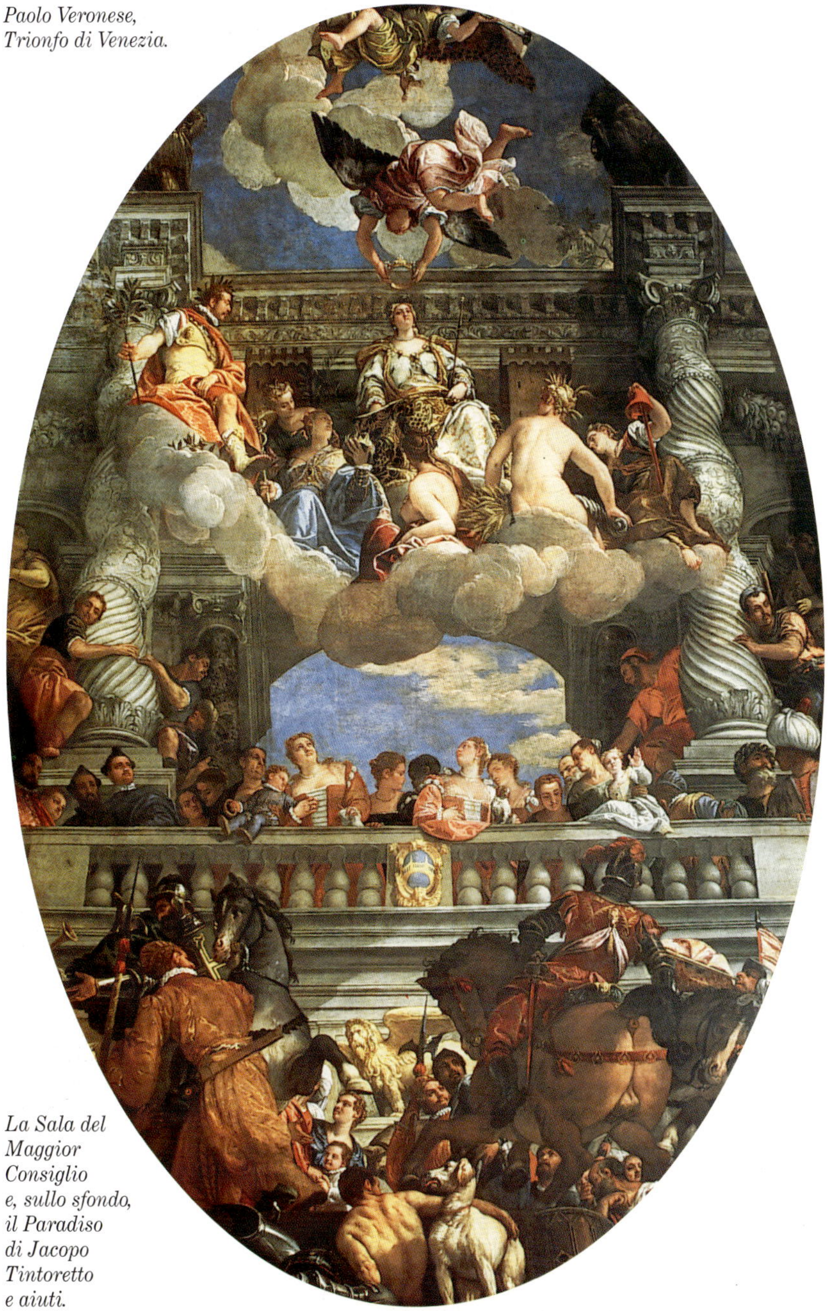

La Sala del Maggior Consiglio e, sullo sfondo, il Paradiso di Jacopo Tintoretto e aiuti.

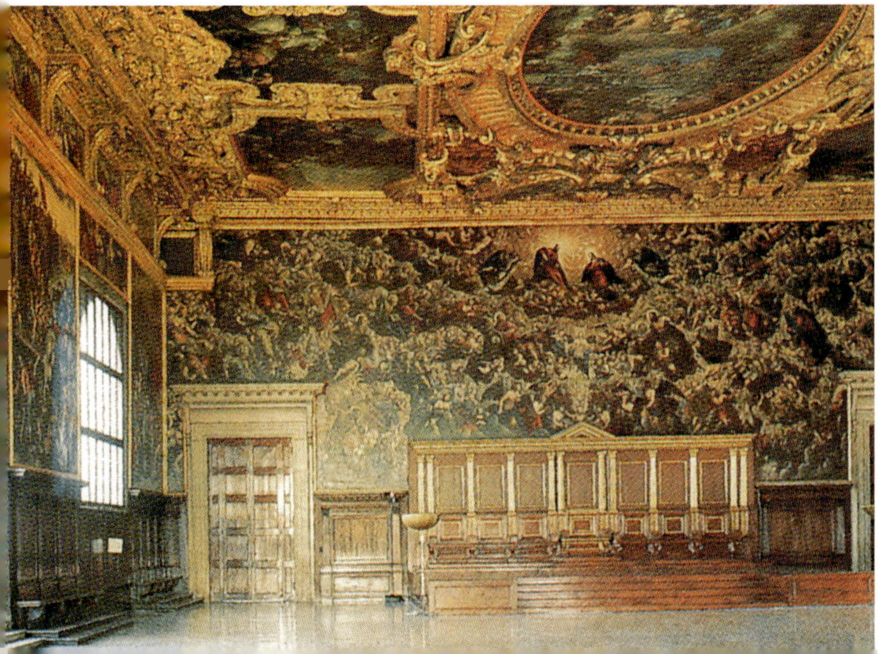

La Sala del Maggior Consiglio e la Sala dello Scrutinio

La stanza più vasta del palazzo è la **Sala del Maggior Consiglio**, di proporzioni davvero monumentali. Qui il Maggior Consiglio, che rappresentava l'insieme della nobiltà e che nel Cinquecento giunse a contare fino a duemila membri, si riuniva per approvare leggi ed eleggere gli alti ufficiali della Serenissima. Il salone presenta le pareti e il soffitto interamente decorati. Sono ritratti tutti i dogi fino al Cinquecento e al posto di quello di Marin Faliero, il doge che congiurò contro lo Stato, vi è un drappo scuro con una scritta che ricorda la sua decapitazione.
La parete del trono un tempo recava l'affresco del *Paradiso* di Guariento. A seguito del rovinoso incendio del 1577 che devastò molte sale di Palazzo Ducale, venne gravemente danneggiato e quindi ricoperto dall'omonima tela di Jacopo Tintoretto. Ora l'affresco, dopo un recente restauro, è esposto nella Sala dell'Armamento.

Nella **Sala dello Scrutinio**, nel Cinquecento sede dello scrutinio delle votazioni eseguite dal Maggior Consiglio, è possibile ammirare il soffitto recentemente restaurato con tele d'argomento celebrativo ispirate alle vittorie di Venezia sulle altre Repubbliche Marinare.

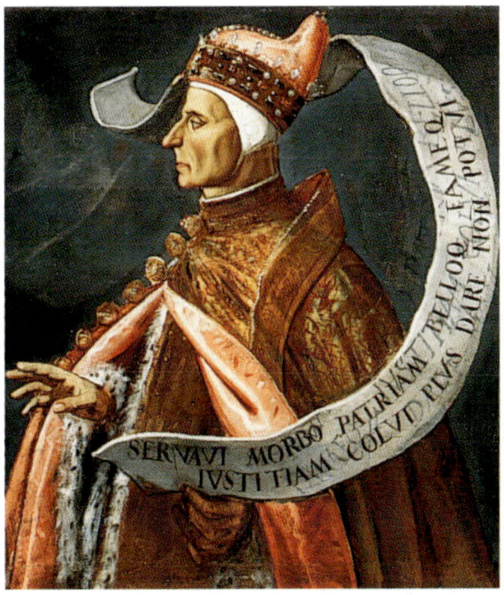

Domenico Tintoretto, Ritratto del doge Marco Barbarigo.

Anticollegio e Collegio

La **Sala dell'Anticollegio**, anticamera per i personaggi illustri in attesa di essere ricevuti, ha uno splendido camino e le pareti decorate da dipinti di Tintoretto e di Veronese di argomento mitologico; nella **Sala del Collegio** i magistrati ricevevano le delegazioni straniere e decidevano su ciò che andava discusso nel Senato della Repubblica. Il soffitto, di legno intarsiato e dorato, inquadra alcune tra le più belle opere di Veronese.

Sale del Collegio e dell'Anticollegio.

In basso *Paolo Veronese, Marte e Nettuno; Venezia con Pace e Giustizia. Sala del Collegio, soffitto.*

Alla pagina accanto *Jacopo Tintoretto, Sposalizio di Santa Caterina. Sala del Collegio.*

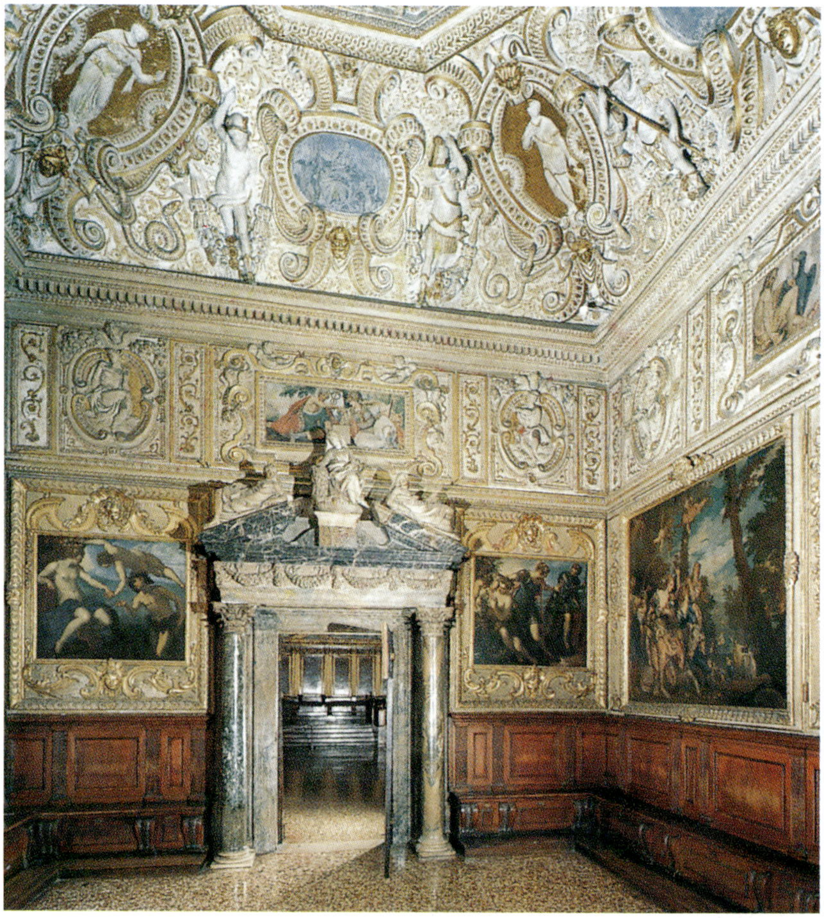

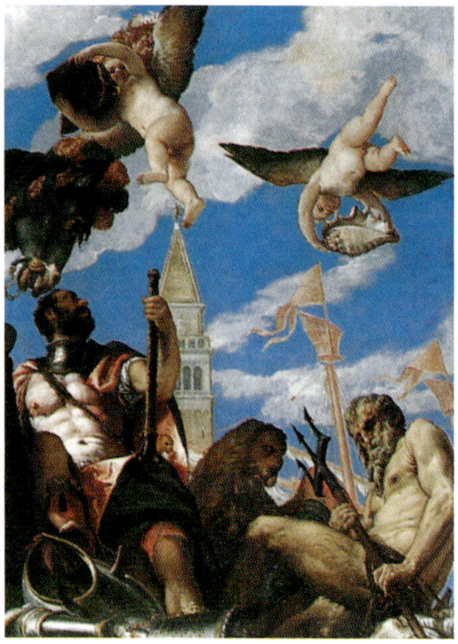

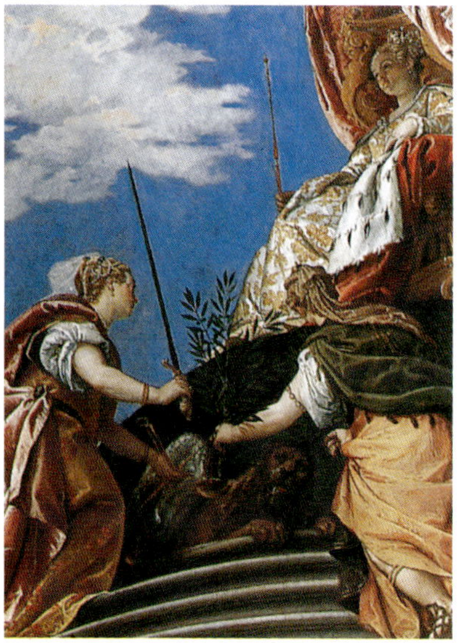

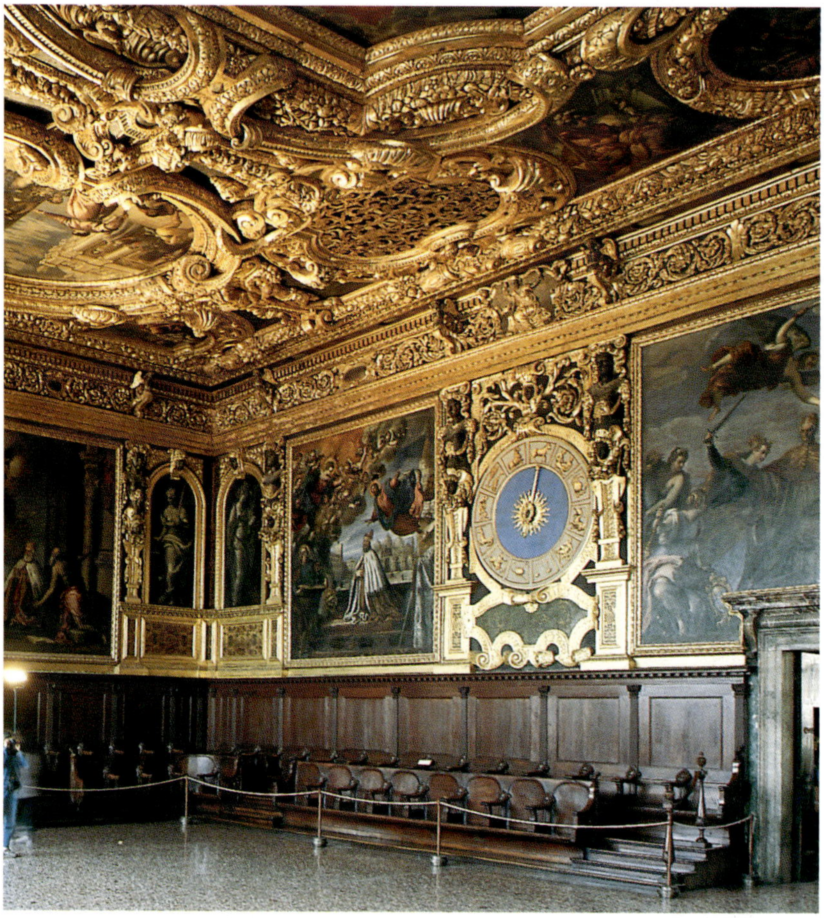

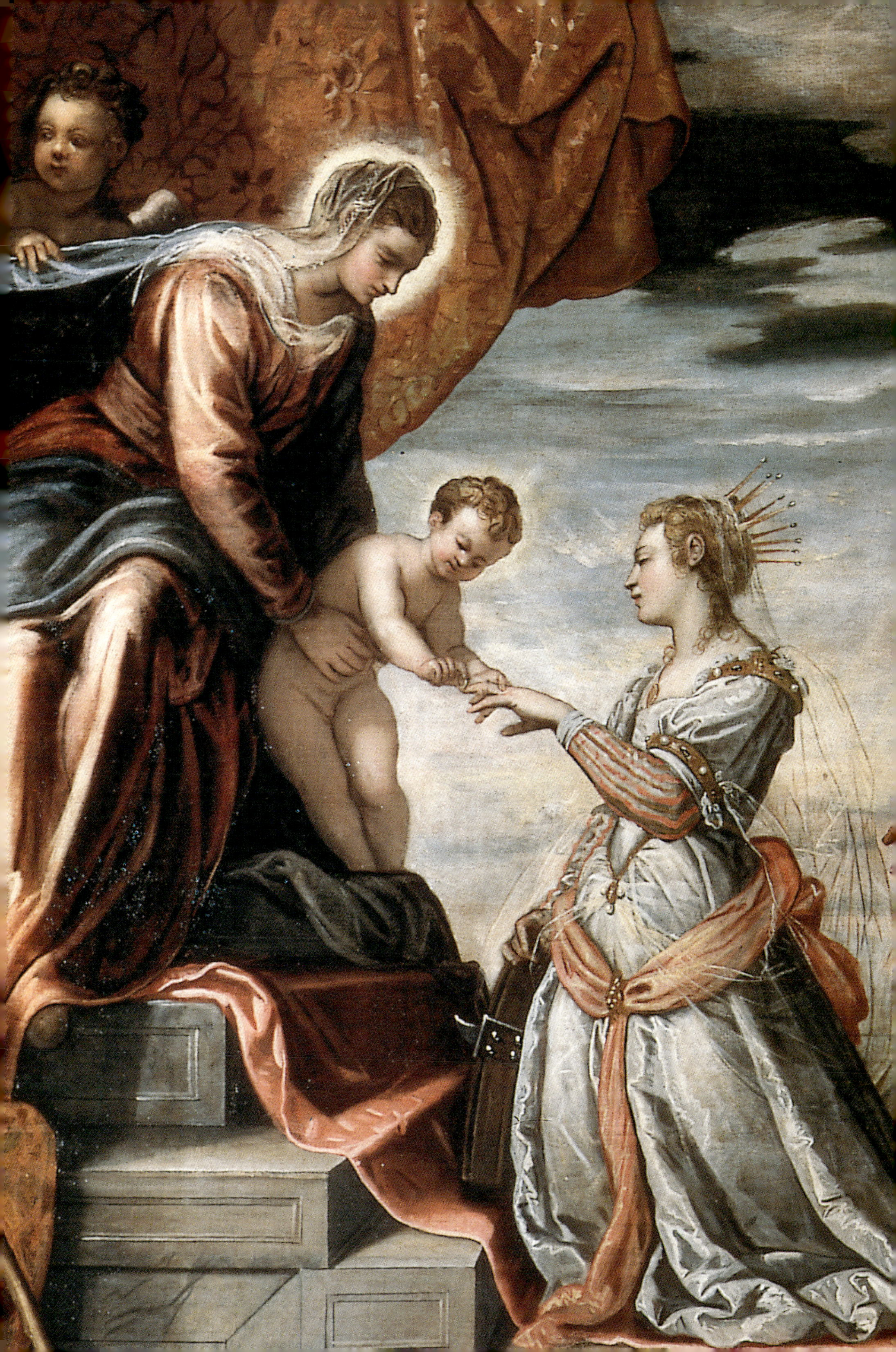

La Sala del Senato e la Sala del Consiglio dei Dieci

Nella **Sala del Senato** venivano deliberati gli atti di natura politica, discussi gli affari esteri e firmate le dichiarazioni di guerra. I dipinti del soffitto e delle pareti sono ulteriori dimostrazioni del prestigio di Venezia come pure le decorazioni della **Sala del Consiglio dei Dieci**, il luogo dove la magistratura veneziana emetteva sentenze sui delitti politici. Sul soffitto della sala si trova un famoso dipinto di Paolo Veronese: *Giunone offre il corno ducale, gemme e oro a Venezia.*

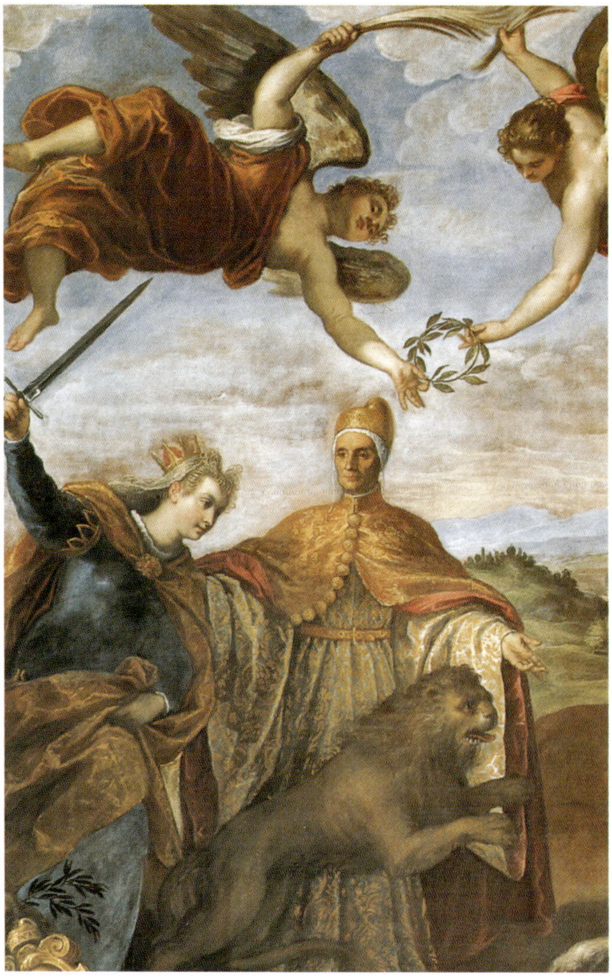

Il Padovanino, Allegoria della guerra con la Lega Santa. Sala del Senato.

Alla pagina accanto *Paolo Veronese, Giunone offre il corno ducale, gemme e oro a Venezia. Sala del Consiglio dei Dieci.*

Jacopo e Domenico Tintoretto, Esaltazione trionfale di Venezia. Sala del Senato.

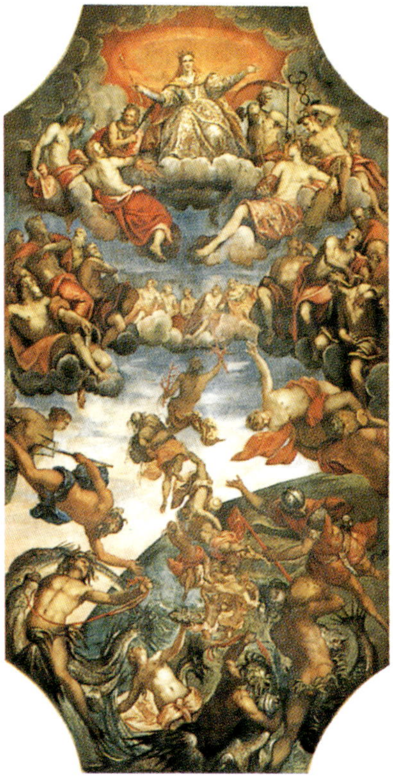

Sala del Senato.

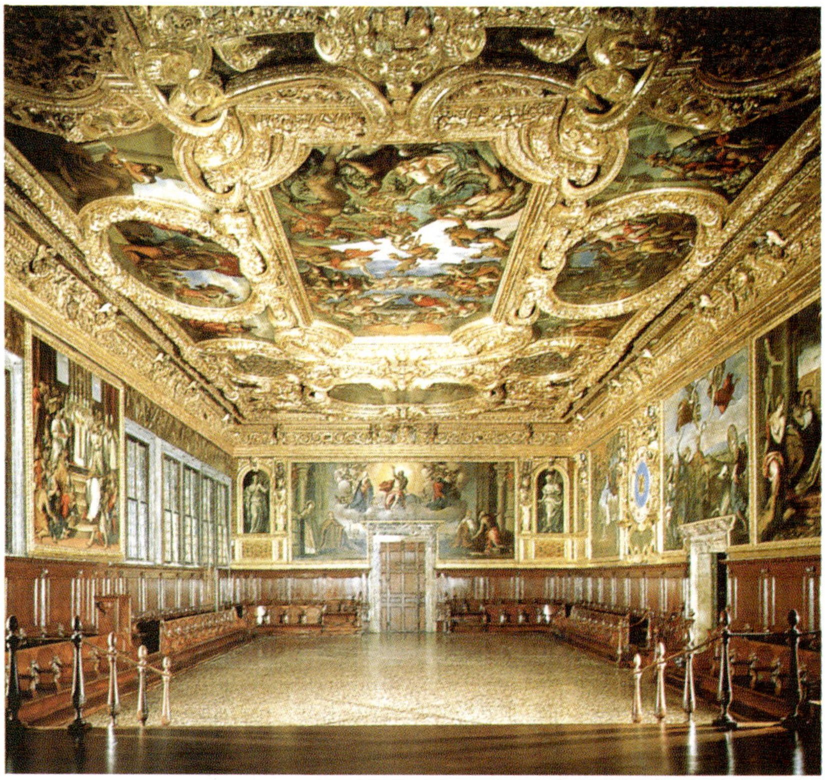

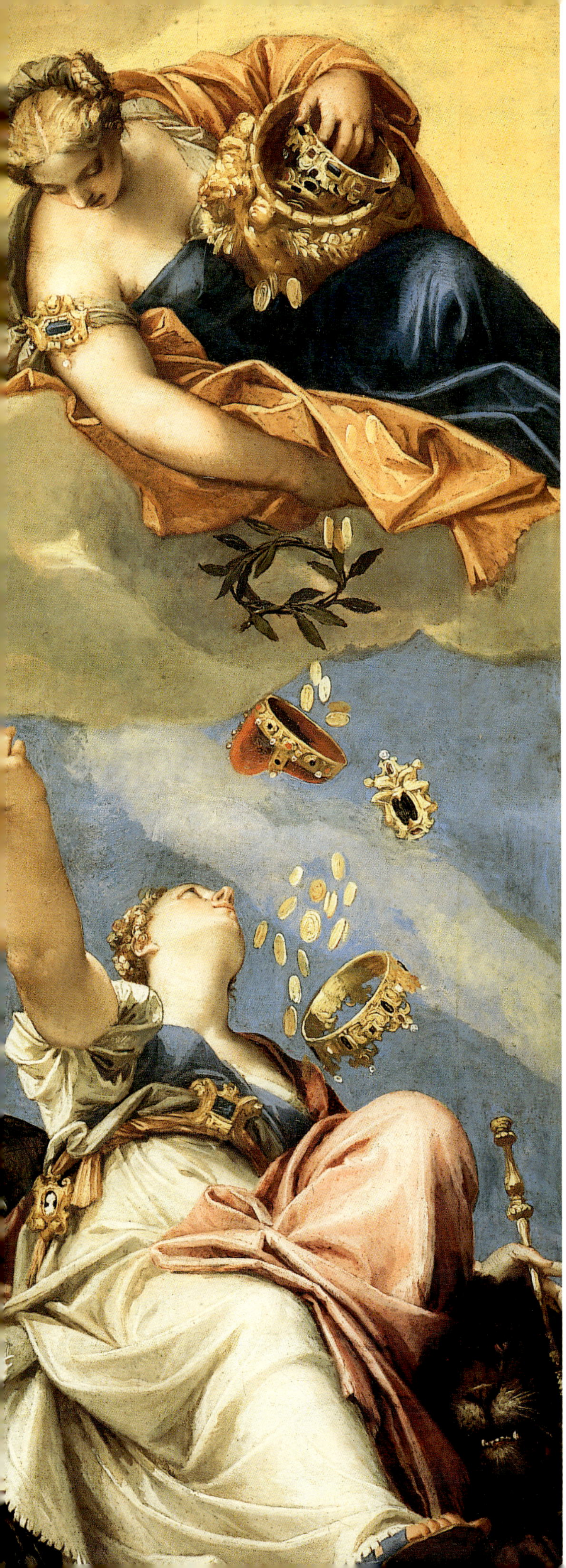

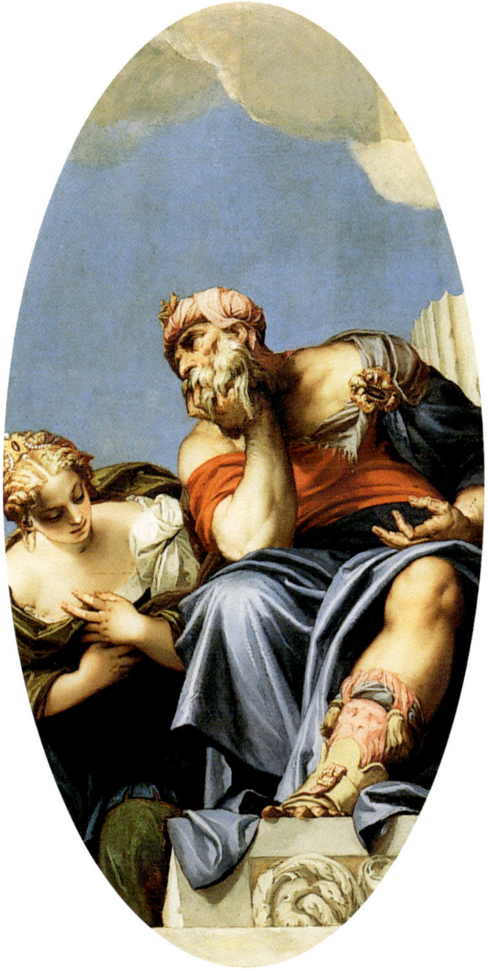

Paolo Veronese, Vecchio orientale e giovane donna. Sala del Consiglio dei Dieci.

Sala del Consiglio dei Dieci.

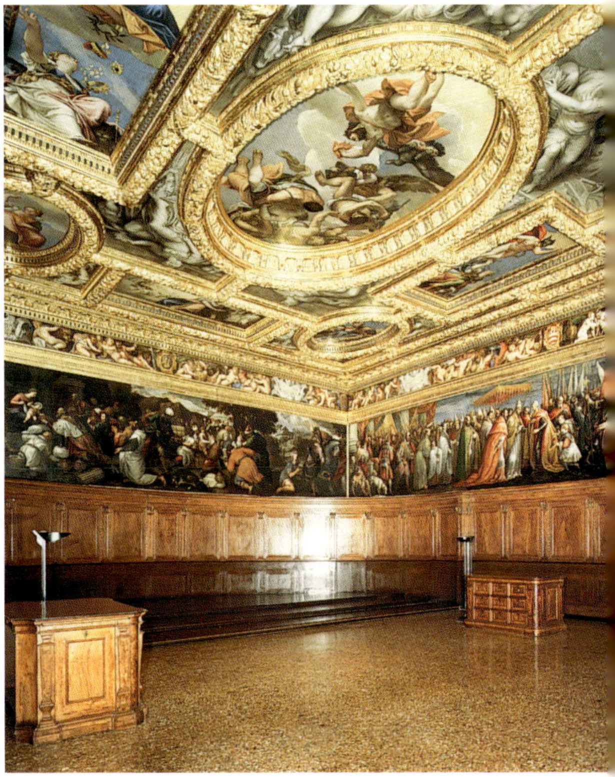

La Sala della Bussola, l'Armeria, il ponte dei Sospiri e i Piombi

La **Sala della Bussola** era il luogo in cui i criminali attendevano di conoscere il loro destino. Nell'**Armeria,** a metà del Cinquecento, venne collocata un'ampia serie d'armi da guerra, non per mostra ma per uso.

Il **ponte dei Sospiri** veniva utilizzato per trasferire i detenuti in attesa di giudizio dalle Prigioni Nuove, di là dal rio di Palazzo, agli uffici dei tribunali in Palazzo Ducale.

Sotto i tetti del palazzo c'erano anche altre prigioni, i **Piombi**, così denominate perché i tetti erano di piombo. Qui fu rinchiuso l'avventuriero veneziano del Settecento Giacomo Casanova, che però riuscì a evadere. Casanova stesso fece una descrizione ampia e particolareggiata dei Piombi e della sua fuga avventurosa in un libro del 1788 che ebbe un successo strepitoso e fece il giro d'Europa.

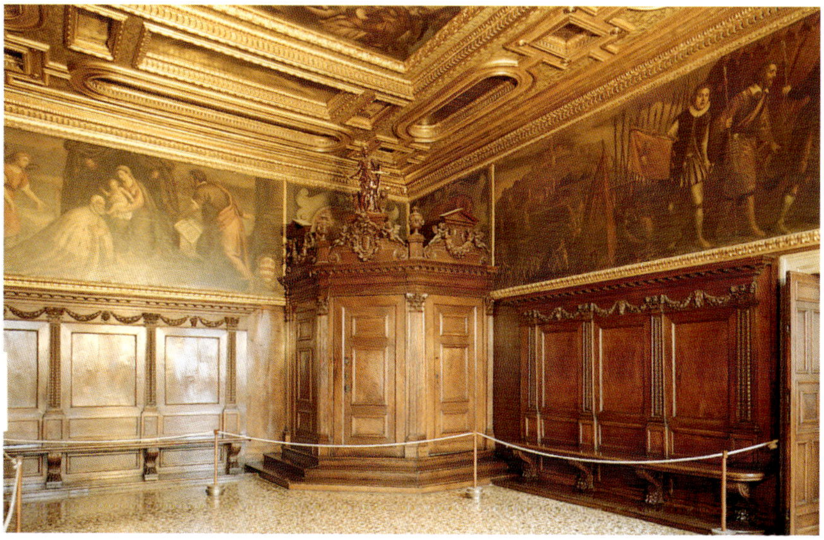

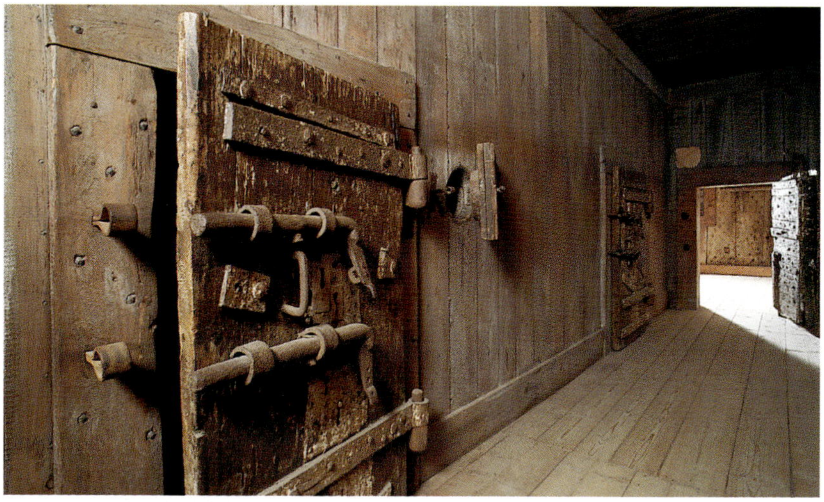

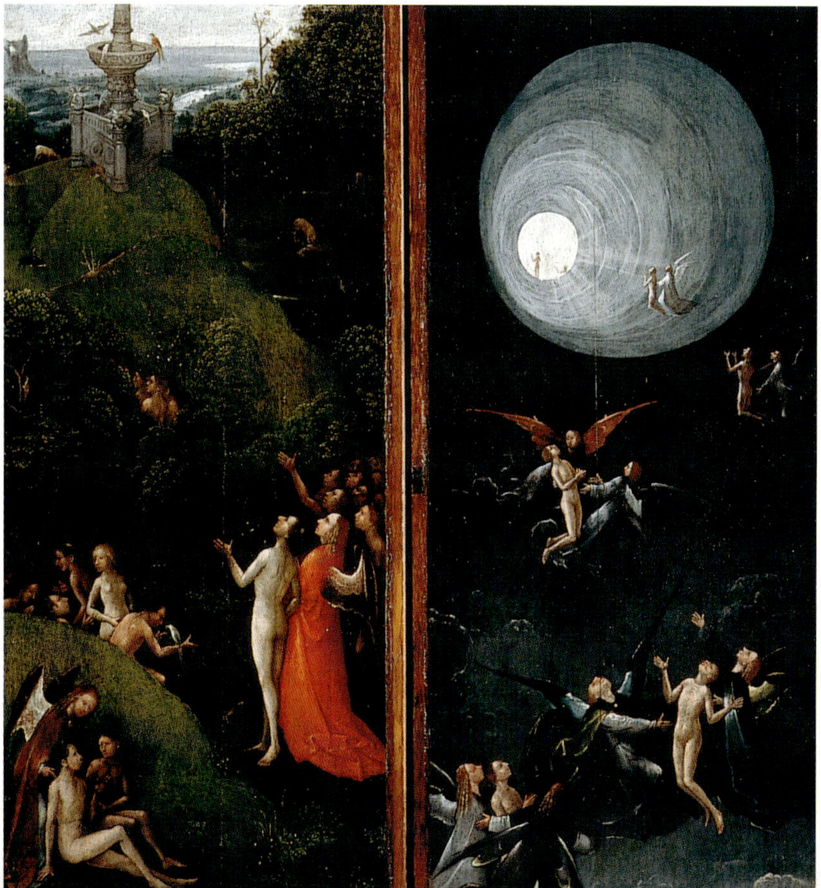

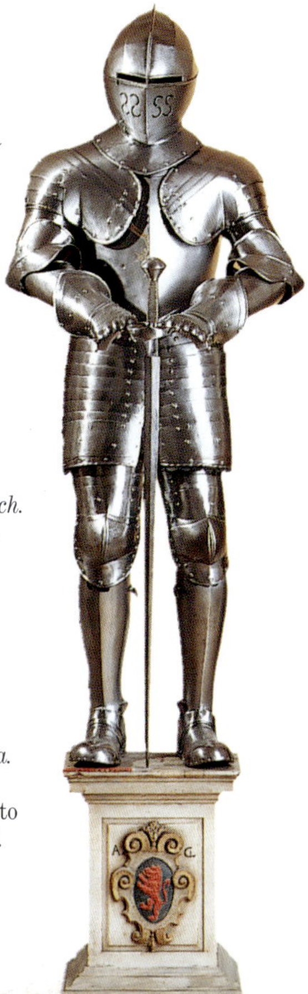

In alto
La Sala della Bussola e la prigione di Casanova ai Piombi.

A sinistra
Hieronymus Bosch. Trittico di Santa Liberata (particolare).

A destra
Armatura appartenuta a Enrico IV di Francia. Armeria.

Alla pagina accanto
Ponte dei Sospiri.

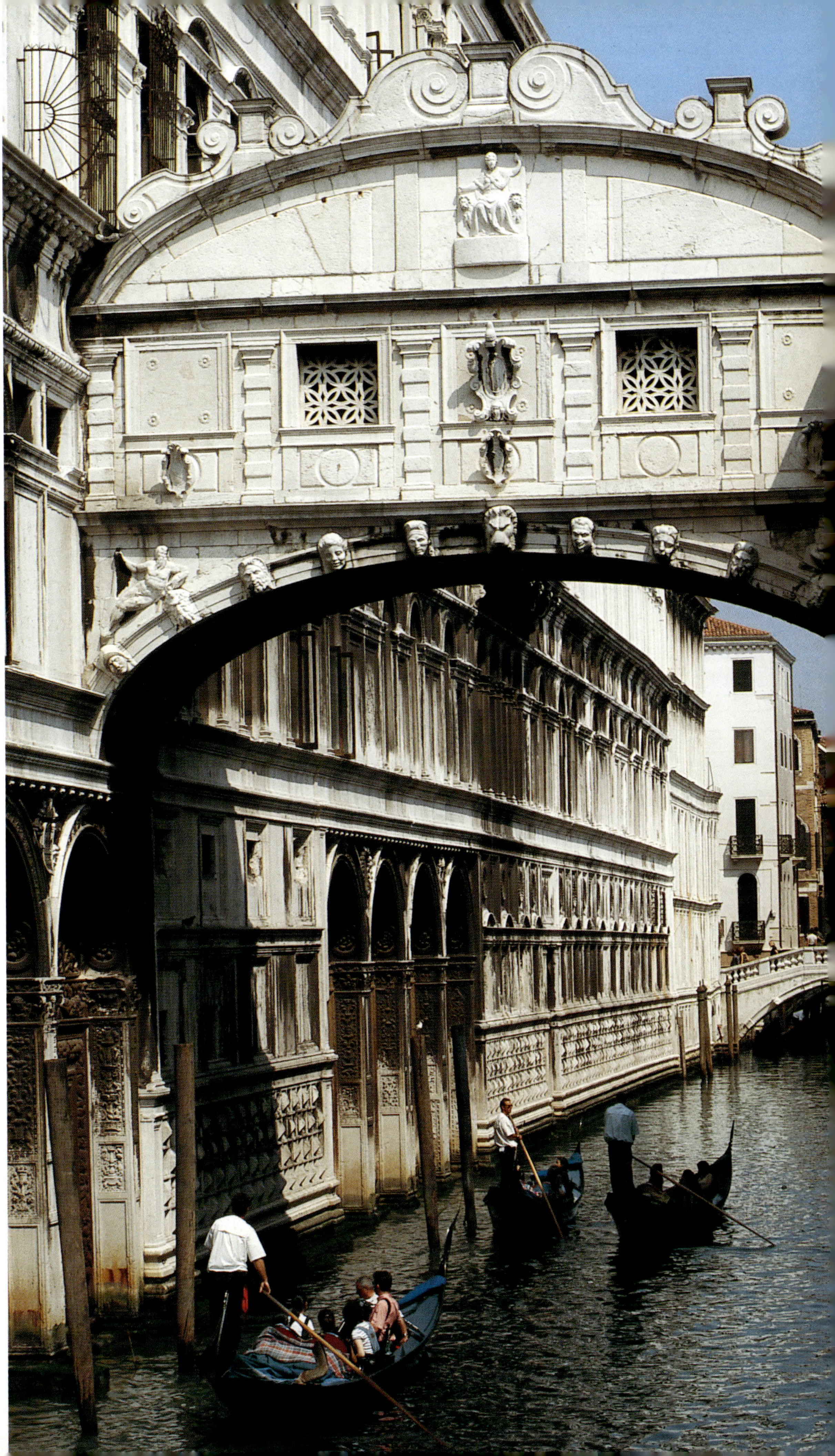

San Marco

Venezia è divisa in sei distretti chiamati sestieri: San Marco, Castello e Cannaregio da un lato del Canal Grande; Dorsoduro, San Polo e Santa Croce dall'altro. La numerazione degli edifici è progressiva non per strade ma per sestiere. Ci sono così numeri civici che arrivano fino a quattro e a volte addirittura sei migliaia. Il sestiere di San Marco è il cuore della città, poiché qui si trovavano i principali edifici religiosi e si svolgevano le attività politiche e commerciali. Tuttora questa zona è la più affollata dai turisti e le calli che uniscono piazza San Marco con il ponte di Rialto, conosciute come le "Mercerie", sono un susseguirsi di ristoranti ed eleganti negozi di ogni genere.

Poco lontano dalla piazza è anche il celebre **Harry's Bar**, bar e ristorante di grande lusso reso famoso dallo scrittore americano Ernest Hemingway che lo frequentò assiduamente nel dopoguerra.

Palazzo Contarini è conosciuto in particolare per la **Scala del Bovolo**, una magnifica scala a chiocciola esterna che si snoda lungo una serie di logge in stile gotico veneziano. Dalla sua sommità si gode di una splendida vista sui tetti della città.

Ma il luogo più noto di questo sestiere tra gli amanti della musica classica e dell'opera è il **Gran Teatro La Fenice**, famoso in tutto il mondo per la mirabile acustica, dove hanno cantato e suonato gli artisti più rinomati. Il teatro venne costruito verso la fine del Settecento e oltre alla facciata principale su campo San Fantin è previsto anche un altro ingresso importante sul canale che lo circonda, perché da lì giungevano i ricchi patrizi veneziani con le gondole.

L'interno dell'Harry's Bar.

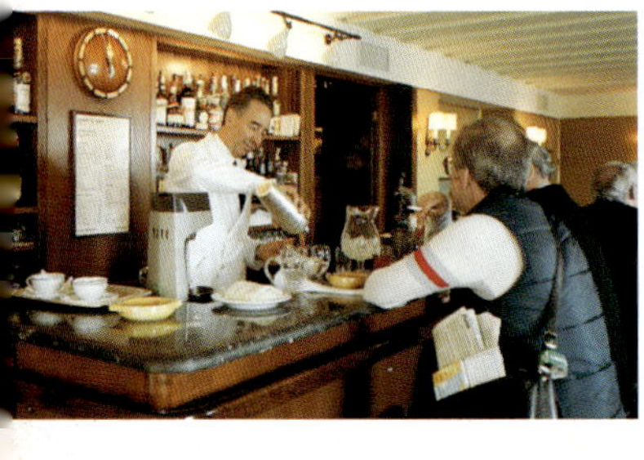

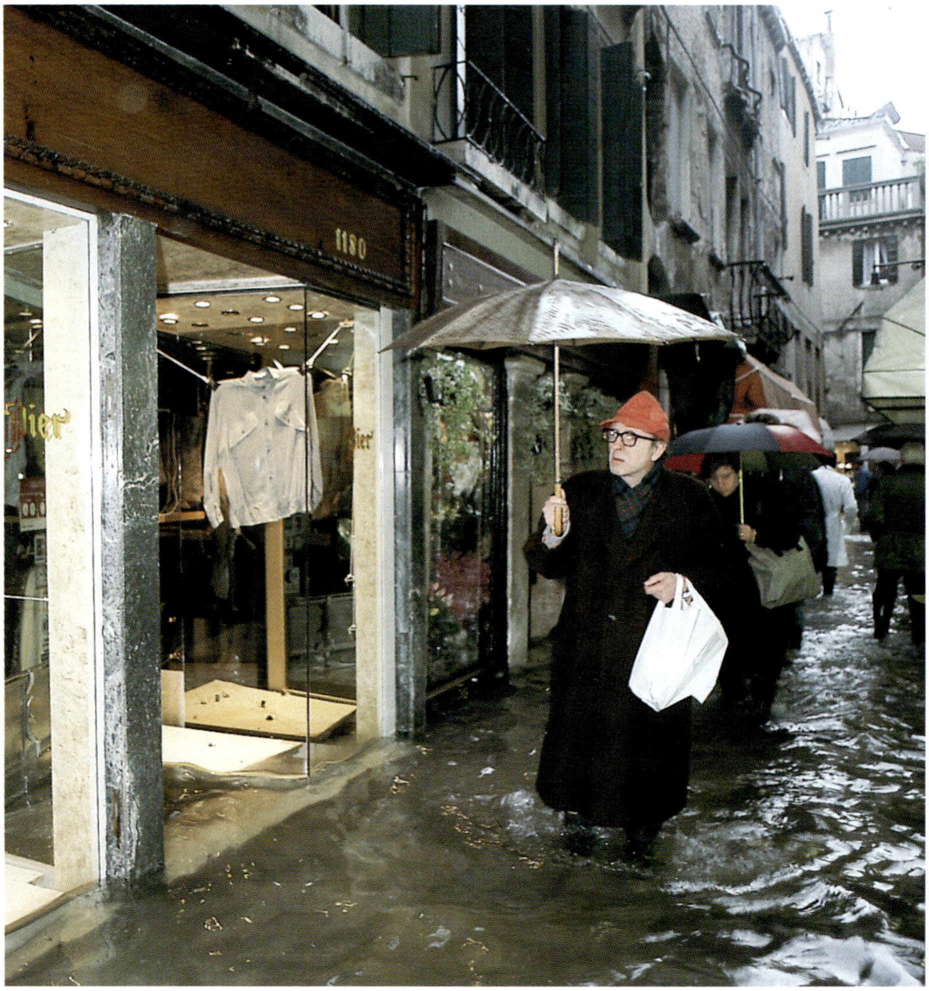

Acqua alta a Venezia.

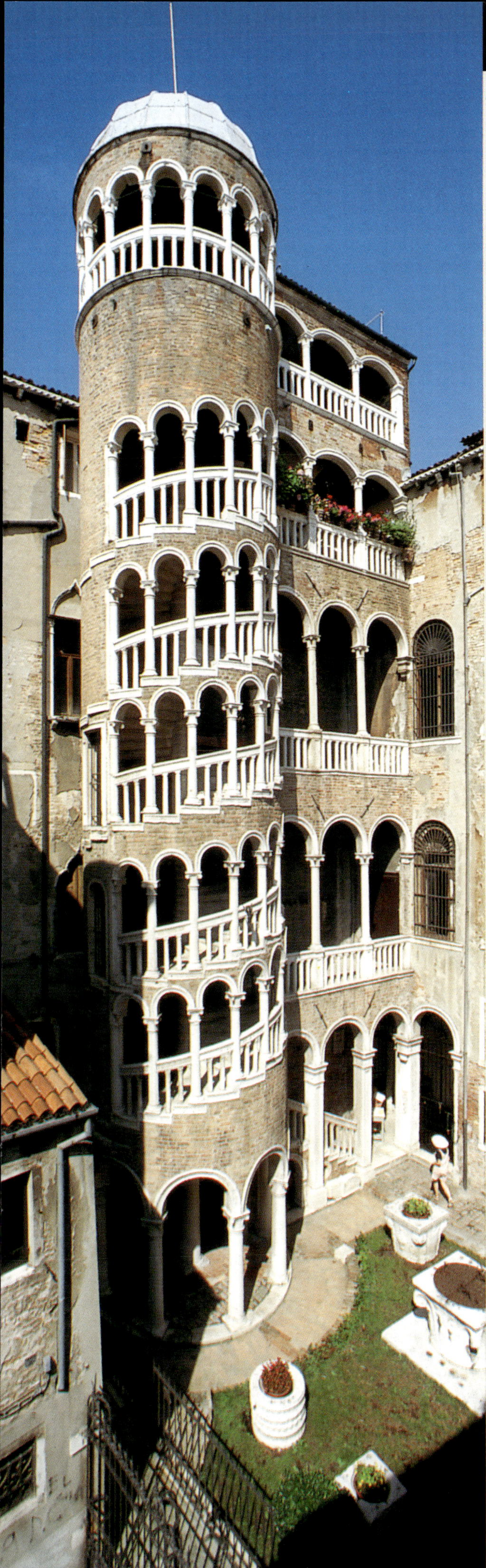

La Scala del Bovolo.

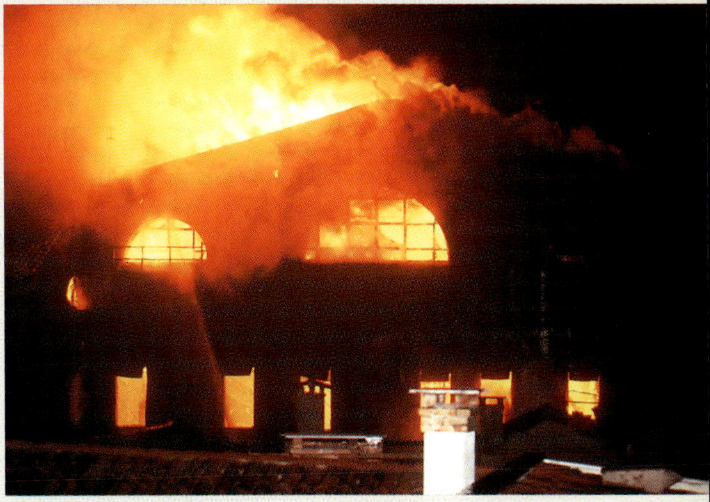

L'incendio al teatro La Fenice nel 1996.

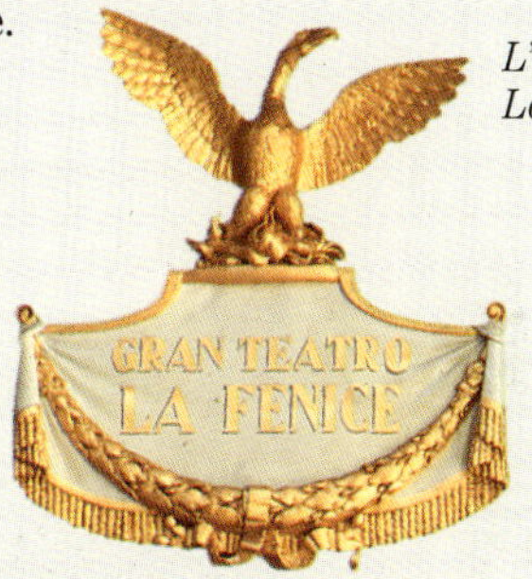

L'insegna del teatro La Fenice.

Prima dell'incendio che lo ha distrutto, il teatro poteva accogliere circa 800 persone.
La notte del 29 gennaio 1996 un terribile rogo ha bruciato quasi completamente il teatro La Fenice, lasciando in piedi solo la facciata e i muri perimetrali.
L'amministrazione comunale di Venezia ha promesso di ricostruire il teatro come era e dove era.
La Fenice era già stata devastata dal fuoco e poi riedificato nel 1836. Il caso ha voluto che il simbolo del teatro fosse il mitico uccello, la fenice, che muore, ma rinasce dalle proprie ceneri.

L'interno del teatro La Fenice.

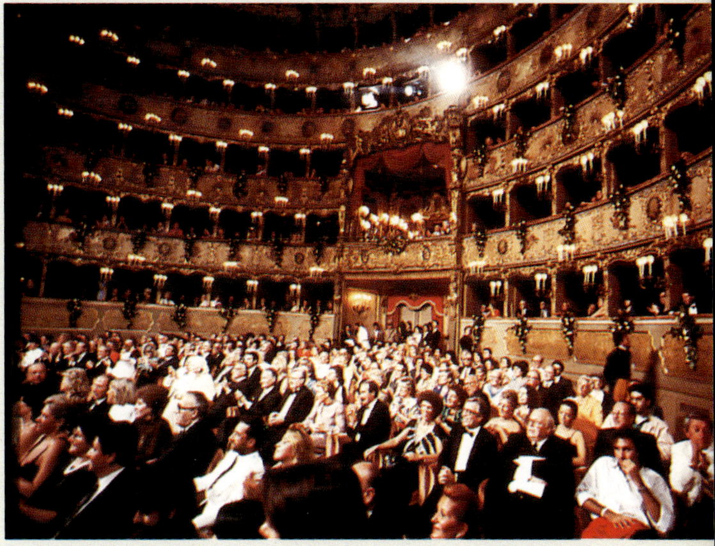

Sin dai tempi del massimo splendore della città, Venezia è stata teatro di eventi spettacolari e fastose cerimonie religiose in ogni momento dell'anno. Si celebravano le glorie militari, le visite di ambasciatori e sovrani, si commemoravano festività religiose e il doge onorava con la sua presenza questi momenti che costituivano un vero e proprio rituale nella vita cittadina. La fama dei festeggiamenti che avvenivano a Venezia era tale da richiamare in città moltissimi forestieri dall'Italia e dal resto dell'Europa. Inoltre, la relativa autonomia di cui Venezia ha sempre goduto permetteva una certa libertà e tolleranza nei divertimenti. La più importante di queste feste era, ed è ancora, il **Carnevale**, che un tempo iniziava il 26 dicembre e raggiungeva il culmine il Martedì grasso. In questo periodo dell'anno la città si trasformava in un unico palcoscenico dove tutto era permesso, le differenze sociali sparivano dietro le maschere e in ogni angolo, in ogni campo, in piazza, c'erano balli, feste, giochi. I festeggiamenti per il Carnevale raggiunsero il massimo splendore nel Settecento, ma da qualche anno le maschere sono tornate a Venezia, anche se soltanto per i dieci giorni che precedono la Quaresima.

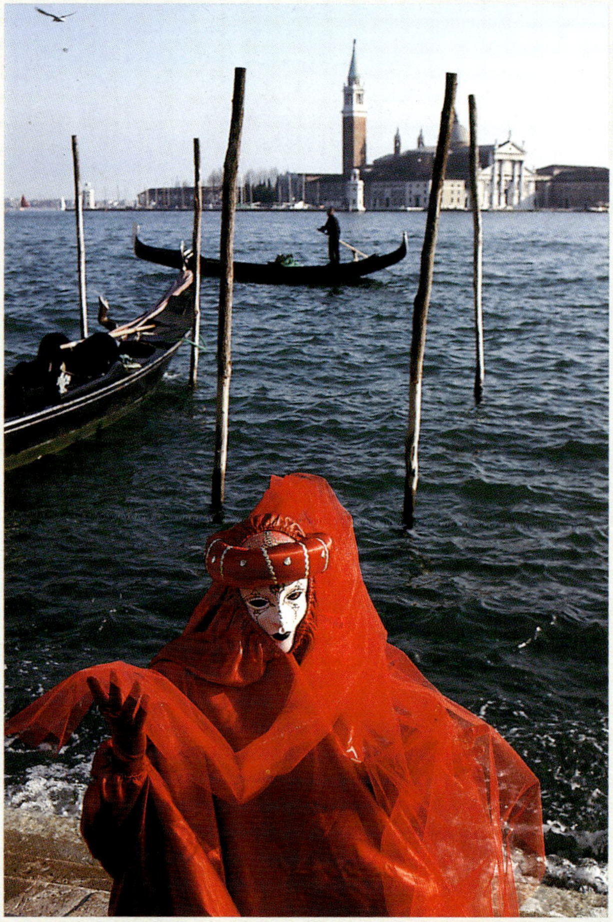

Gondole e carnevale: una tradizione veneziana.

Maschere veneziane.

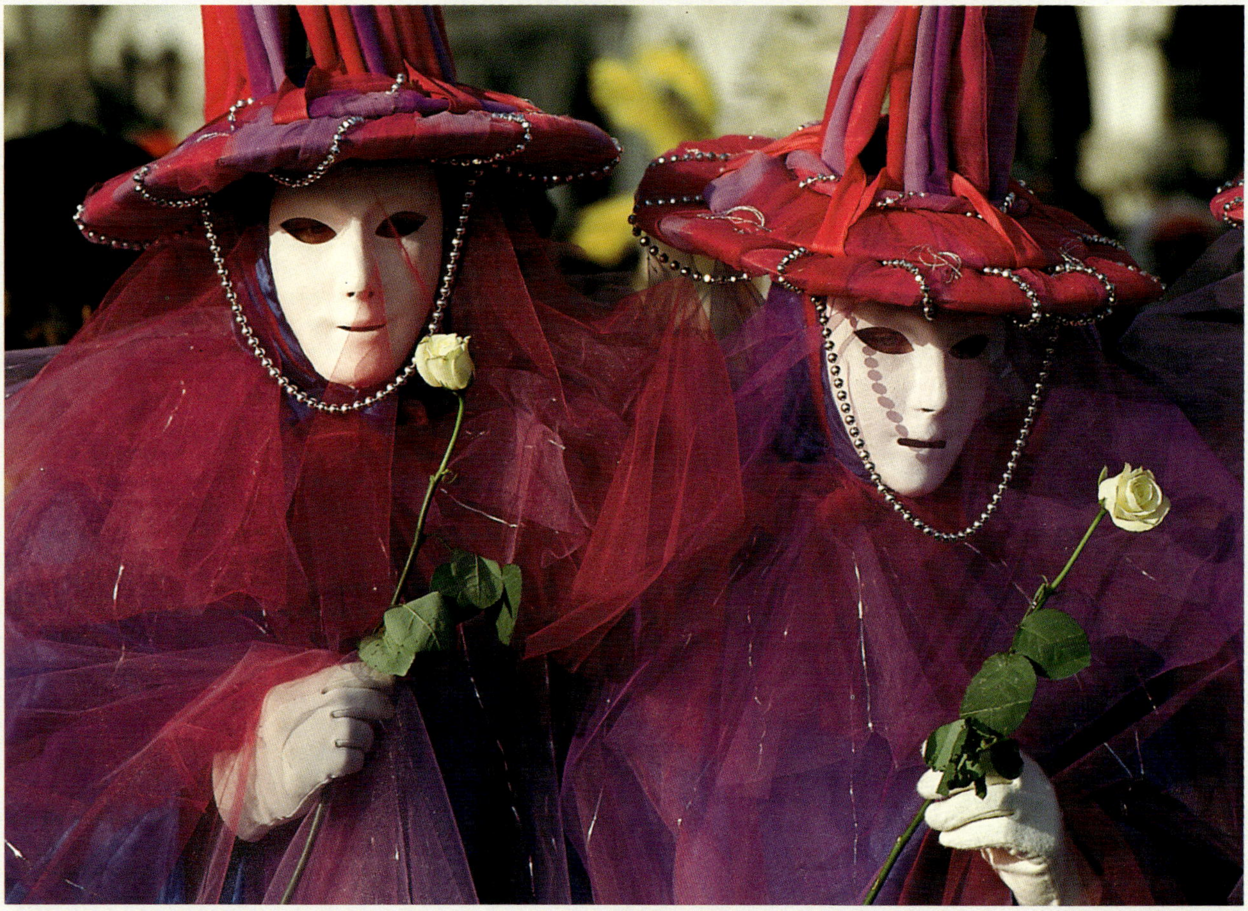

La notte in piazza San Marco: la naturale conclusione del Carnevale veneziano.

In basso
Le maschere veneziane sono ormai una delle forme più caratteristiche dell'artigianato cittadino.

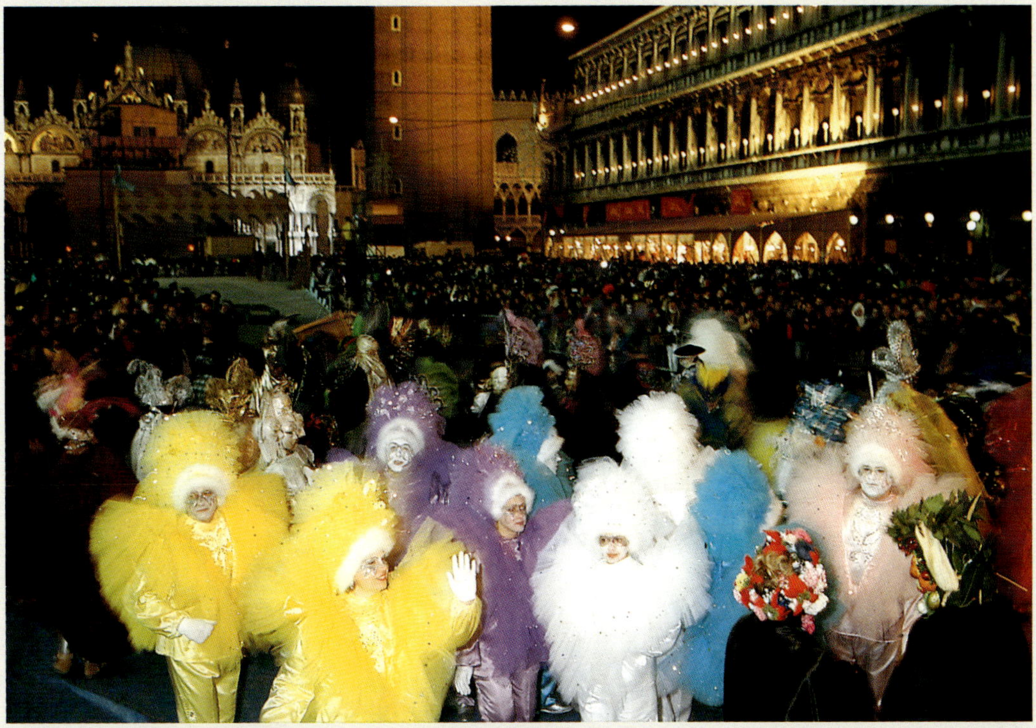

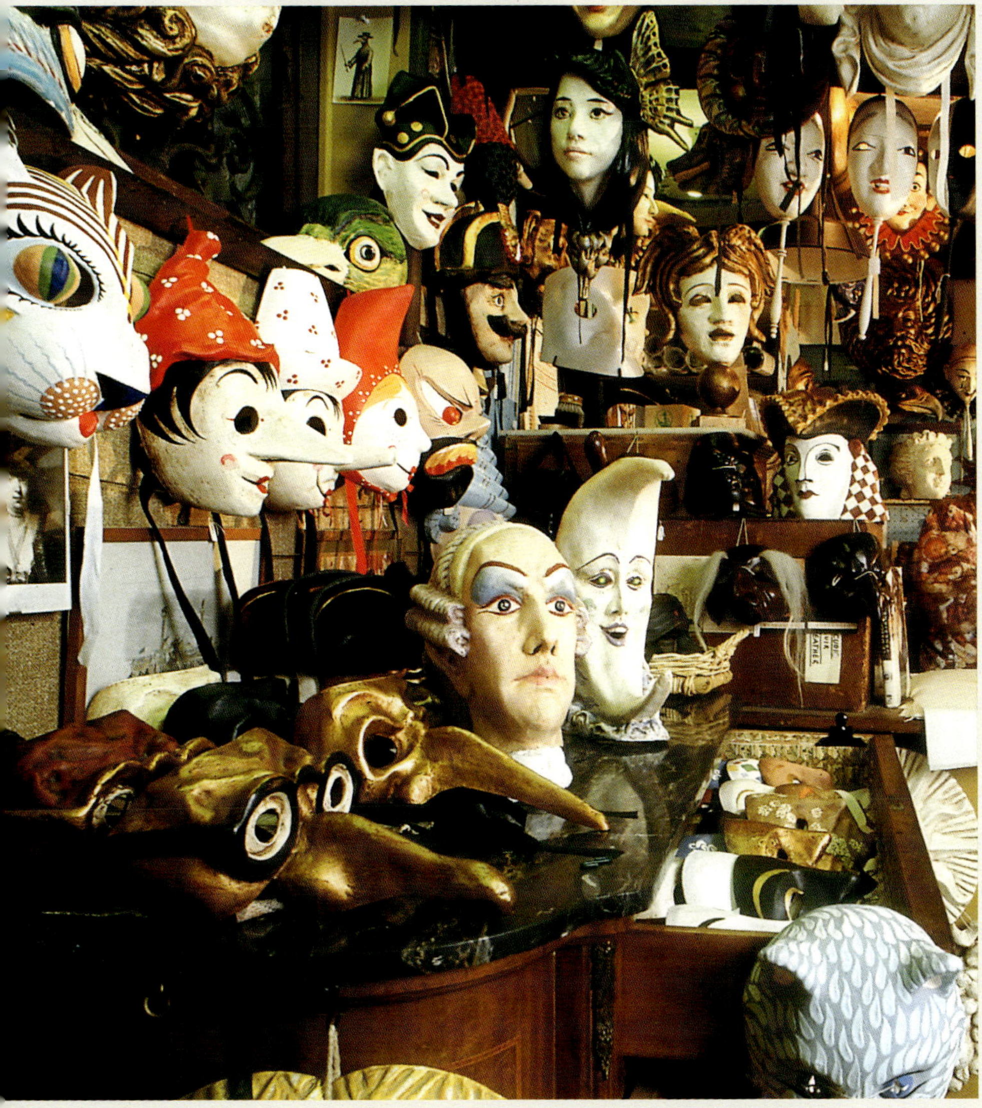

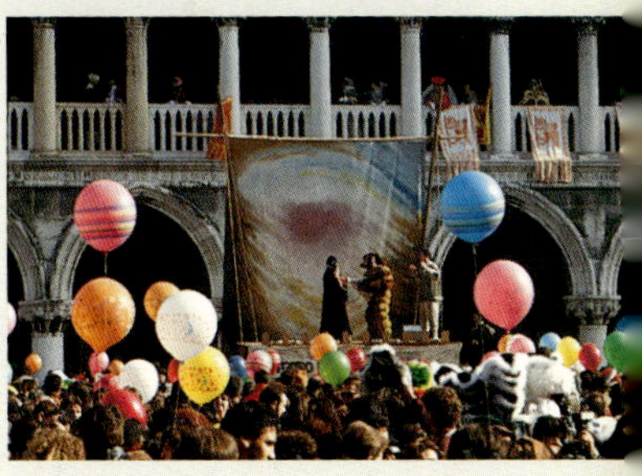

Spettacolo in piazzetta di fronte a Palazzo Ducale.

Le maschere
L'uso delle maschere è sempre stato diffuso a Venezia e gli artigiani che le producevano un tempo erano anche riuniti in corporazione. Le maschere sono realizzate in cartapesta e la più tipica è la "baùta", una maschera bianca o nera, leggermente appuntita, che copre il viso fino sotto al naso. Si indossa in genere con il "tabarro", un ampio mantello nero, e il cappello a tricorno.

Castello

Il sestiere di Castello è il più vasto della città e si estende alle spalle della basilica di San Marco sino alla punta estrema del centro storico, Sant'Elena, di fronte all'isola del Lido. L'area di Castello è una delle zone di Venezia più ricche di tesori da scoprire, alcuni più noti altri meno, come il **chiostro del convento di Santa Apollonia**, dietro la basilica di San Marco. Si tratta di un chiostrino molto suggestivo del XII-XIII secolo con caratteristiche romaniche, e ciò a Venezia è cosa estremamente singolare.
La **chiesa di San Zaccaria**, ha un'imponente facciata disegnata da Mauro Codussi, uno dei maggiori architetti rinascimentali che lavorarono qui.
Campo Santa Maria Formosa è uno dei più ampi della città. Dietro alla chiesa, il **palazzo Querini Stampalia** ospita la Fondazione omonima; si tratta di una casa-museo, esempio unico di conservazione dell'intero patrimonio di un'antica famiglia veneziana, i Querini, con palazzo, arredi, biblioteca e una ricchissima collezione di quadri di Palma il Giovane, Tiepolo, Pietro Longhi e molti altri artisti.

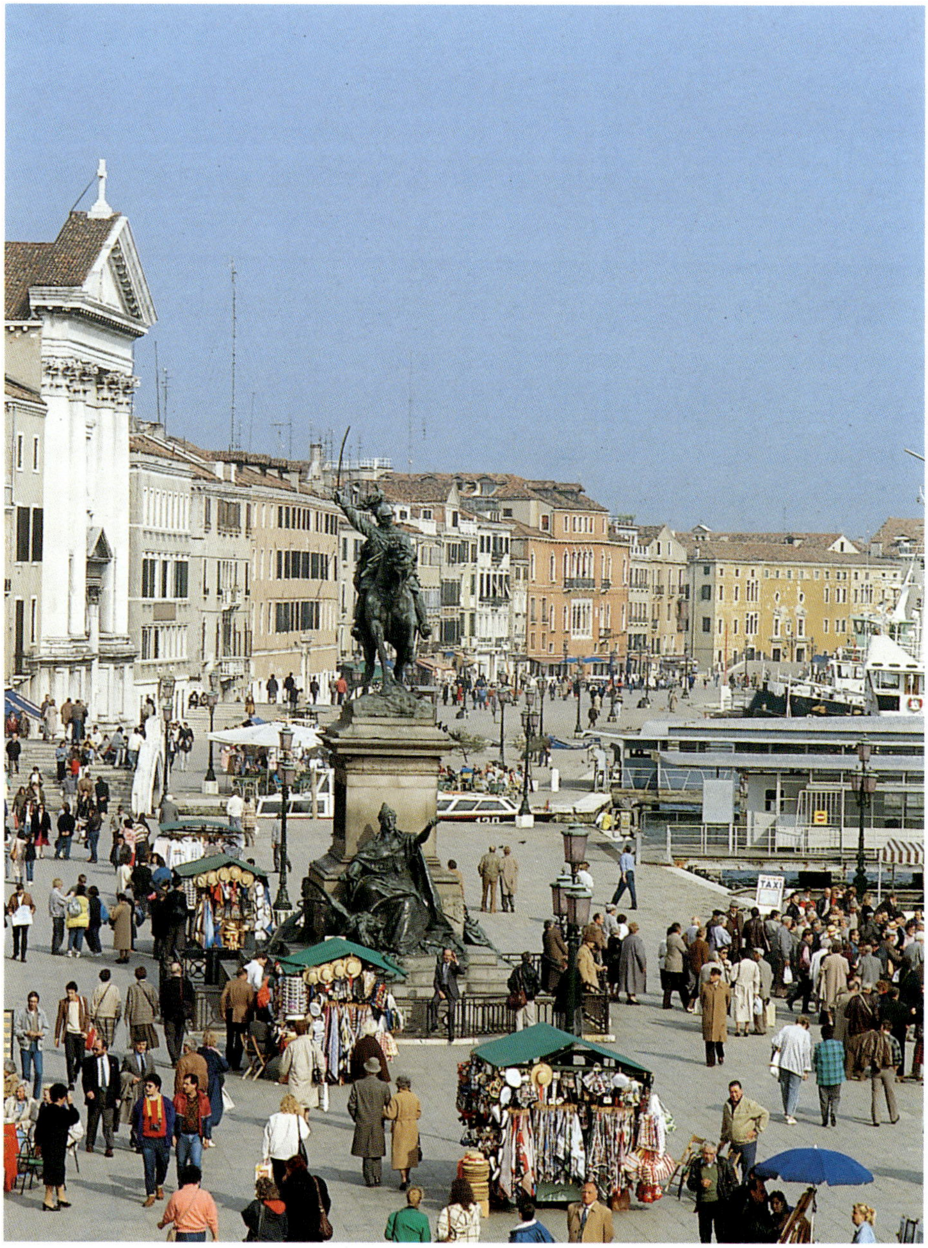

Riva degli Schiavoni

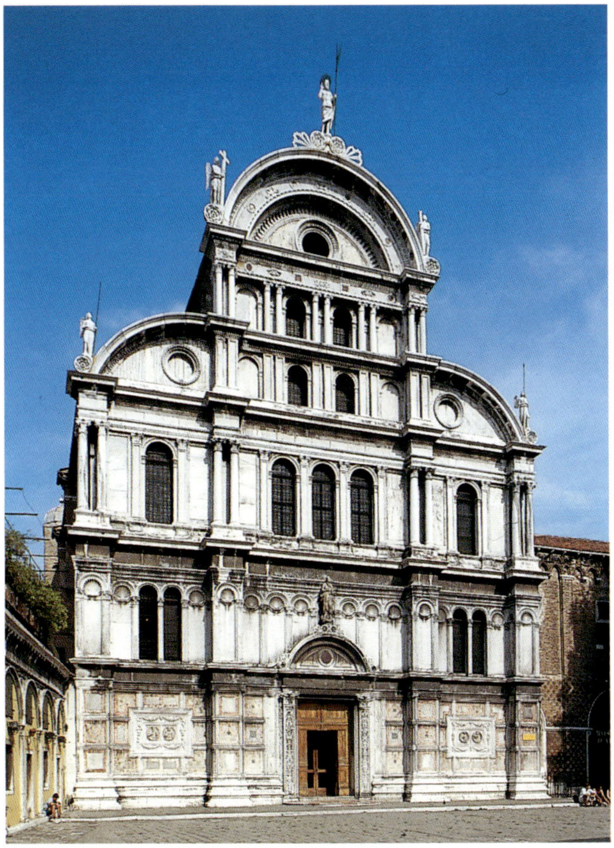

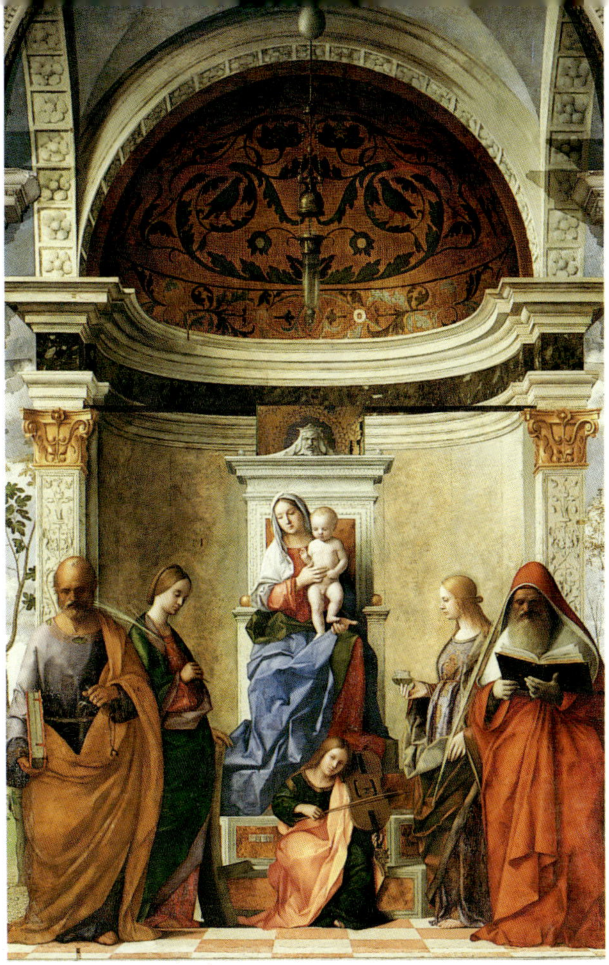

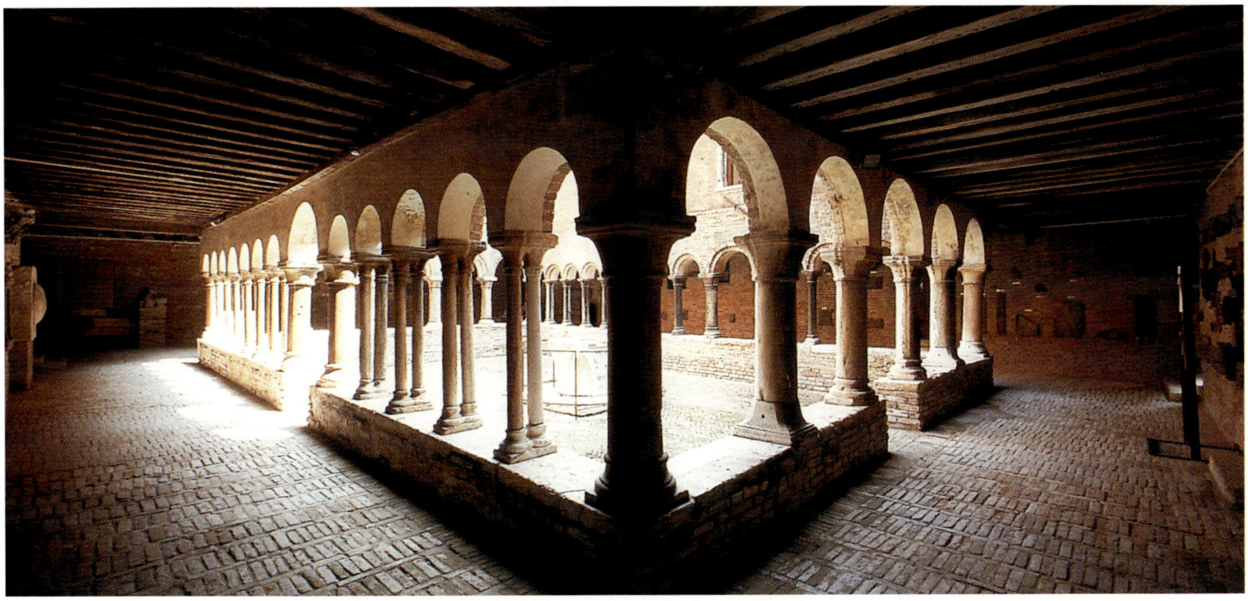

In alto
Facciata della chiesa di San Zaccaria.

In alto, a destra
Giovanni Bellini, Sacra Conversazione. Chiesa di San Zaccaria.

Il chiostro del convento di Santa Apollonia.

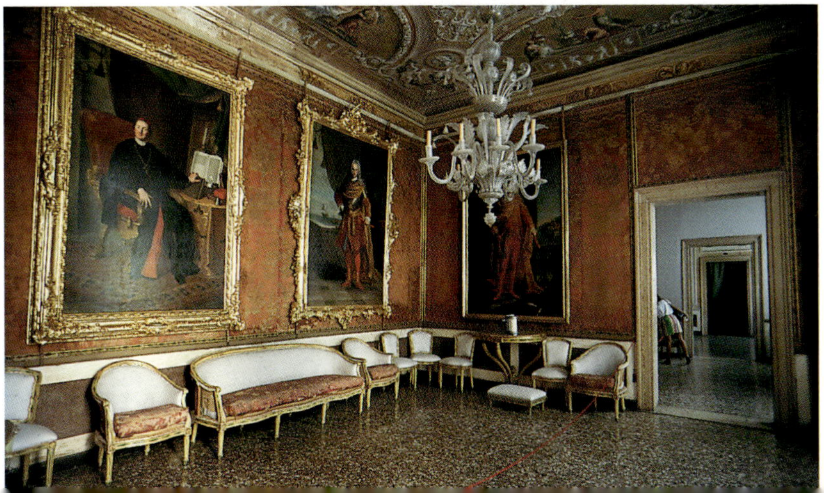

Una sala di palazzo Querini Stampalia.

Scuola di San Giorgio degli Schiavoni

La piccola **Scuola di San Giorgio degli Schiavoni** raccoglie una serie di tele di Vittore Carpaccio che segnano il momento più alto della sua produzione.

Testimonianza dello spirito cosmopolita di Venezia sono le denominazioni stradali che fanno riferimento a comunità straniere: gli "schiavoni" per esempio erano i dalmati, i "ragusei" venivano da Ragusa, l'attuale Dubrovnik; poi c'erano gli albanesi, i greci, gli armeni, la grande comunità degli ebrei che abitavano nel Ghetto.

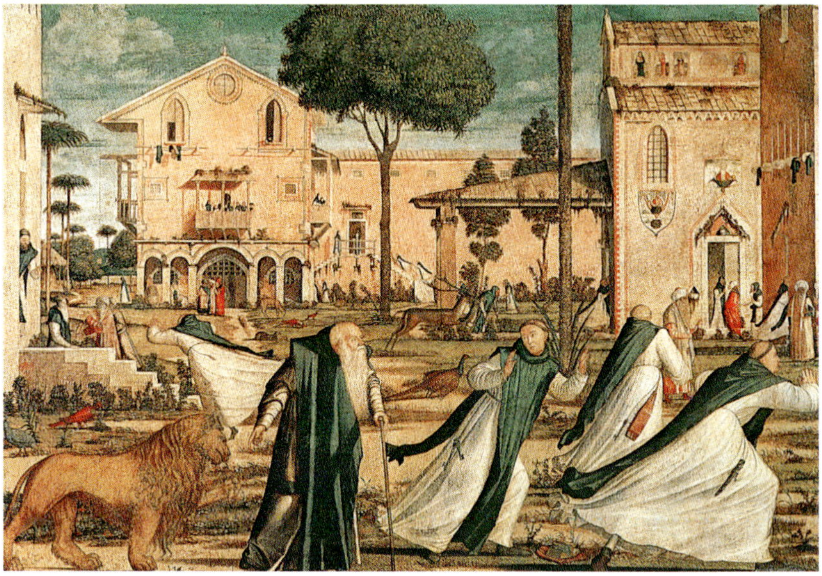

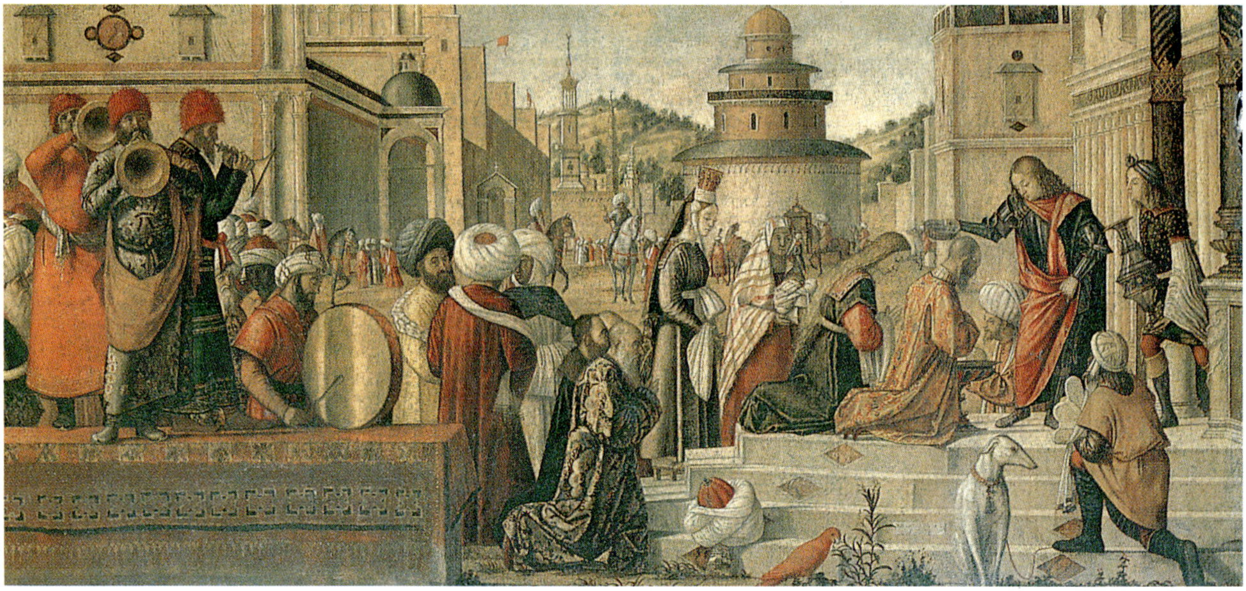

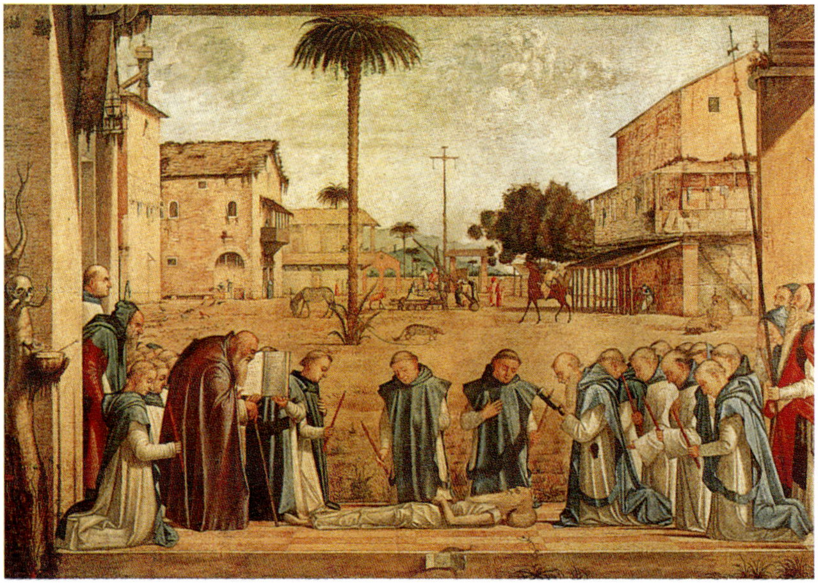

Vittore Carpaccio, Ciclo della Scuola di San Giorgio degli Schiavoni (dall'alto): *San Gerolamo porta il leone nel monastero; San Giorgio battezza la gente di Silene; I funerali di San Gerolamo.*

Alla pagina accanto *Sant'Agostino nello studio (particolare).*

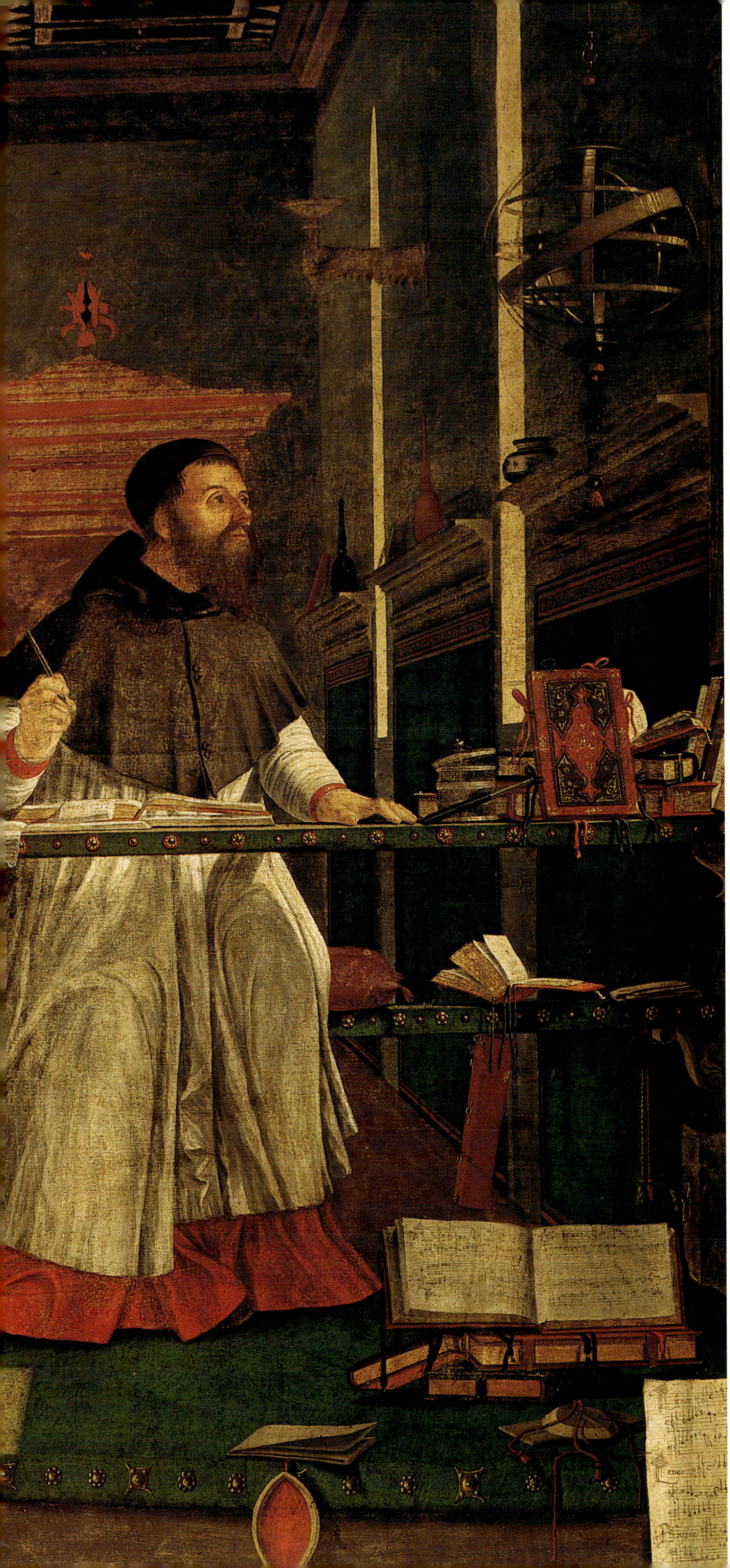

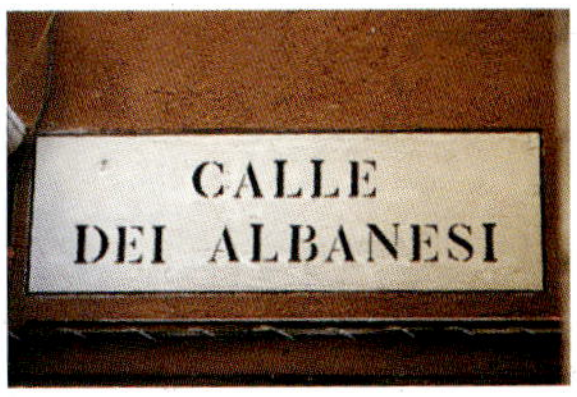

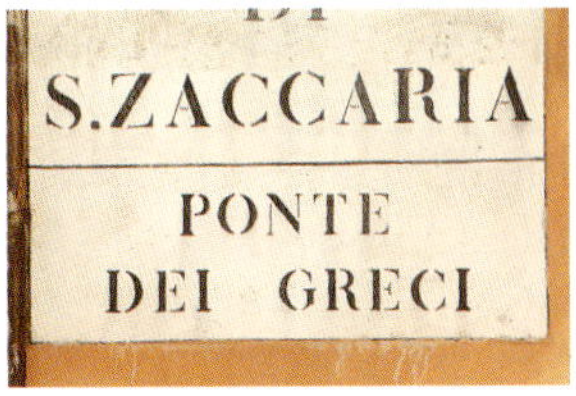

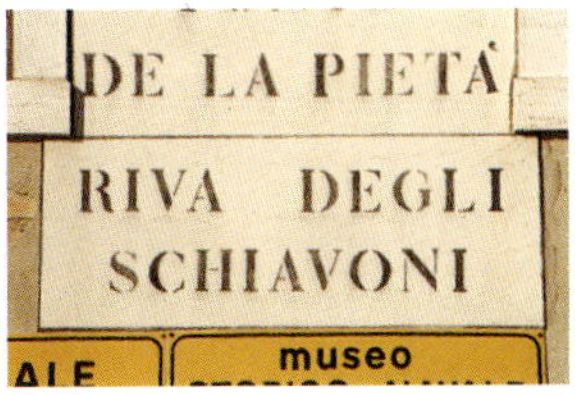

Denominazioni stradali con riferimento alle comunità straniere.

San Giorgio degli Schiavoni.

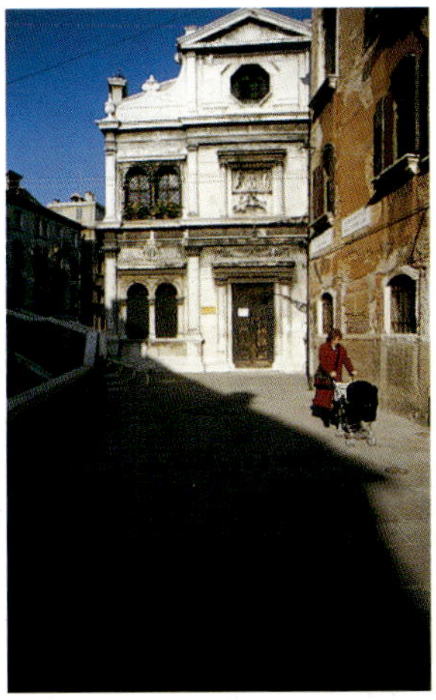

Santi Giovanni e Paolo

La **basilica dei Santi Giovanni e Paolo** è un altro importantissimo monumento del sestiere di Castello. Sul campo omonimo, questa chiesa è uno dei maggiori esempi di architettura gotica sacra in città, oltre ad avere grande valore politico-religioso: qui si svolgevano i solenni funerali dei dogi e degli eroi di Venezia sin dalla fine del Quattrocento e sono collocati i sepolcri dei dogi della Serenissima. La chiesa conserva anche grandi capolavori come una rara vetrata policroma che orna il transetto destro, lo splendido *Polittico di San Vincenzo Ferrer* di Giovanni Bellini e i dipinti di Paolo Veronese nella Cappella del Rosario.

Sul campo antistante la chiesa troneggia la **statua del condottiero Bartolomeo Colleoni**, capolavoro in bronzo del Quattrocento dello scultore fiorentino Andrea Verrocchio.

Bartolomeo Colleoni, capitano di ventura al servizio della Repubblica di Venezia, promise di lasciare le proprie fortune alla città a patto di avere un suo monumento in piazza San Marco. Non potendolo accontentare, il Senato decise di farla erigere in questo campo ugualmente prestigioso e ricco di significati per la città. L'edificio sulla sinistra della basilica dei Santi Giovanni e Paolo è la Scuola Grande di San Marco, che attualmente ospita l'Ospedale Civile di Venezia.

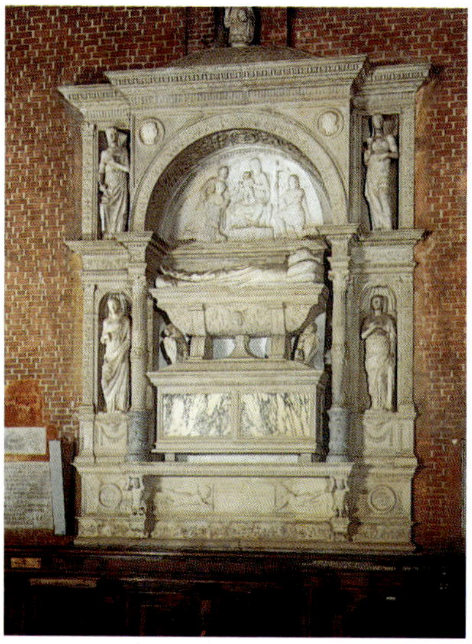

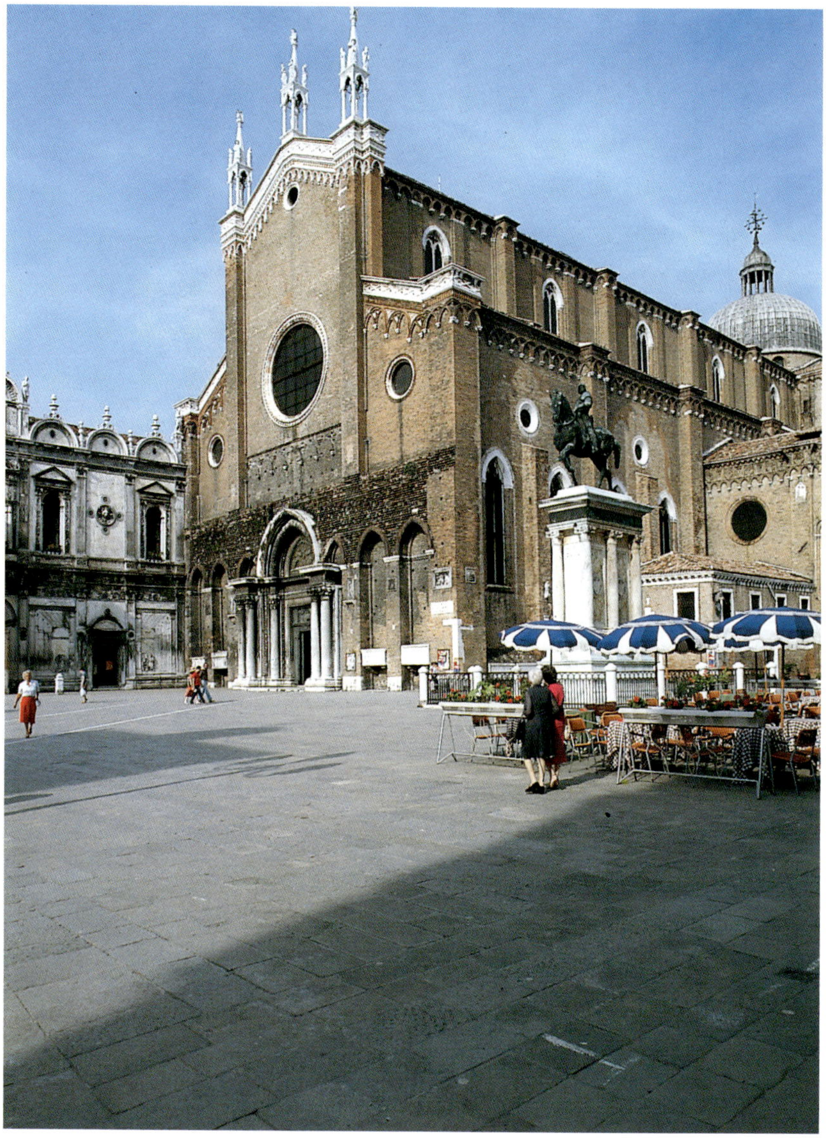

A sinistra
Monumento funebre del doge Nicolò Marcello. Basilica dei Santi Giovanni e Paolo.

In alto
Facciata della basilica dei Santi Giovanni e Paolo.

In basso, a sinistra
Andrea Verrocchio, Statua di Bartolomeo Colleoni, Campo dei Santi Giovanni e Paolo.

In basso, a destra
Gentile Bellini, Ritratto del doge Giovanni Mocenigo. Museo Correr.

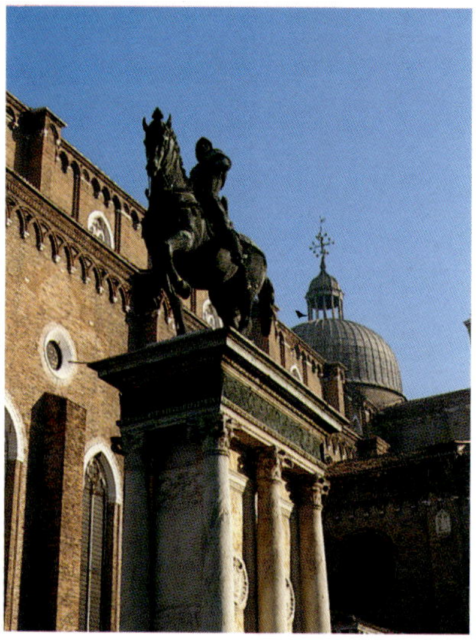

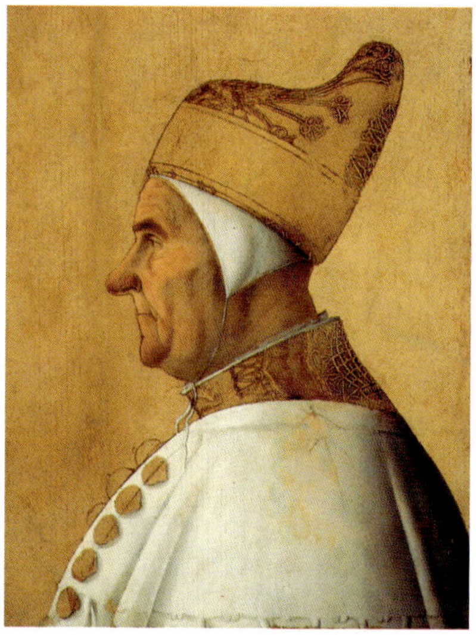

San Pietro in Castello

La **chiesa di San Pietro in Castello** ha origini antichissime e fu sede patriarcale di Venezia fino al 1807, anno in cui le subentrò la basilica di San Marco. Il "campo" davanti alla chiesa è l'unico ad avere mantenuto il manto erboso per tutta la sua estensione, come erano una volta tutti questi grandi slarghi in città da cui pare derivi la parola "campo" anziché piazza.

All'interno della chiesa si trova la cosiddetta Cattedra di san Pietro, un trono in marmo che secondo la leggenda venne utilizzato dall'apostolo ad Antiochia.

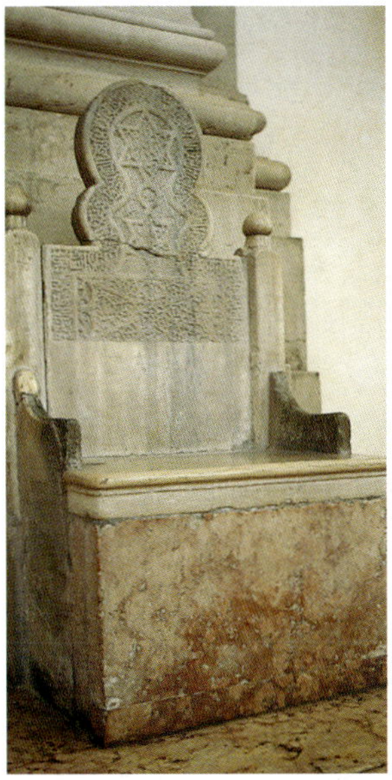

Cattedra di San Pietro nella chiesa di San Pietro in Castello.

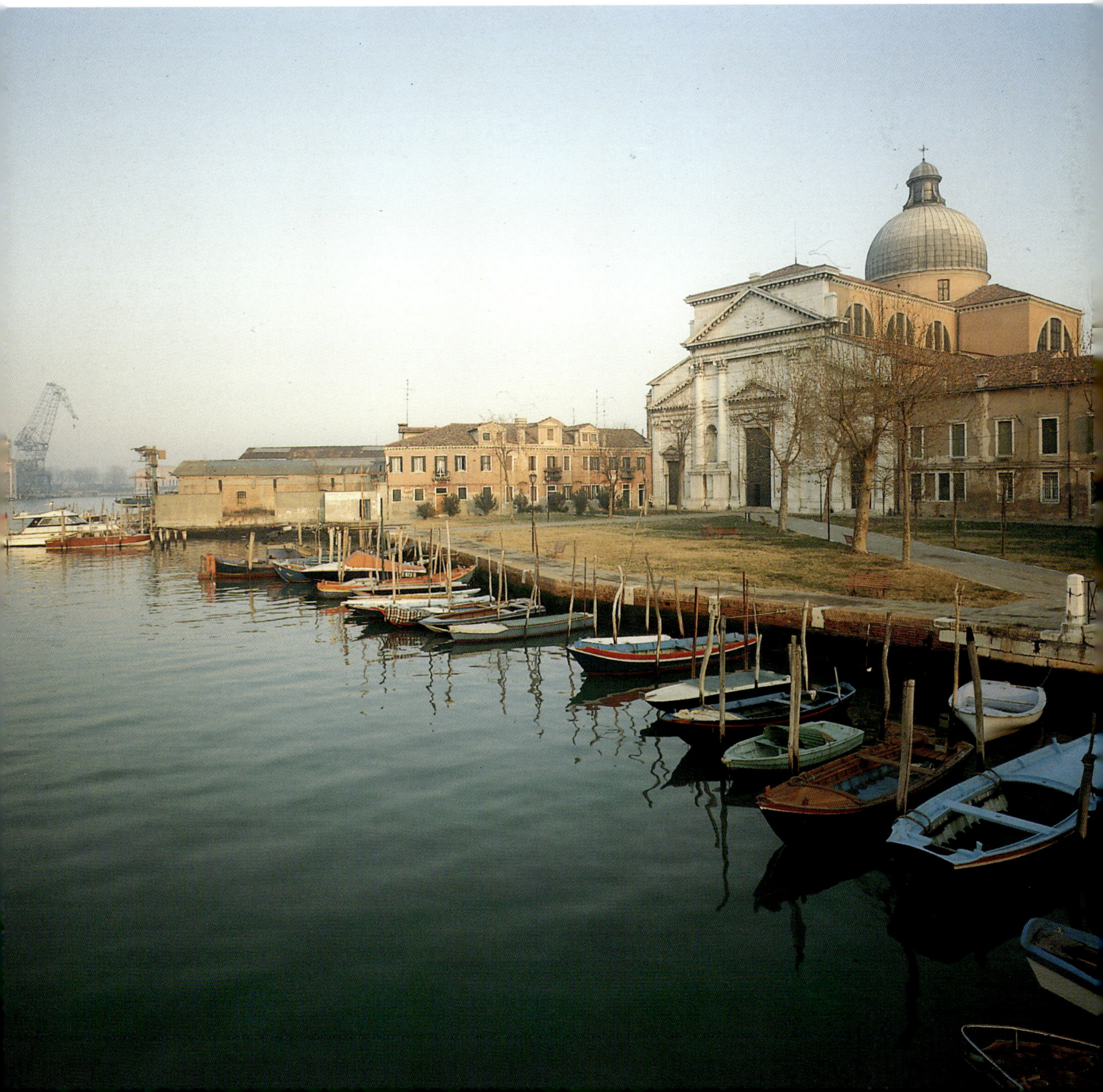

Chiesa di San Pietro in Castello.

L'Arsenale

Il grande spazio che caratterizza il sestiere di Castello è l'**Arsenale**, il grandioso complesso di cantieri e officine, cuore della potenza militare marittima di Venezia, dove si costruivano le galere veneziane, navi mercantili e da guerra. Antichissimo, è ricordato già nel Trecento da Dante Alighieri nella *Divina Commedia*.
Le tracce di un primo Arsenale, utilizzato come deposito di armi e attrezzature marittime pare risalgano circa al 1100. Dopo il 1320, invece, l'Arsenale assunse una forma più organica aumentando quattro volte la sua superficie per essere adibito non solo a luogo di manutenzione delle navi, ma a vero e proprio cantiere per la loro costruzione.

A metà del Cinquecento, al culmine dell'attività, l'Arsenale dava lavoro a duemila-tremila uomini; era la più grande fabbrica di tutta la cristianità. Grazie a un sistema che ricorda l'odierna catena di montaggio, nei momenti di massima necessità l'Arsenale riuscì a produrre anche cento galere in due mesi. Ora dell'Arsenale rimangono solo la storia e molte tracce di carattere architettonico: l'ingresso, le mura perimetrali, che danno l'idea della vastità degli spazi, e luoghi i cui nomi rievocano lo splendore di un tempo: l'Arsenale Vecchio, l'Arsenale Nuovo, l'Arsenale Novissimo e, al loro interno, le Vele, il Bucintoro, che ospitava l'imbarcazione del doge, le Corderie, per immagazzinare e produrre cordame. È uno dei pochi spazi ancora visibili, spesso utilizzato come luogo espositivo.
Si accede da un bellissimo portale considerato la prima opera rinascimentale a Venezia. Ai lati sono posti due enormi leoni in marmo, portati dal porto del Pireo di Atene come bottino di guerra dall'ammiraglio Morosini alla fine del Seicento.

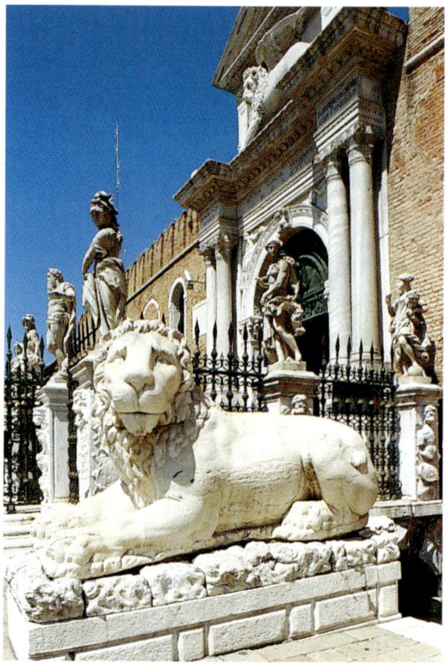

Un leone all'ingresso dell'Arsenale.

L'Arsenale: ingresso da terra.

Alla pagina accanto *La Darsena Vecchia.*

Alla pagina accanto *Il Museo Storico Navale, vicino all'Arsenale, conserva modelli di imbarcazioni veneziane tra cui quello dell'ultimo Bucintoro.*

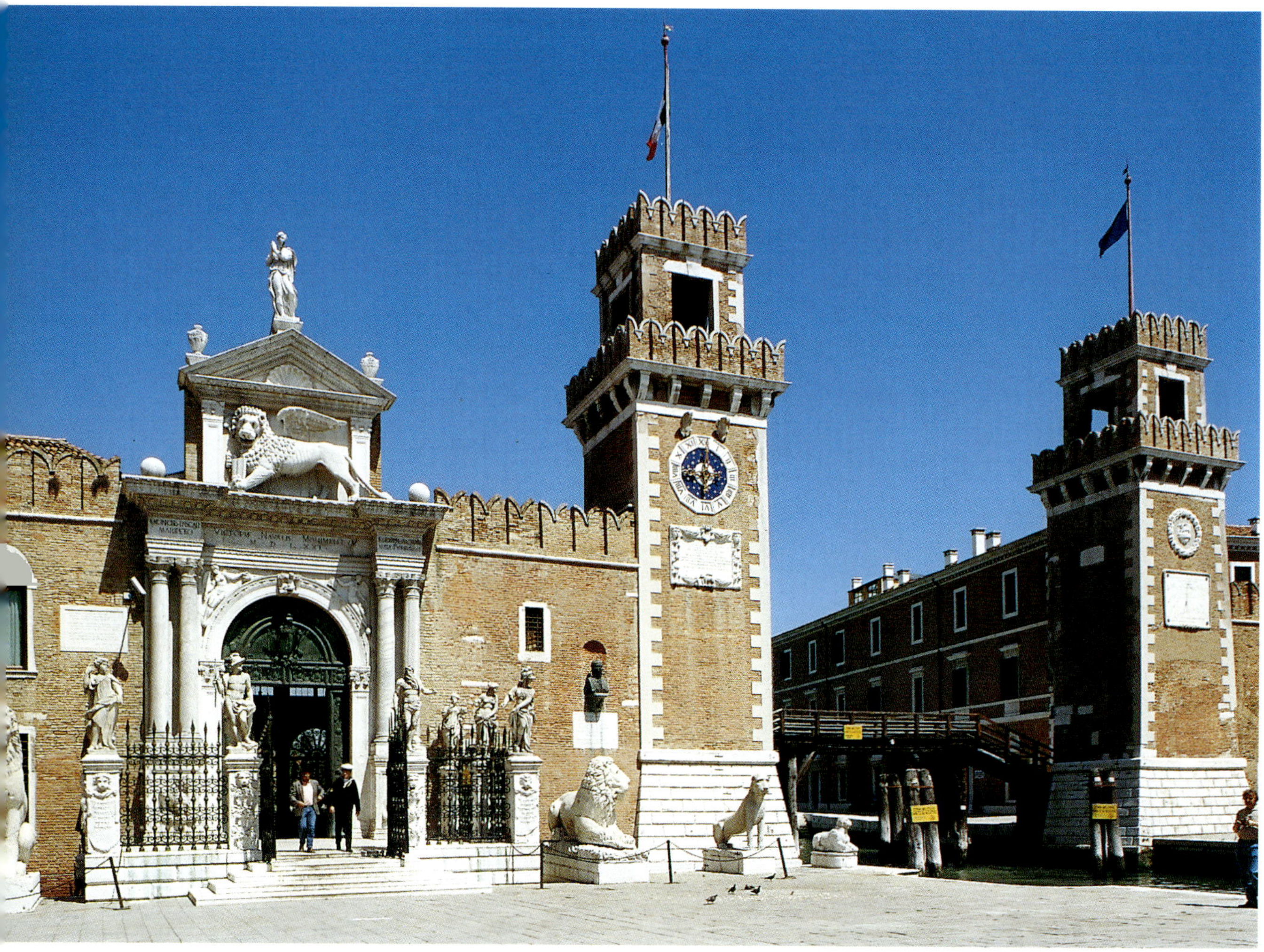

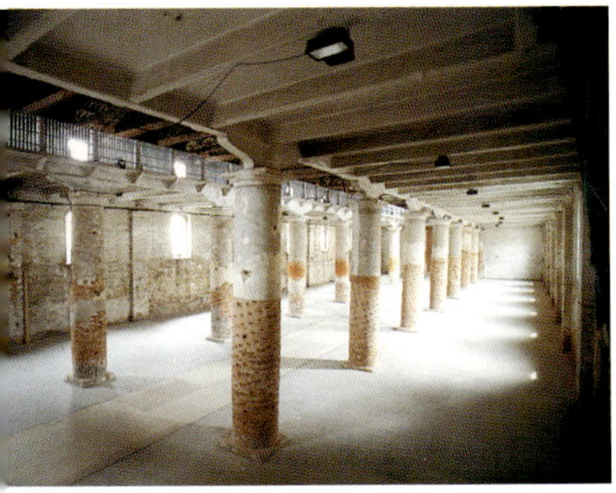

Sopra
Le Corderie dell'Arsenale.

A destra
Giardini della Biennale.

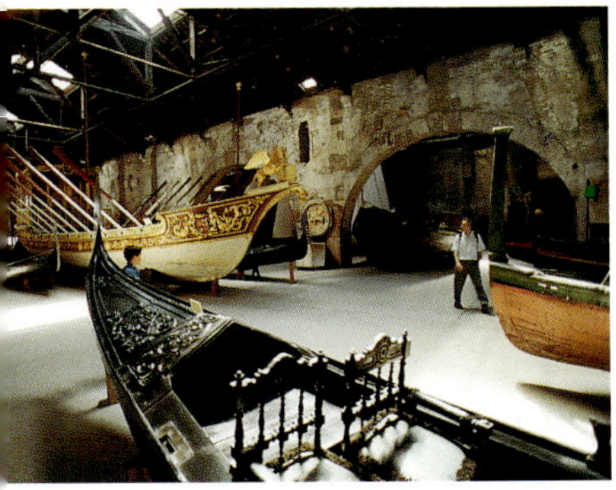

I giardini di Castello

All'estremità della città, di fronte al Lido, si aprono i **Giardini pubblici**, comunemente detti "della Biennale" perché ospitano i padiglioni della Biennale d'Arte Contemporanea, che ha luogo a Venezia ogni due anni fin dal 1895.
Inizialmente l'esposizione d'arte era aperta solo agli artisti italiani, ma già in occasione dell'esposizione successiva si decise di aprire la partecipazione anche agli stranieri. L'iniziativa ebbe un tale successo che molti paesi in seguito realizzarono strutture fisse per ospitare le opere dei propri artisti.
Molti padiglioni sono così stati realizzati da celebri architetti. Tra gli altri, il padiglione venezuelano è opera dell'architetto italiano Carlo Scarpa, Alvar Aalto ha progettato quello della Finlandia e Josef Hoffman ha realizzato il padiglione austriaco.

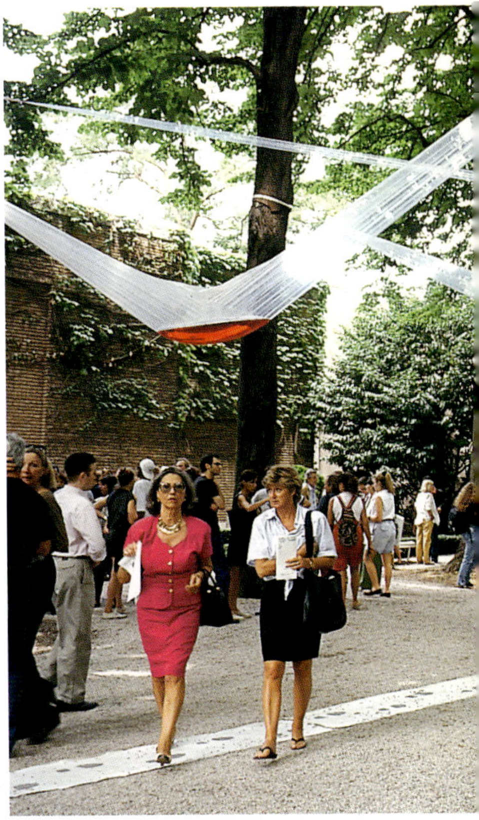

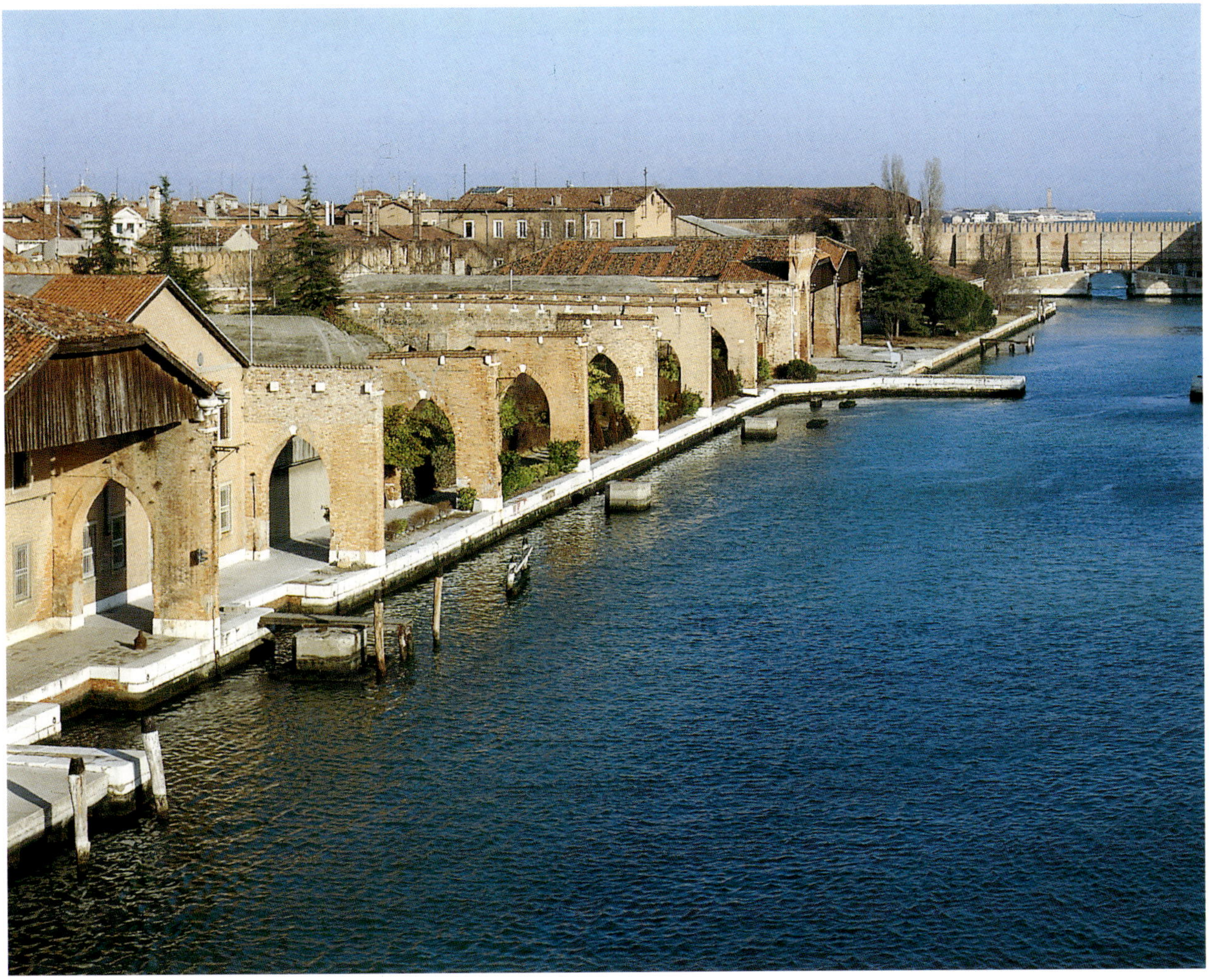

Cannaregio

Il sestiere di Cannaregio è uno dei più vasti e popolati della città. Dal secolo scorso è diviso in due parti da una larga via, "la Strada Nova", che parte dalla Stazione ferroviaria, punto in cui inizia il sestiere, e termina in prossimità del ponte di Rialto.

Cannaregio è ancora una delle zone più autentiche della città, con le tradizionali osterie dove si può sostare per bere un'"ombra" (bicchiere) di vino e assaggiare un "cichèto", cioè un bocconcino di pesce o polenta e baccalà o altra specialità locale. In questa parte della città hanno sede molte attività artigianali che fanno ormai parte della storia di Venezia, come la lavorazione di tessuti e preziosi damaschi o laboratori di costumi teatrali.

La chiesa di Santa Maria dei Miracoli è un vero gioiello rinascimentale impreziosito da marmi policromi che ne ornano la facciata e l'interno. Vicino alla chiesa, **palazzo van Axel** è uno dei più importanti edifici gotici di Venezia, con due ingressi, uno d'acqua e l'altro di terra. Il portale dell'ingresso sulla fondamenta conserva ancora i battenti e lo spioncino originali del Quattrocento.

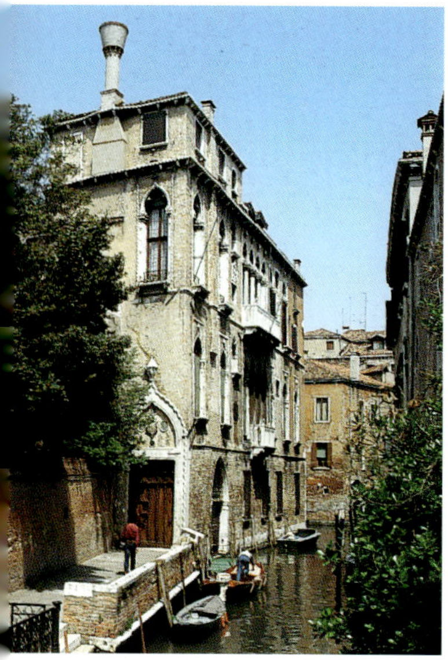

Palazzo van Axel.

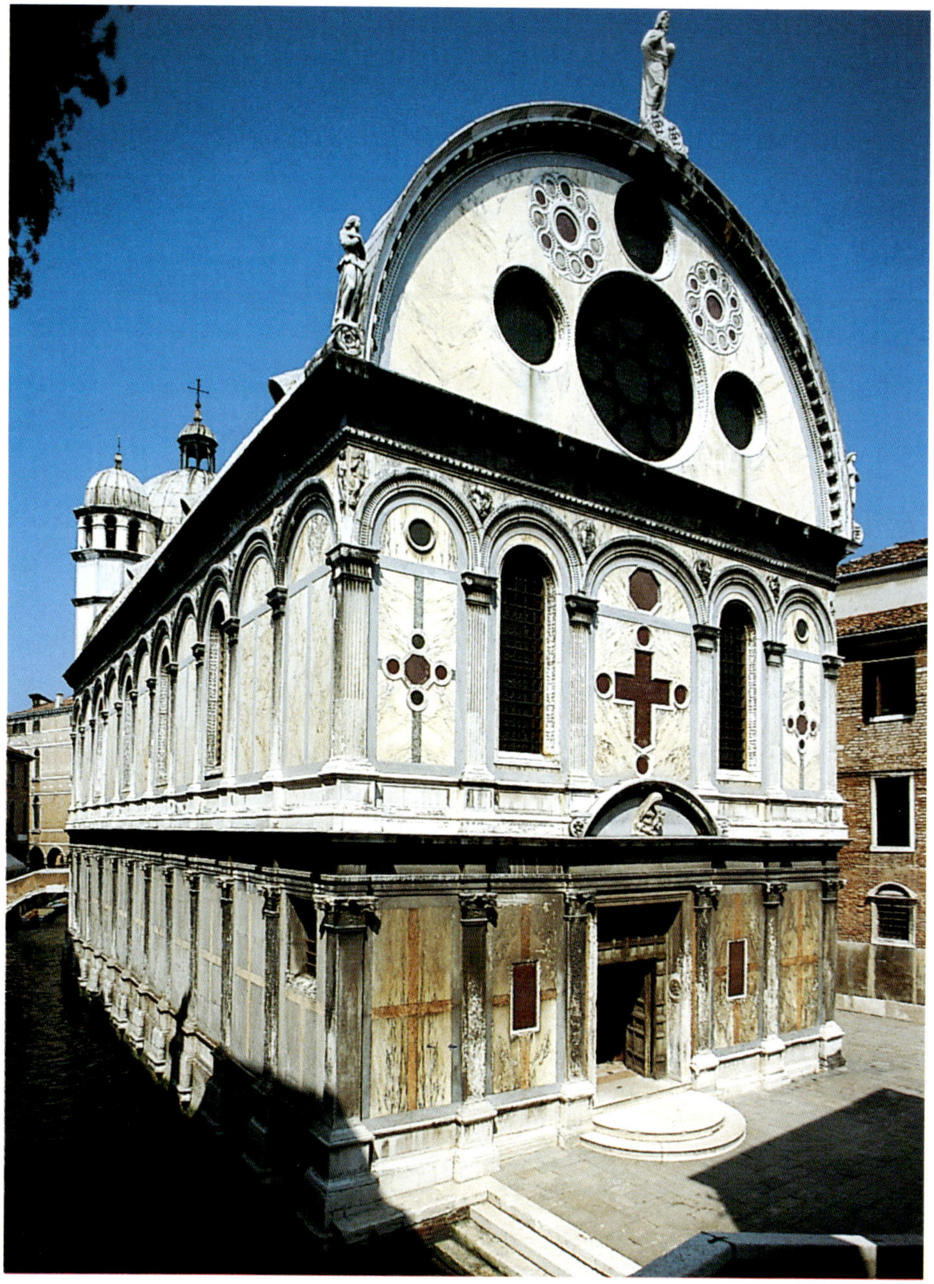

Chiesa di Santa Maria dei Miracoli.

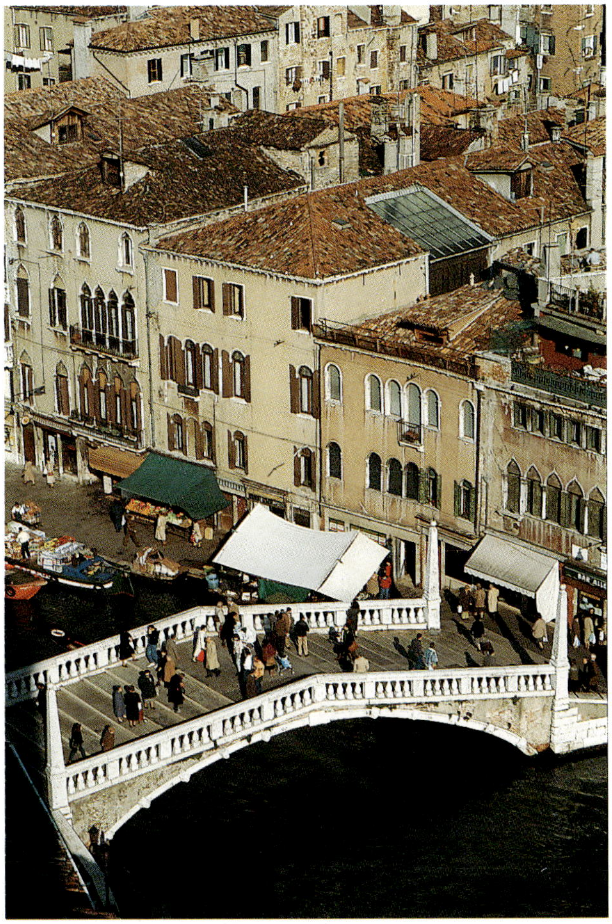

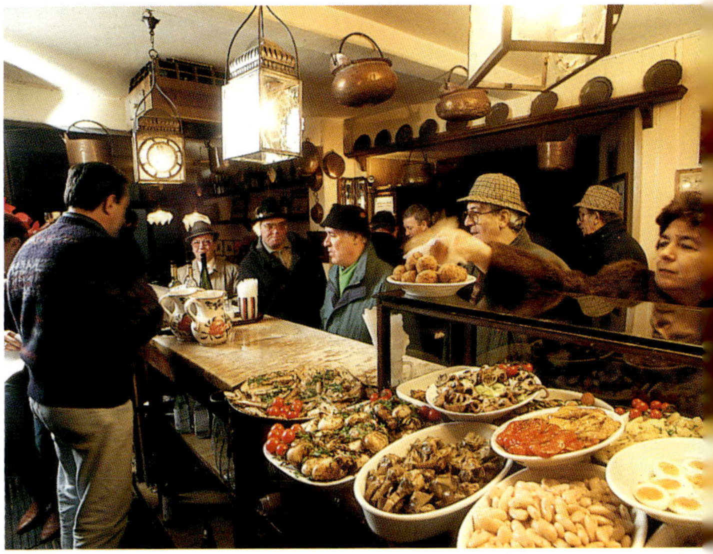

Il ponte delle Guglie.

Una tipica osteria di Cannaregio.

Nell'atelier di costumi teatrali Nicolao.

Telaio per la lavorazione dei damaschi.

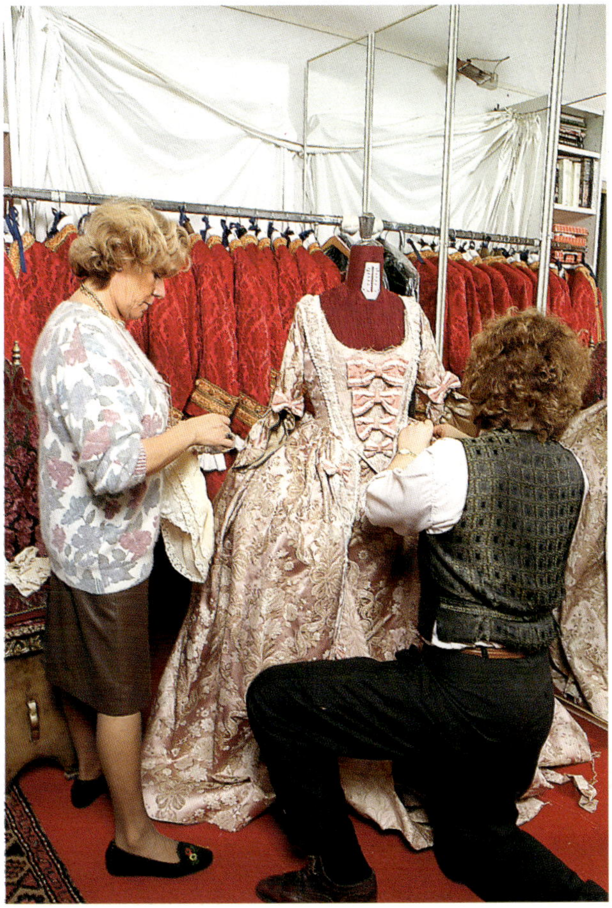

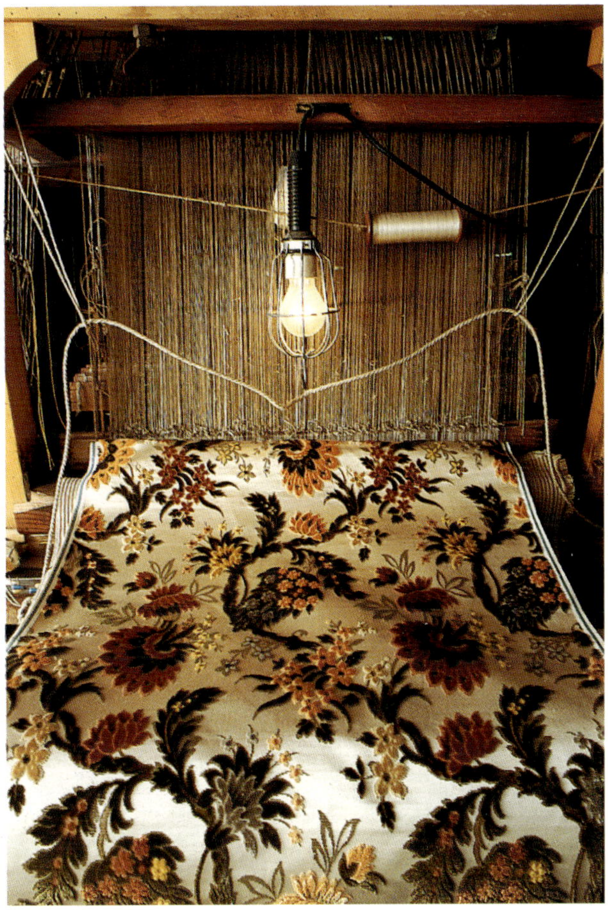

Il Ghetto ebraico

Il **Ghetto ebraico** è una delle zone più affascinanti del sestiere di Cannaregio. Qui, diversamente dal resto della città, le case sono altissime e raggiungono anche gli otto piani. Queste case-torri furono costruite per accogliere la numerosa popolazione ebraica qui confinata a partire dal Cinquecento. Nel quartiere del Ghetto si trovano ancora cinque sinagoghe, di cui tre visitabili: sinagoga tedesca, del Canton, italiana, levantina e spagnola, secondo i diversi riti praticati. Tutte sorsero tra il Cinquecento e il Seicento e alla loro realizzazione collaborarono architetti italiani. La sinagoga più antica è quella tedesca, che risale al 1528. La sinagoga spagnola è invece la più grande, risale anch'essa alla metà del Cinquecento ma venne ristrutturata nel corso del secolo successivo con interventi anche del grande architetto dell'epoca Baldassarre Longhena, che quasi sicuramente partecipò anche ai lavori della facciata della sinagoga levantina. Altre testimonianze di cultura ed arte ebraica sono in esposizione al Museo ebraico, in Campo del Ghetto Nuovo, che raccoglie oggetti sacri, argenti, codici, dal Sei all'Ottocento.
Il Ghetto di Venezia è il più vecchio del mondo; il termine "ghetto" deriva proprio dal veneziano "getàr", fondere, perché in questa zona c'erano molte fonderie. Sono visibili ancora molti segni della presenza della comunità ebraica, confinata qui dal 1516. Un esempio sono i fori nei portali di accesso al Ghetto Vecchio e al Ghetto Novo, dove venivano inserite le sbarre per impedire agli ebrei di uscire la notte.

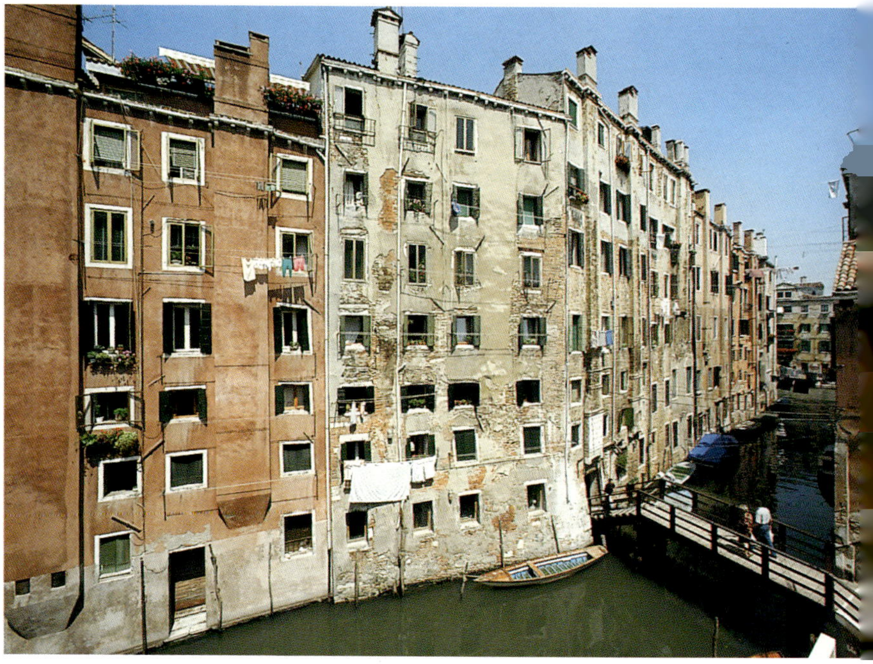

Le case-torri, veri e propri grattacieli dell'epoca.

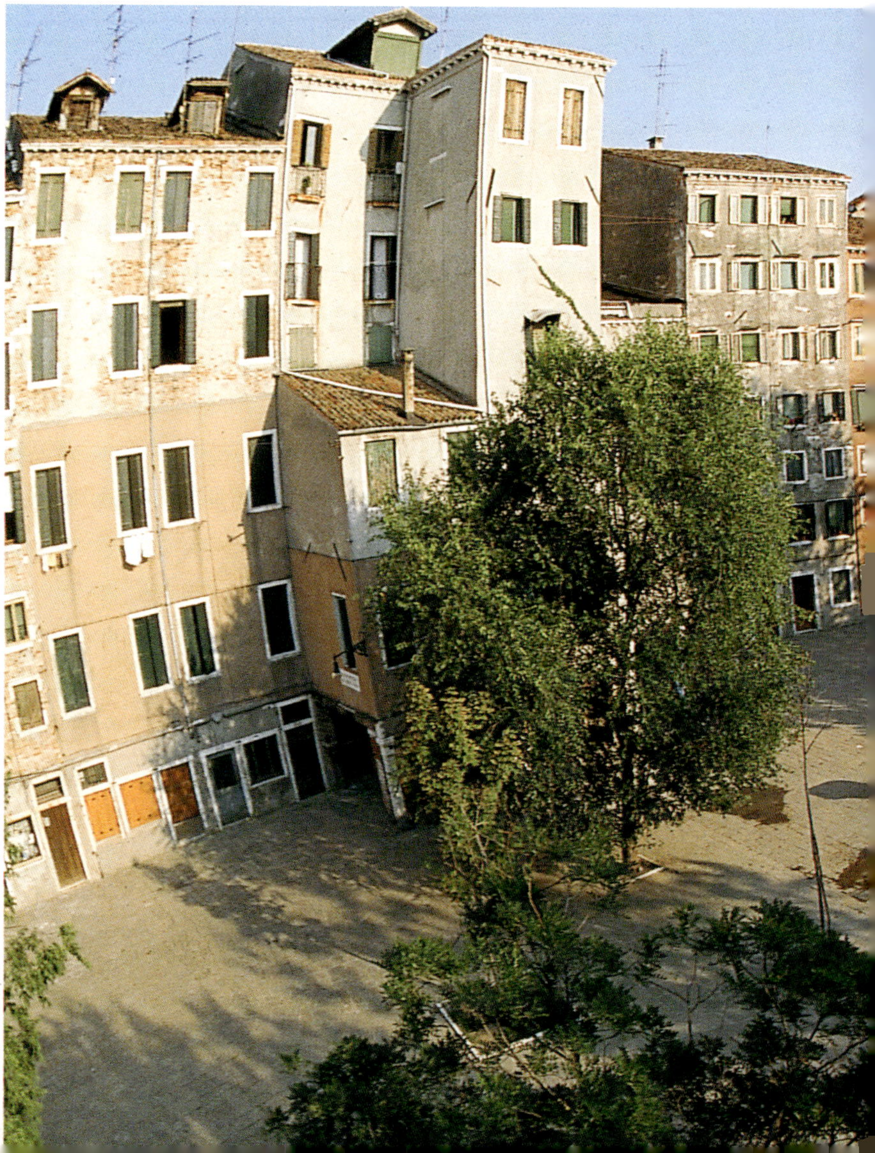

Campo del Ghetto Novo.

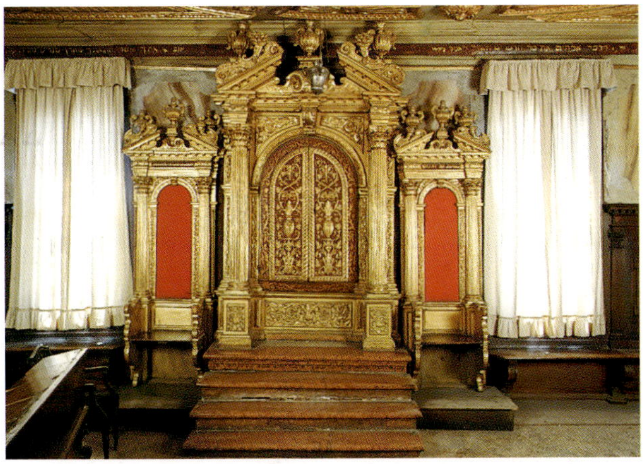

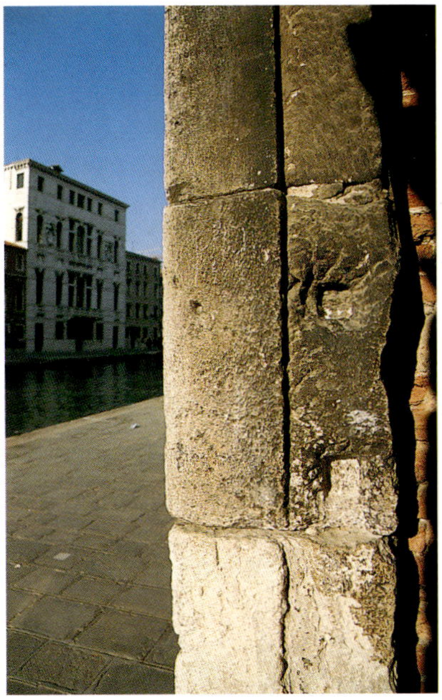

Fori nel portale di accesso al Ghetto Vecchio.

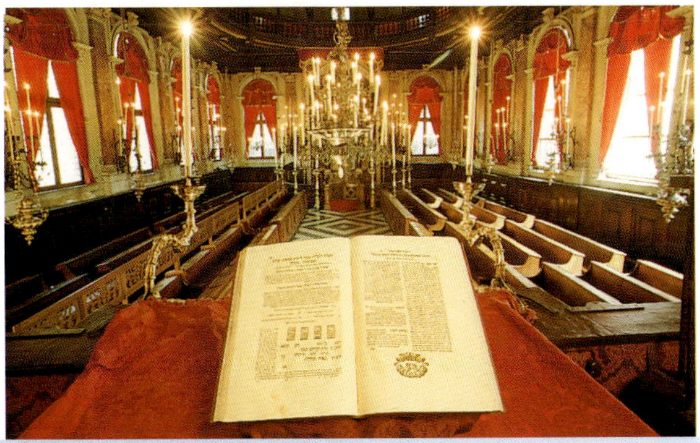

La sinagoga tedesca in campo del Ghetto Novo.

La sinagoga spagnola.

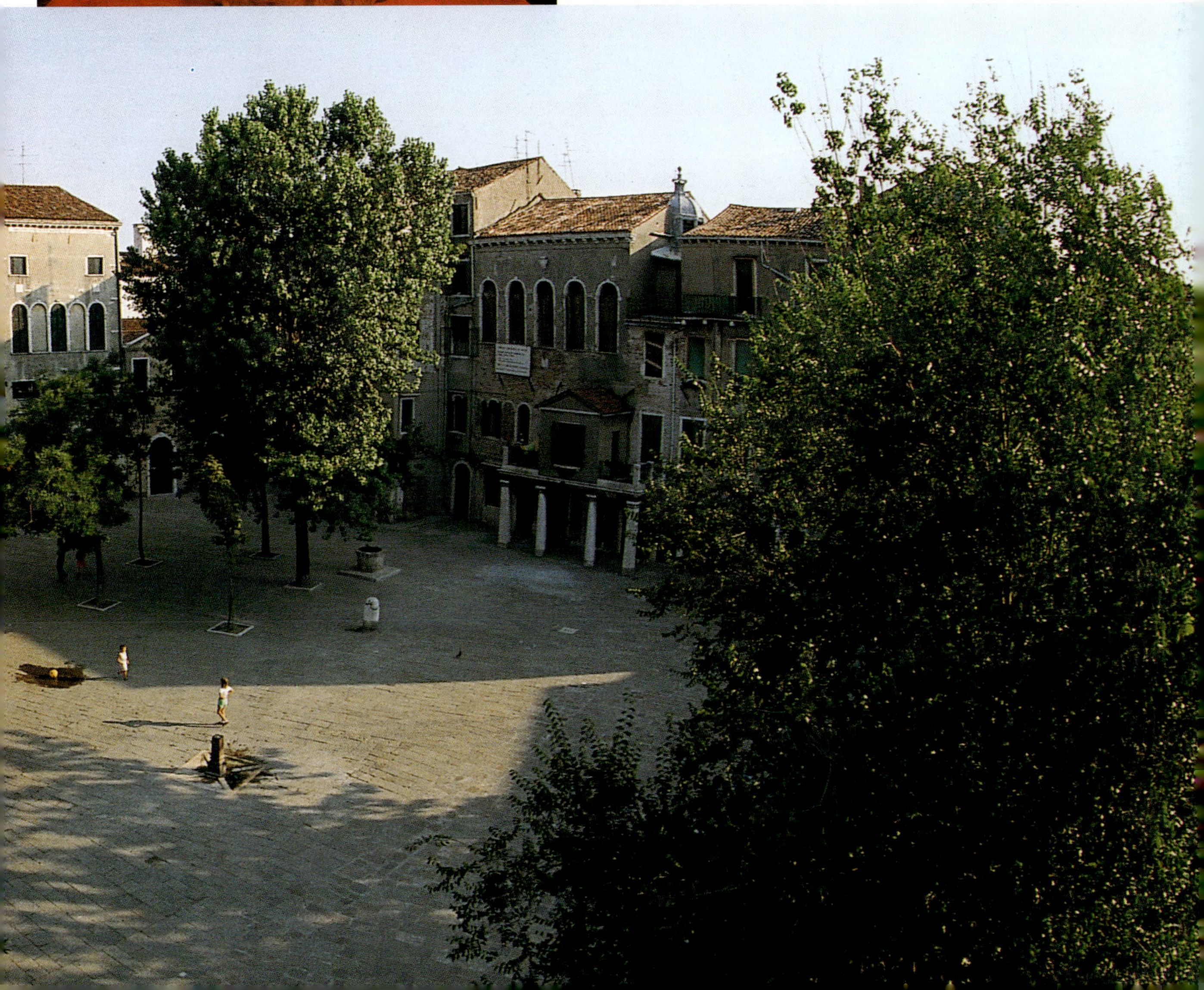

Campo dei Mori

Il **campo dei Mori** si trova in una zona della città molto tranquilla e poco affollata dai turisti; prende il nome dalle figure in pietra del XIII secolo inserite sulle mura che lo circondano. Secondo la tradizione queste statue appartenevano ai proprietari del palazzo Mastelli, o del "Cammello", ricchi mercanti giunti dalla Morea. Il palazzo deve tale appellativo all'altorilievo a destra del balcone, raffigurante appunto un cammello.

Accanto a campo dei Mori si trovano la **casa di Jacopo Tintoretto** e, die-

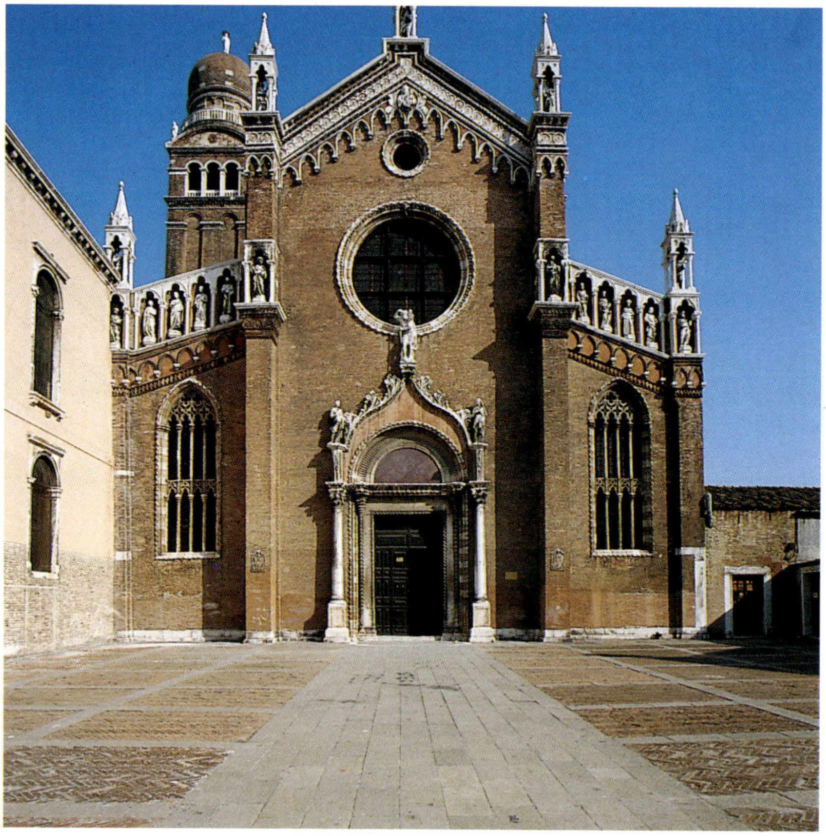

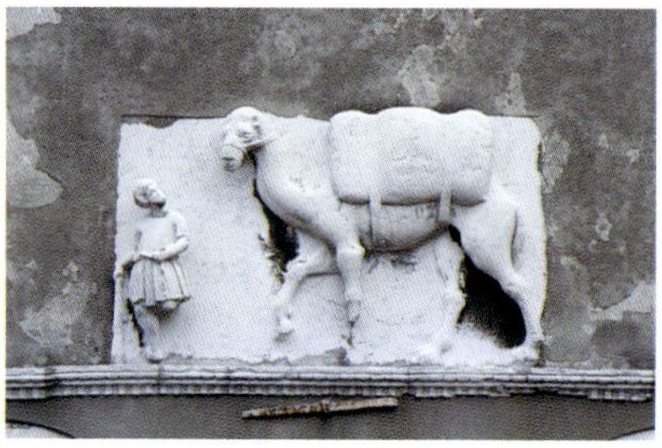

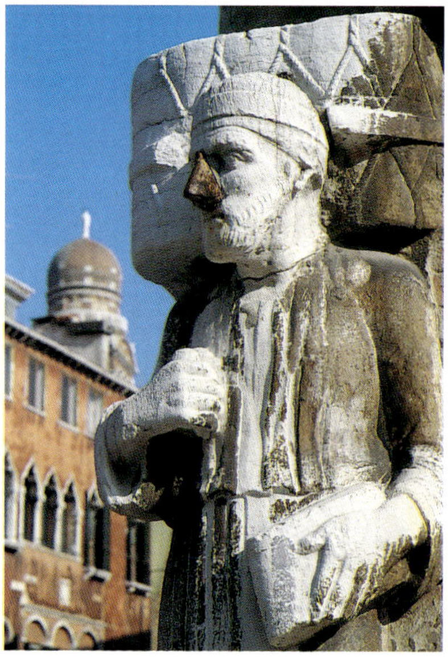

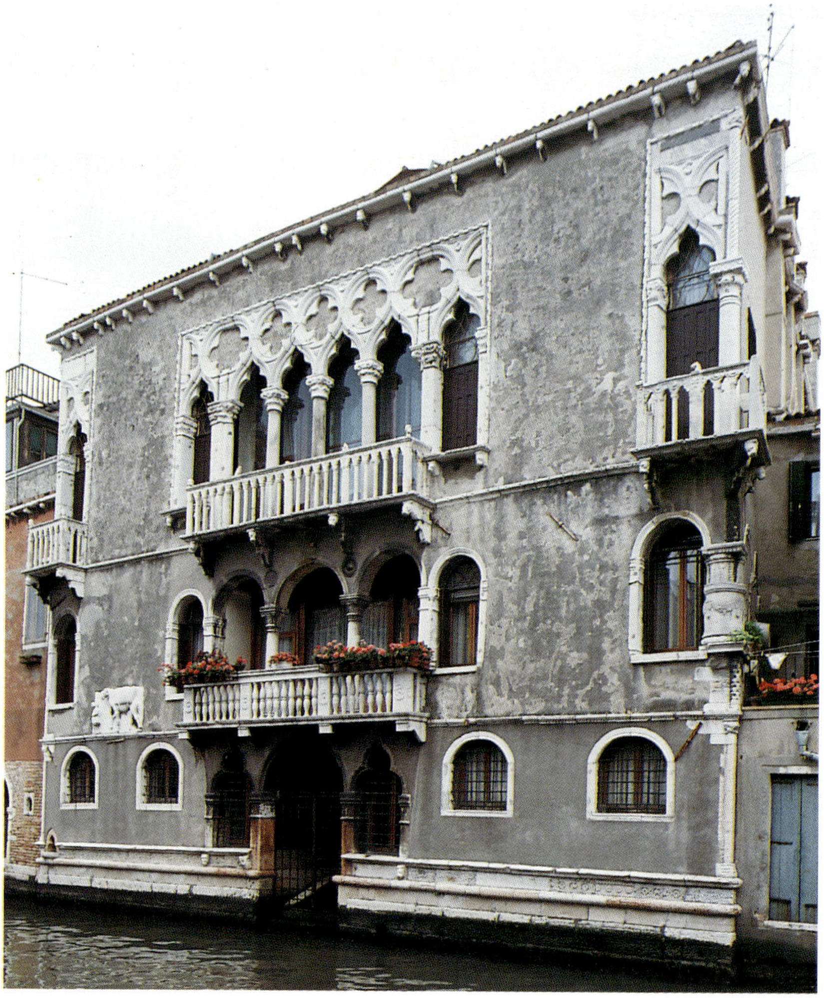

tro al campo, la sua parrocchia: la **chiesa della Madonna dell'Orto**, per la quale egli dipinse un bellissimo ciclo di opere tuttora visibili all'interno.

In alto, a destra e alla pagina accanto *Chiesa della Madonna dell'Orto, uno degli esempi più interessanti di gotico veneziano.*

Palazzo Mastelli o del "Cammello" e (in alto a sinistra) *particolare della facciata.*

Sopra *Una statua di campo dei Mori.*

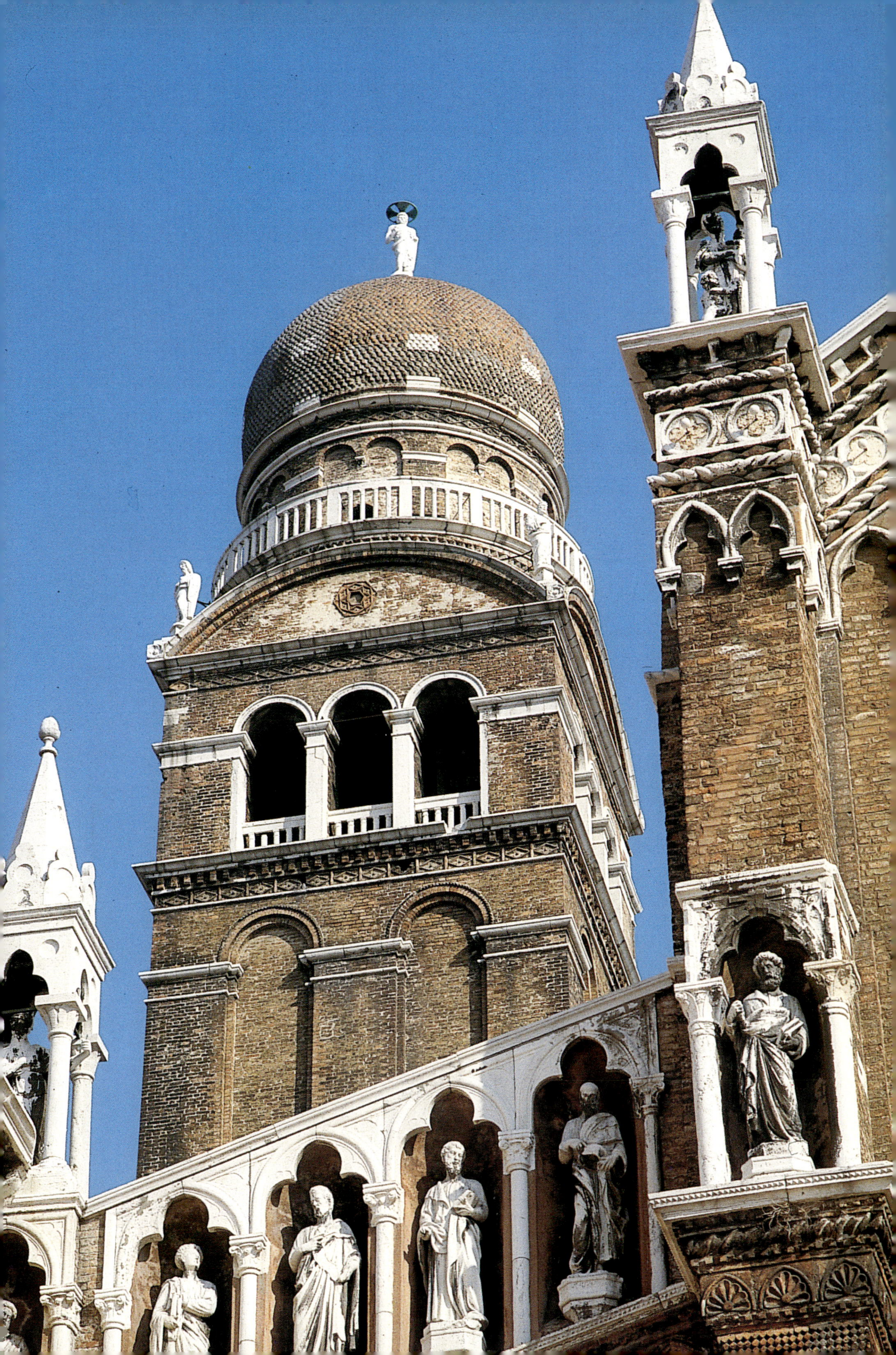

Dorsoduro

Il sestiere di Dorsoduro si estende dalla punta della Dogana, che si affaccia sul bacino di San Marco dividendo il Canal Grande dal Canale della Giudecca, sino alla Stazione marittima. È una delle zone residenziali più eleganti della città, caratterizzata dalla splendida fondamenta denominata **"le Zattere"**.
Incontrarsi e passeggiare alle Zattere, lungo il Canale della Giudecca, dalla punta della Dogana fino al Porto, esposte a sud e quindi molto assolate, è una delle attività preferite dai turisti e dagli stessi veneziani, che anche nei mesi più freddi, nelle belle giornate di sole, vengono a mangiare all'aperto o a gustare il miglior gelato della città.

Lo **squero di San Trovaso** è un posto molto curioso, uno dei pochi cantieri rimasti a Venezia dove vengono ancora costruite le gondole. Le case che circondano lo squero ricordano le case di montagna del Cadore, perché da qui proveniva la legna per costruire le gondole. Si ritiene che lo squero di San Trovaso sia il più antico di Venezia e risalga al Seicento.

Campo Santa Margherita è uno degli spazi all'aperto più grandi della città, con bar e locali aperti anche la sera, luogo di incontro preferito dai giovani per la vicinanza degli istituti universitari.
Ma è al limite di questo sestiere che Venezia conserva uno dei suoi tesori meno conosciuti: la **chiesa di San Sebastiano**. Seminascosta in una zona periferica della città, è il tempio della pittura del grande Paolo Veronese. All'interno l'artista si è infatti sbizzarrito decorando il soffitto, l'abside, la sagrestia, e affrescando le pareti del coro dei frati. In queste opere si possono ammirare i suoi tipici effetti di illusione ottica.

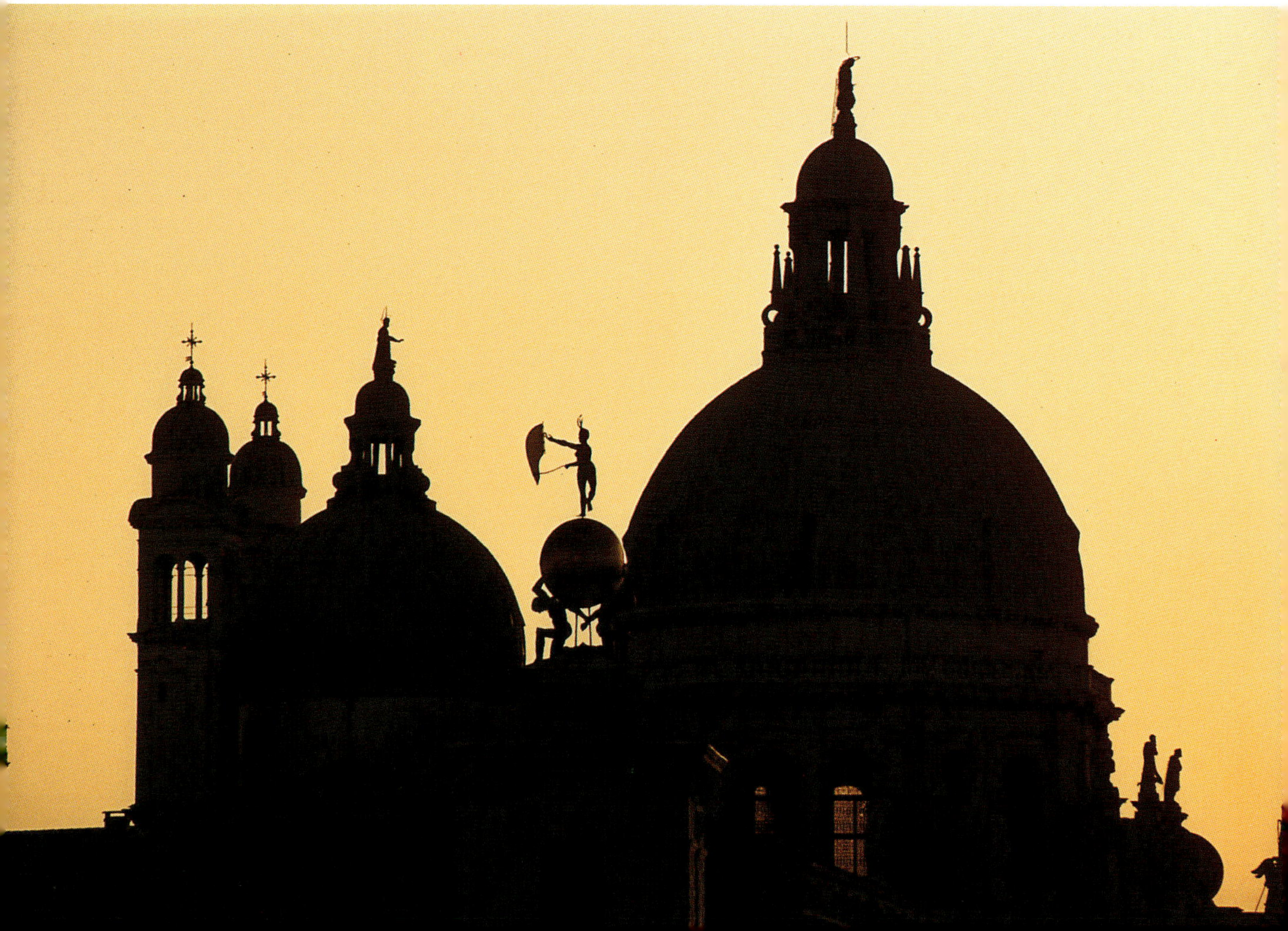

La basilica della Salute.

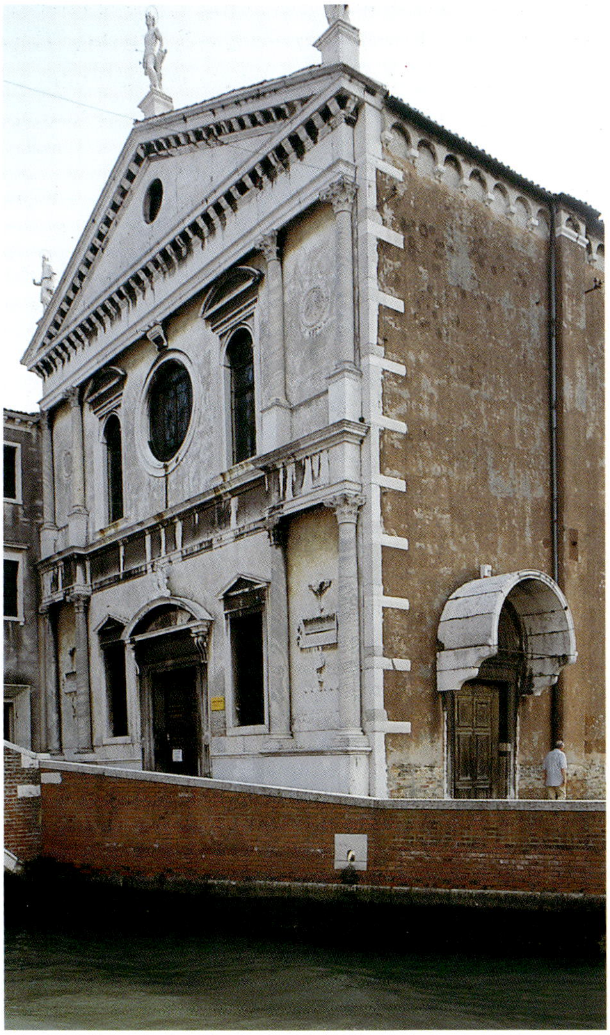

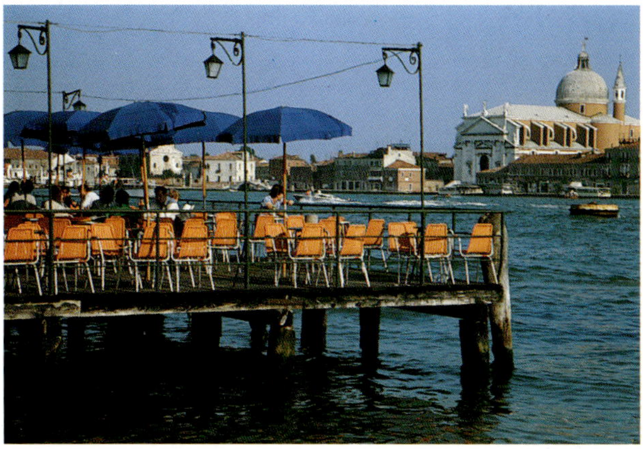

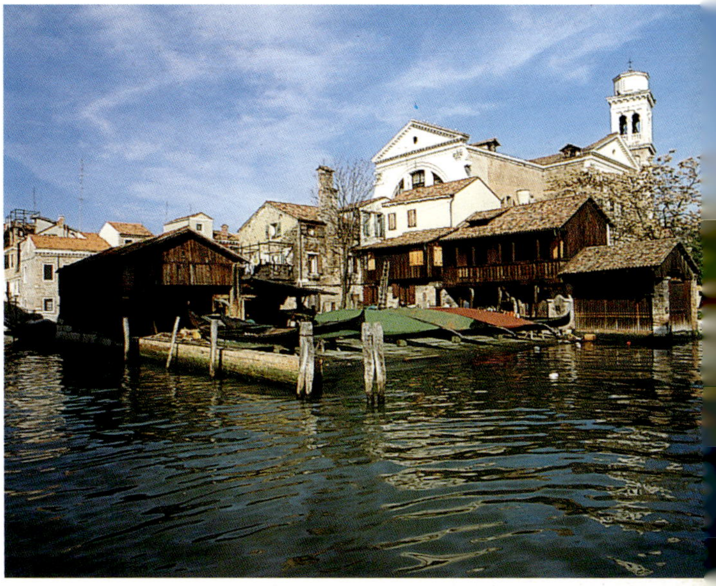

Chiesa di San Sebastiano.

In alto, a destra *La fondamenta delle Zattere con la chiesa del Redentore sullo sfondo.*

Lo squero di San Trovaso.

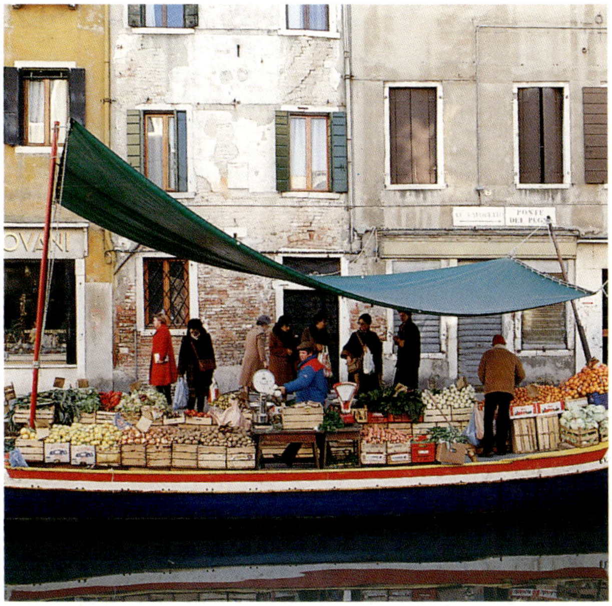

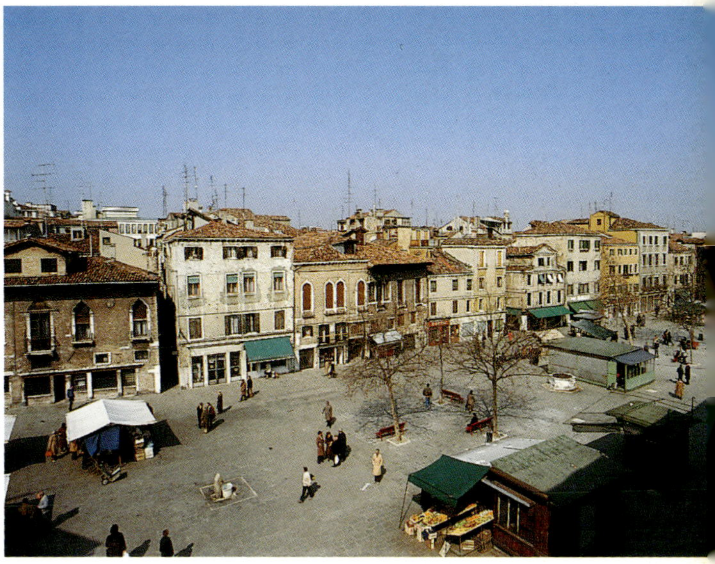

Mercato della frutta sulla barca nei pressi di campo San Barnaba.

Campo Santa Margherita.

LE GALLERIE DELL'ACCADEMIA

Le Gallerie dell'Accademia, uno dei più importanti musei del mondo, raccolgono opere di inestimabile valore dal Trecento alla fine del Settecento di scuola veneziana e veneta. In questo piccolo museo, che per motivi di spazio può esporre solo una minima parte del suo immenso patrimonio, sono raccolte opere che vanno dal Trecento fra bizantino e gotico di Paolo Veneziano, al primo Rinascimento di Carpaccio e Bellini ai grandi del Cinquecento Giorgione, Tiziano fino a Tintoretto e Veronese e giungere al Settecento con Ricci, Longhi, Canaletto, le famose vedute di Guardi e tanti altri.
Alle Gallerie dell'Accademia è in esposizione il *Convito in casa di Levi*, l'enorme tela di Paolo Caliari detto il Veronese, che doveva rappresentare in origine una *Ultima cena*. Il tribunale dell'Inquisizione ritenne che fossero state ritratte figure troppo profane per un soggetto sacro: il buffone con il pappagallo, un uomo che si pulisce i denti con uno stuzzicadenti, un altro a cui esce sangue dal naso; fu questa la ragione per cui Veronese mutò il titolo del dipinto in quello che mantiene tuttora.

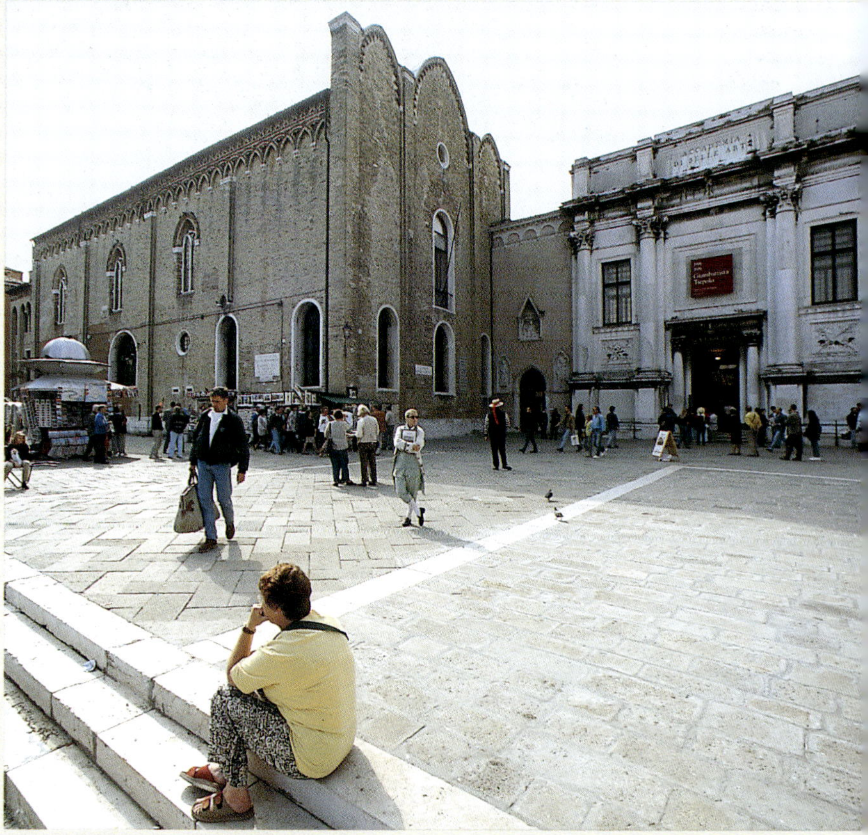

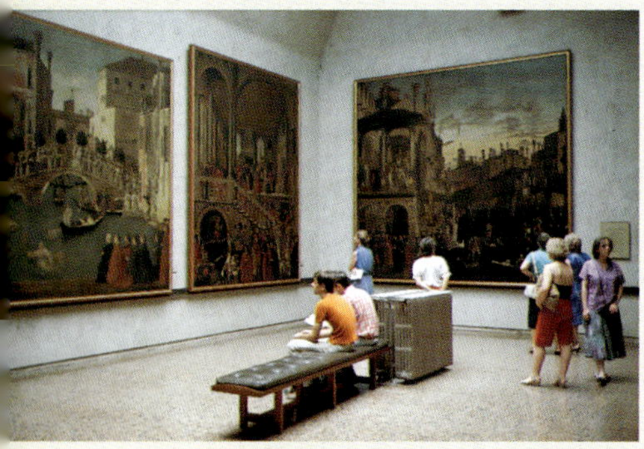

Una delle sale delle Gallerie dell'Accademia.

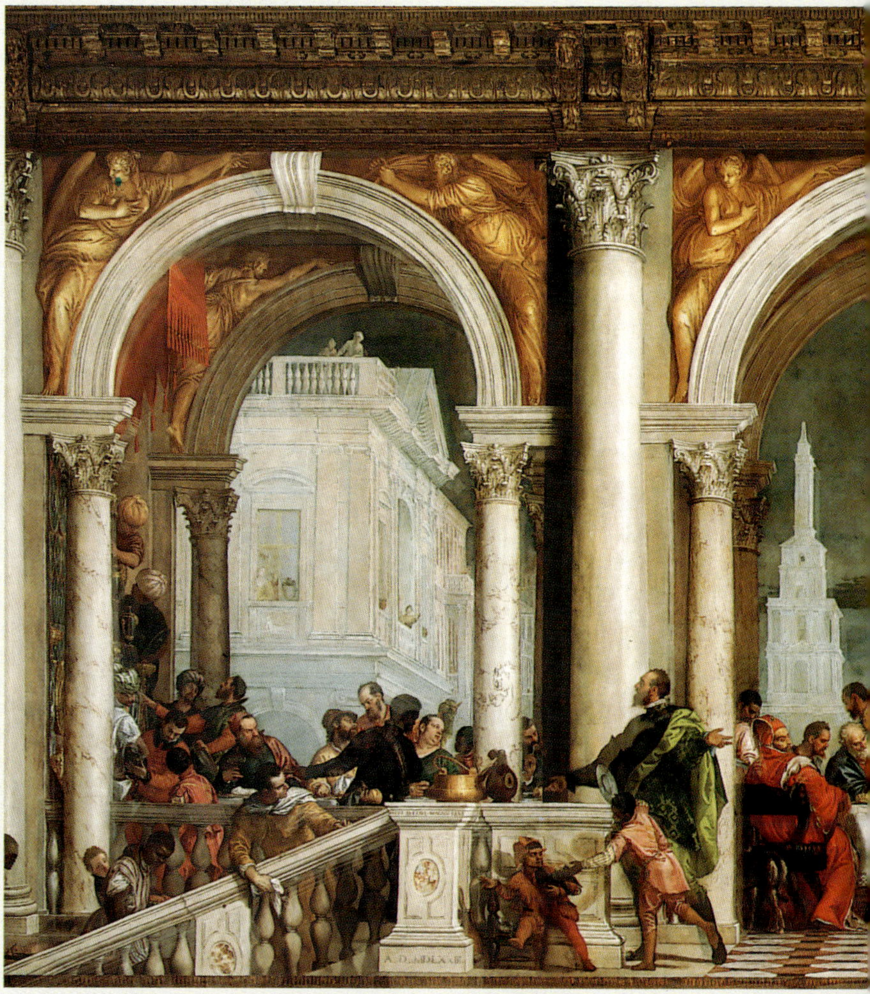

A sinistra
Davanti alle Gallerie dell'Accademia.

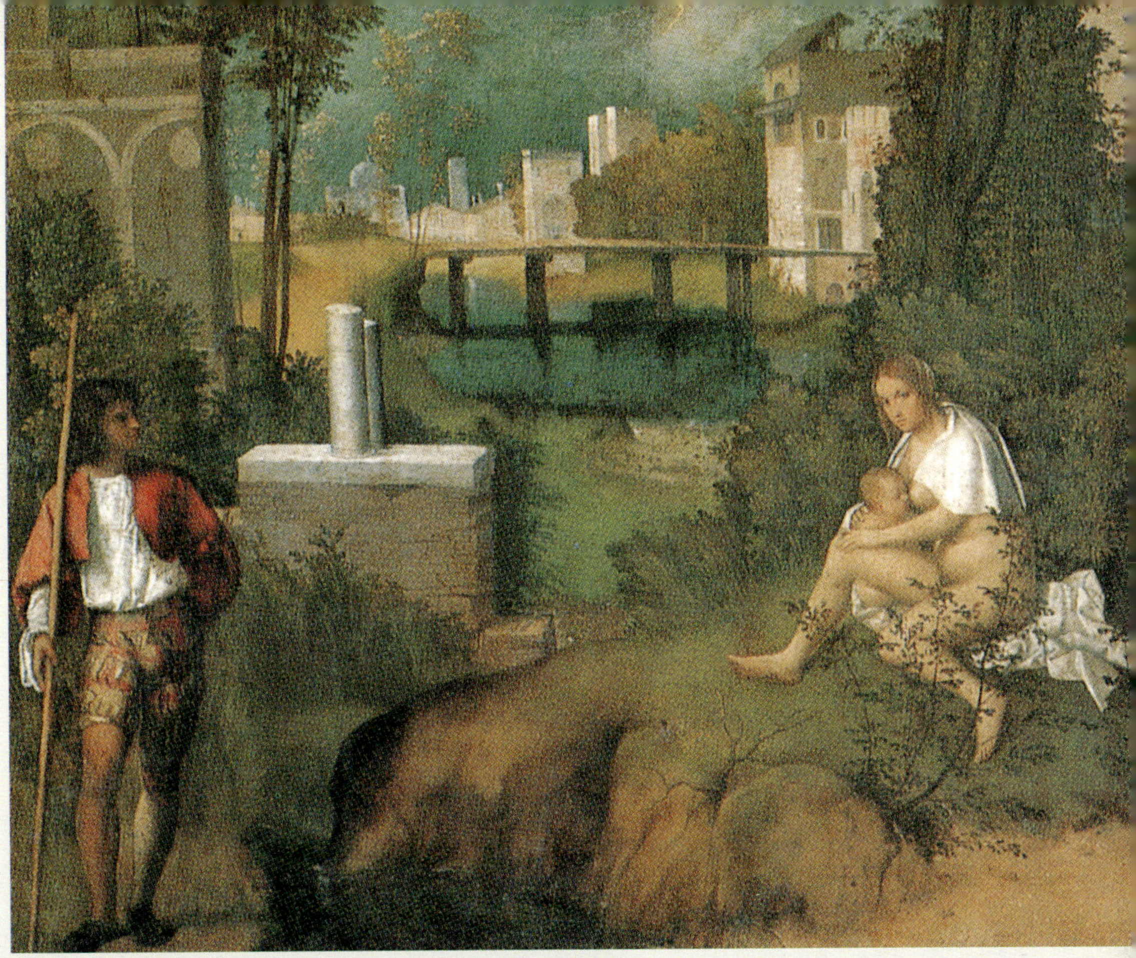

Giorgione, La tempesta.

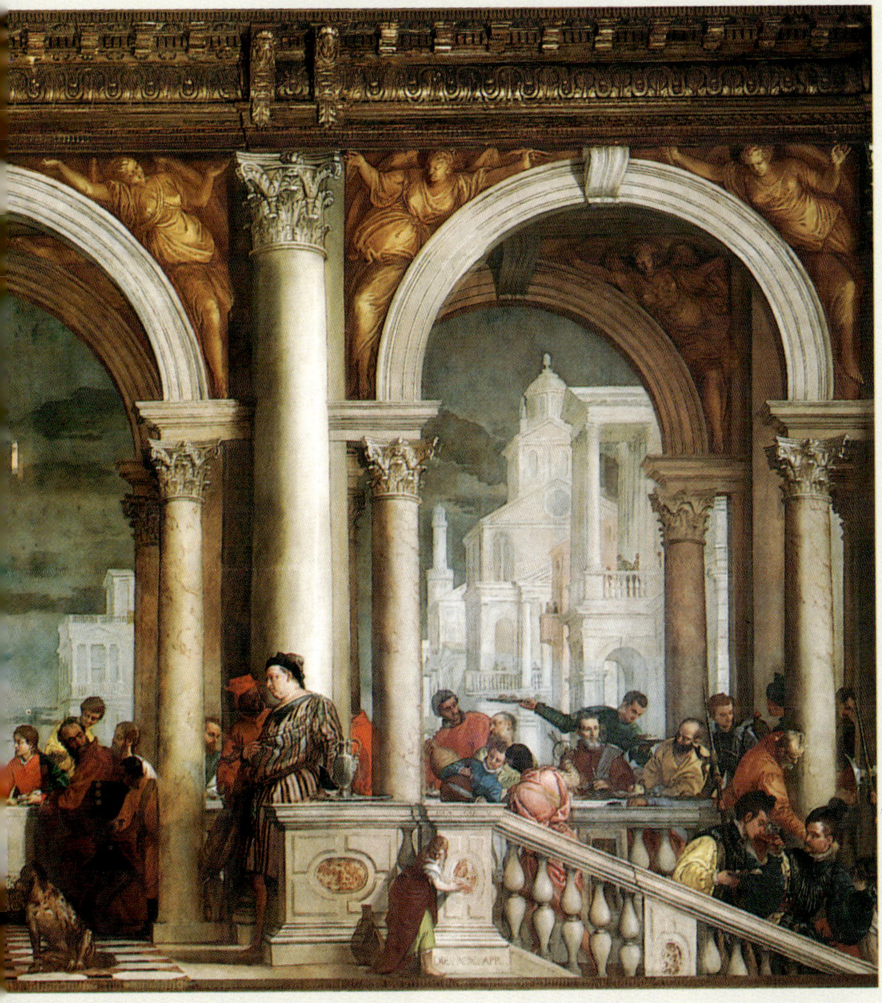

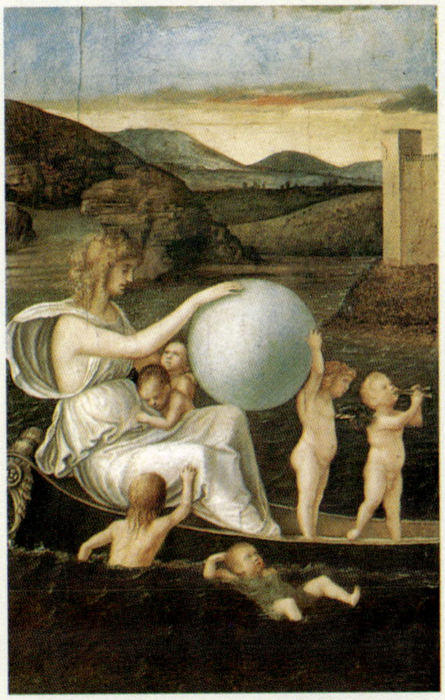

Paolo Veronese, Convito in casa di Levi.

Giovanni Bellini, Allegoria della "Fortuna incostante".

LA PITTURA A VENEZIA

La pittura veneziana si sviluppa come ideale continuazione della tradizione bizantina. Già i mosaici della basilica di San Marco rivelano un uso del colore che sarà in seguito la caratteristica principale di questa arte. La pittura del trecentesco Paolo Veneziano riflette ancora l'influsso bizantino con l'uso di sfondi dorati e motivi orientaleggianti, ma colpisce già per la luminosità e ricchezza del colore. Giovanni Bellini rinnova quest'arte inserendo i suoi personaggi all'interno di spazi architettonici e introducendo motivi paesaggistici. Carpaccio ha lasciato testimonianze di pittura narrativa, come il ciclo di Sant'Orsola alle Gallerie dell'Accademia o le storie di San Giorgio degli Schiavoni. Giorgione dona alle sue tele una luminosità trasparente grazie a una personale tecnica pittorica. E l'uso sempre più espressivo della luce e del colore sarà una testimonianza nella pittura di Tiziano, si trasformerà in toni chiaroscurali nell'arte di Tintoretto e darà origine alle scenografie di Veronese e di Tiepolo.

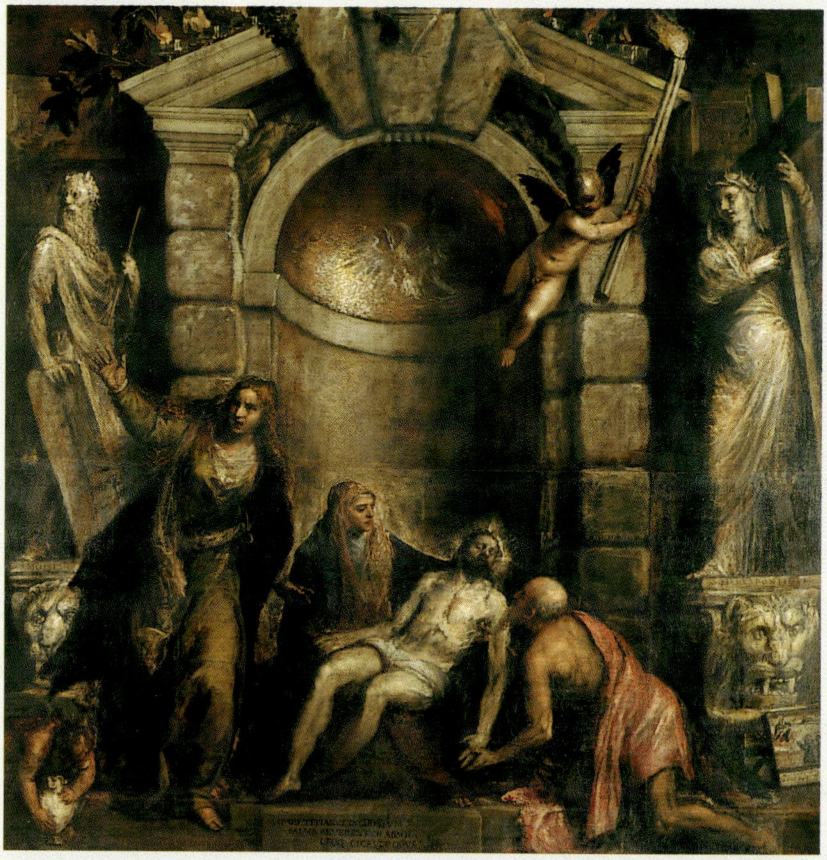

Tiziano, Pietà. Gallerie dell'Accademia.

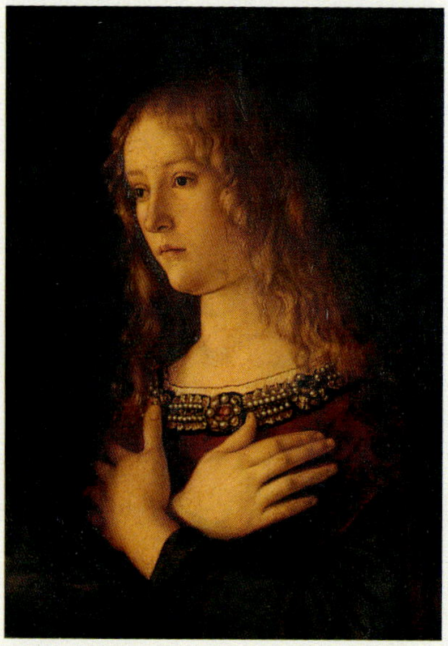

Giovanni Bellini, Madonna con il Bambino tra le sante Caterina e Maria Maddalena (particolare). Gallerie dell'Accademia.

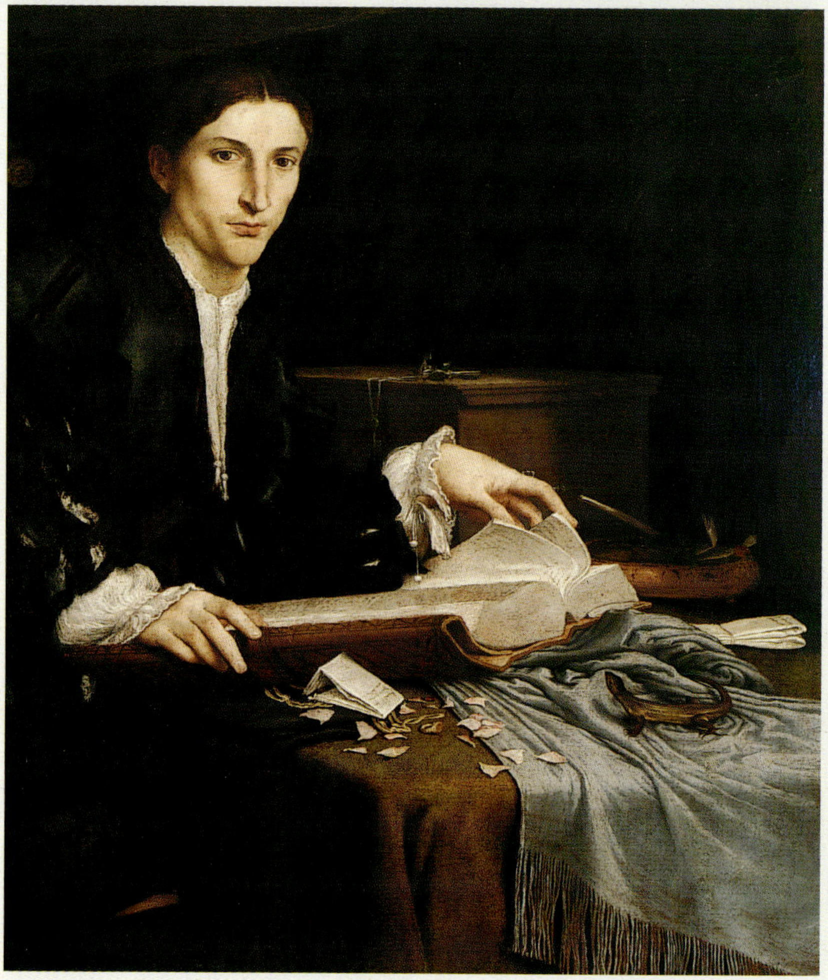

Lorenzo Lotto, Ritratto di giovane gentiluomo nello studio. Gallerie dell'Accademia.

Alla pagina accanto *Tiziano, Presentazione della Vergine al Tempio (intero e particolare). Gallerie dell'Accademia.*

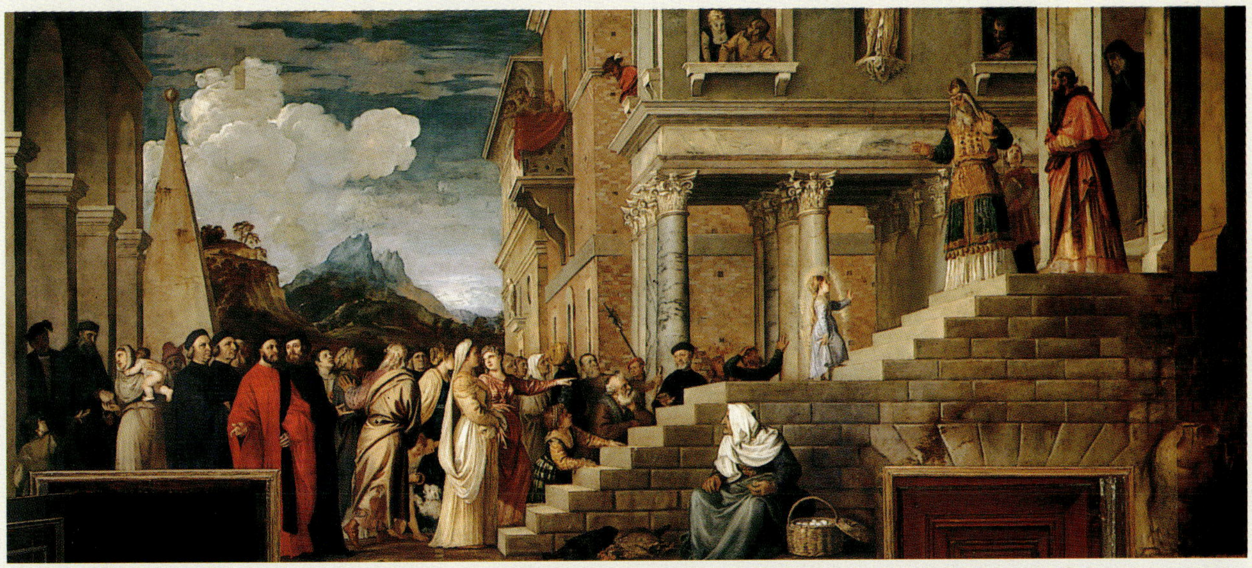

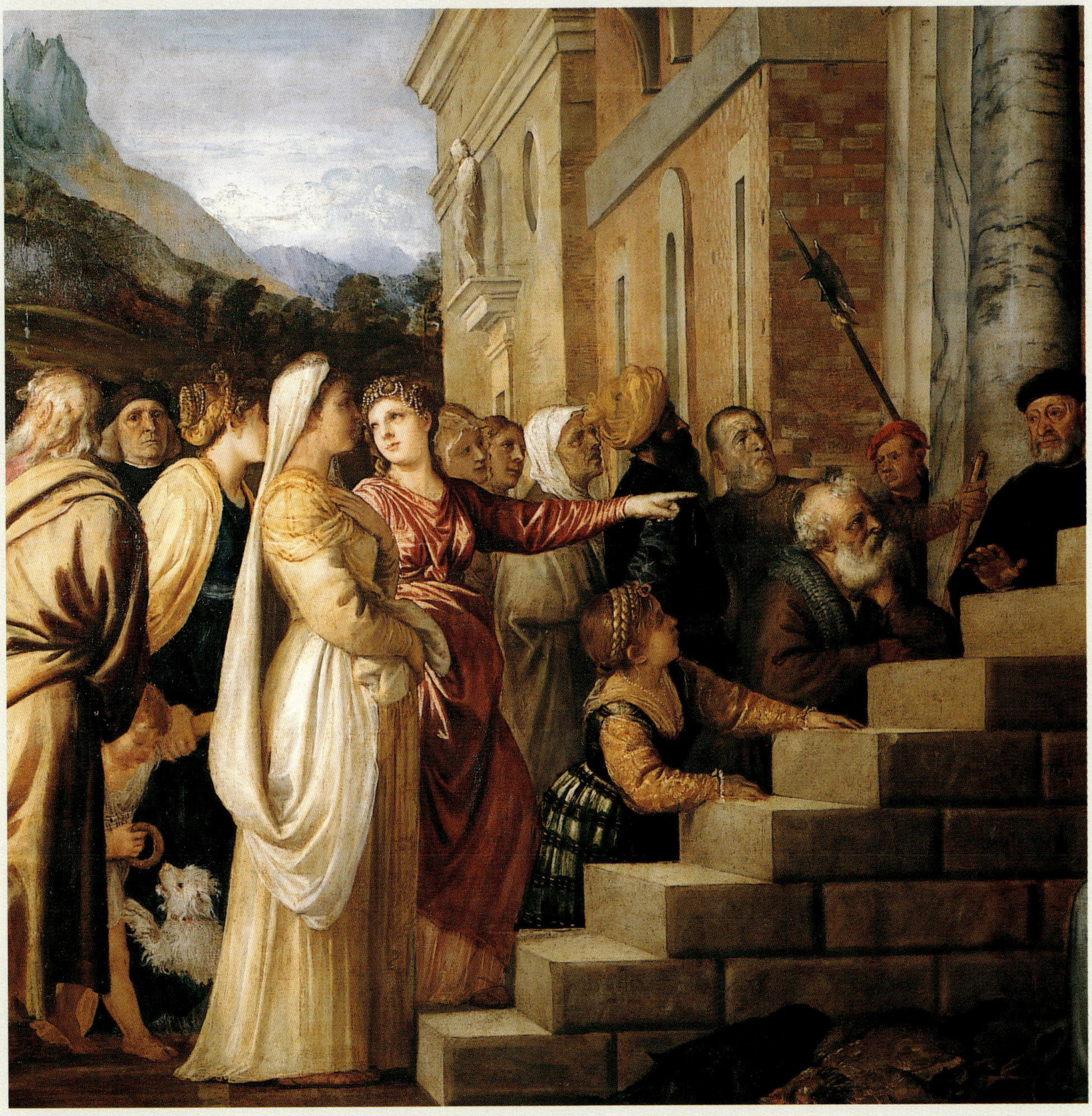

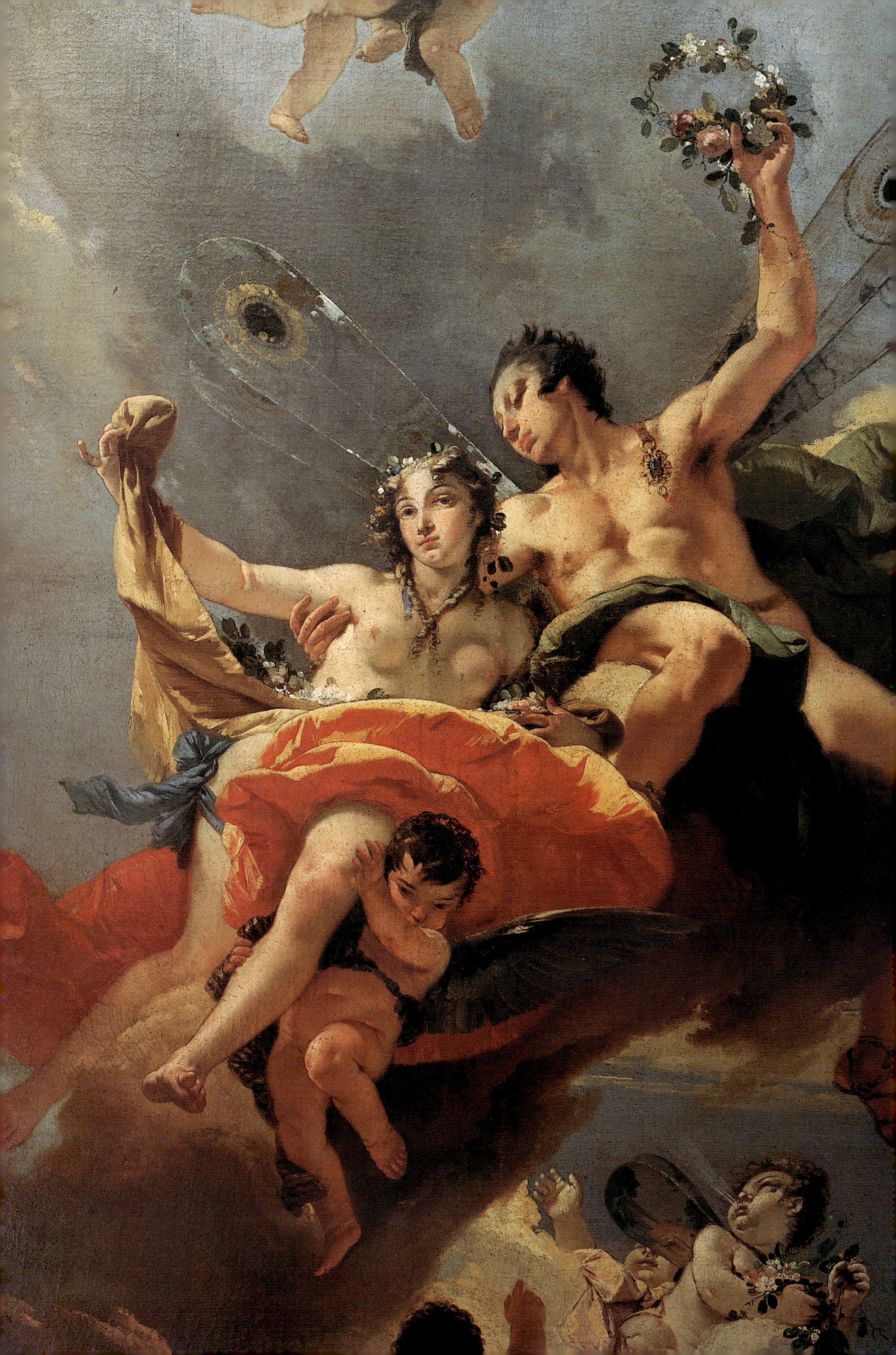

Nei pressi di campo San Barnaba ha sede **Ca' Rezzonico**, che ospita il Museo del Settecento veneziano, oltre che mostre temporanee molto importanti. Restaurata di recente, questa sontuosa dimora del Settecento conserva in ogni stanza preziosi arredi d'epoca, dipinti di Longhi. I soffitti di molte sale sono invece affrescati da Giambattista Tiepolo che in questo palazzo dipinse alcune delle sue opere più significative, in particolare l'*Allegoria nuziale* nella sala omonima e l'*Allegoria del Merito tra Nobiltà e Virtù* nella sala del Trono.

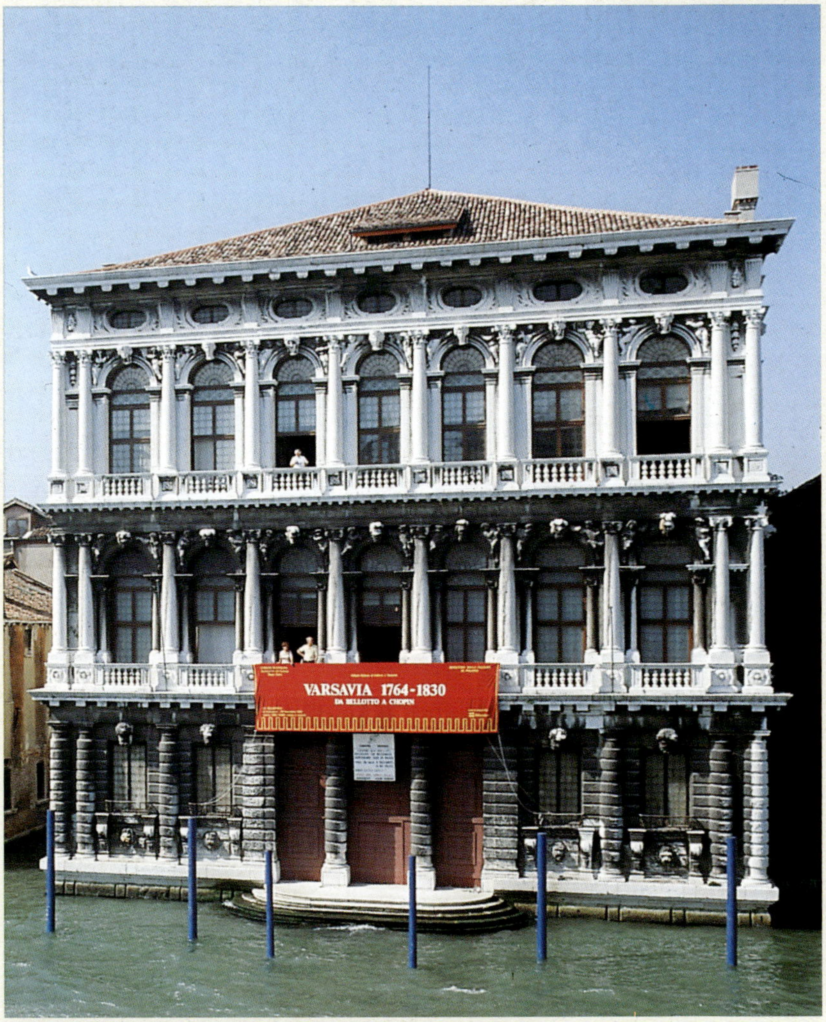

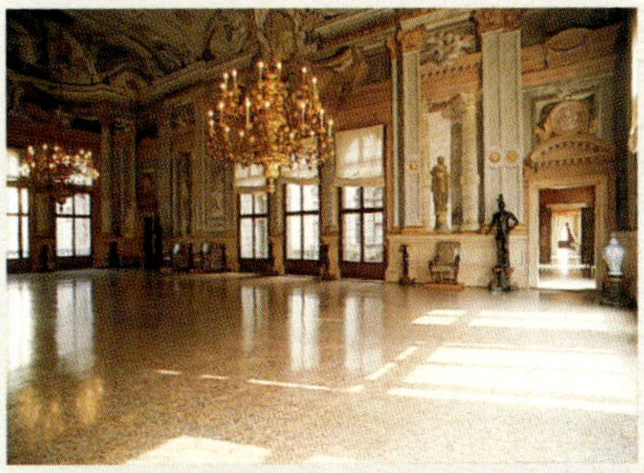

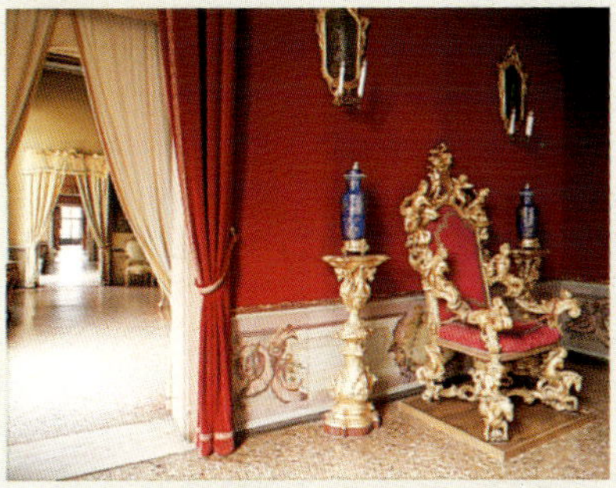

La facciata di Ca' Rezzonico.

A fianco
Due sale di Ca' Rezzonico.

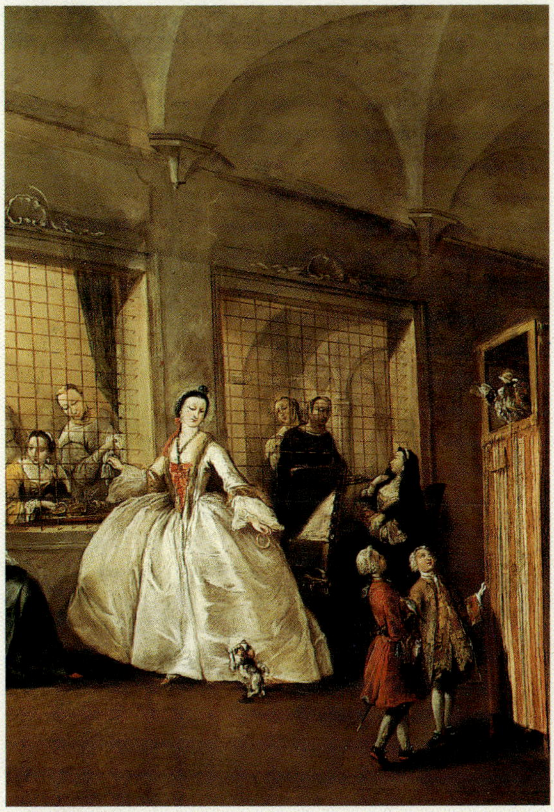

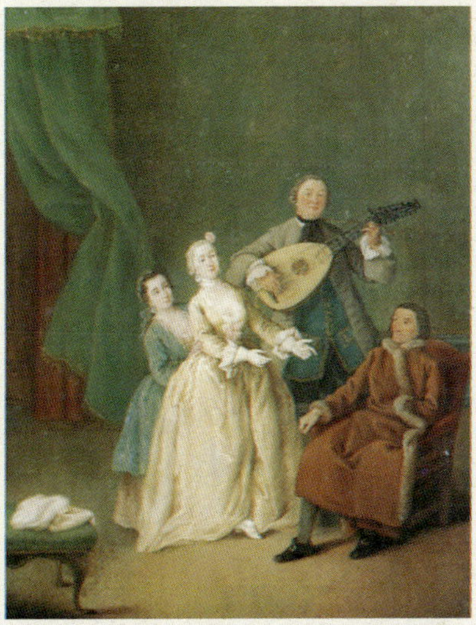

A destra
Pietro Longhi, Il concerto in famiglia.

A sinistra
Pietro Longhi, Il parlatorio delle monache.

Alla pagina accanto
G.B. Tiepolo, Trionfo di Zefiro e Flora.

La Giudecca

La **Giudecca** è l'isola più estesa e più vicina a Venezia. Si ritiene che debba questo nome o in relazione al confino degli ebrei (i giudei) o dei "zudegà", i "giudicati", ovvero le famiglie di nobili rivoltosi banditi dalla città e confinati sull'isola. La Giudecca conserva opere di notevole interesse dal punto di vista architettonico, in particolare le due chiese progettate da Andrea Palladio. Proprio di fronte al bacino di San Marco, incastrata tra le due ali del convento attiguo, è la chiesa di Santa Maria della Presentazione, meglio conosciuta come **chiesa delle Zitelle.** Il nome allude alle povere ragazze che trovarono ospitalità nel complesso, costruito intorno al 1570 su progetto del Palladio, e che comprende oltre alla chiesa, l'ospizio e un chiostro sul retro. Poco oltre si erge la magnifica **basilica del Redentore**, uno dei più grandiosi esempi di architettura religiosa di Andrea Palladio, edificata in segno di ringraziamento per la fine della peste del 1576. La sua facciata, che si innalza su una solenne scalinata, rivela un chiaro intento scenografico e celebrativo ed è coronata da una grande cupola con due torricelle laterali. L'interno, a navata unica, è luminosissimo e conserva alcune opere di Francesco Bassano e Palma il Giovane.

L'estremità occidentale dell'isola della Giudecca è occupata da un vasto complesso industriale ora in disuso: il **Mulino Stucky**.

Costruito in stile neogotico alla fine dell'Ottocento su progetto dell'architetto tedesco Ernest Wullekopf, l'edificio suscitò non poche polemiche in città a causa della maestosità e della solennità con cui si imponeva, e tuttora si impone, sul paesaggio veneziano.

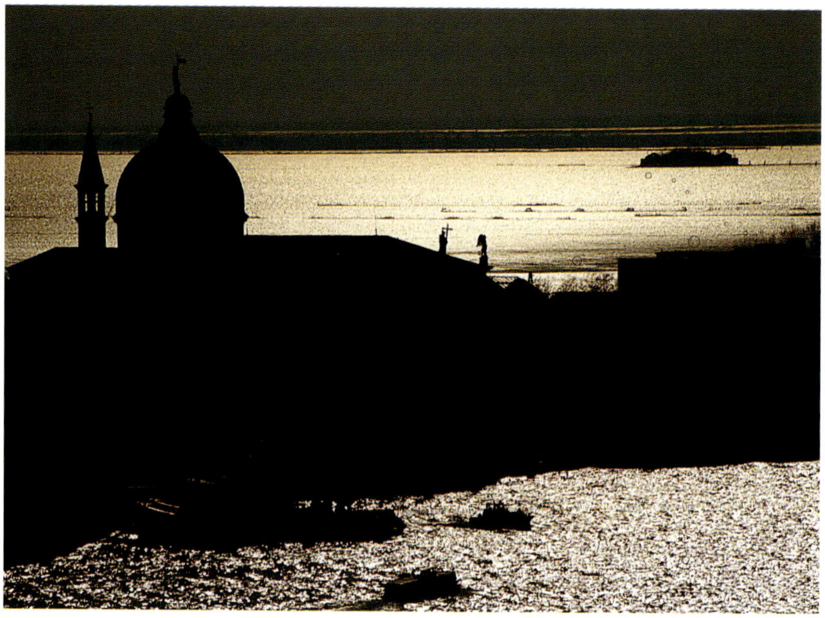

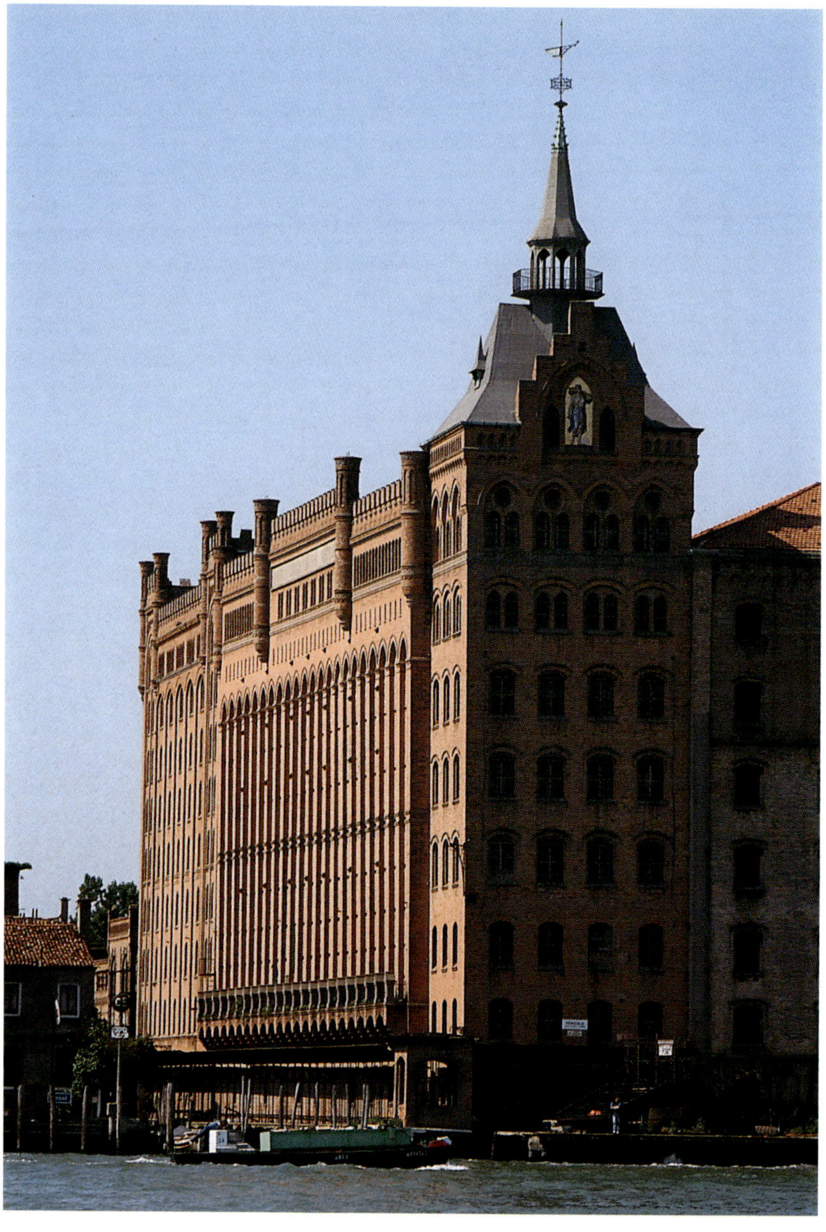

In alto
L'isola della Giudecca.

A fianco
Il Mulino Stucky.

Alla pagina accanto
La basilica del Redentore alla Giudecca.

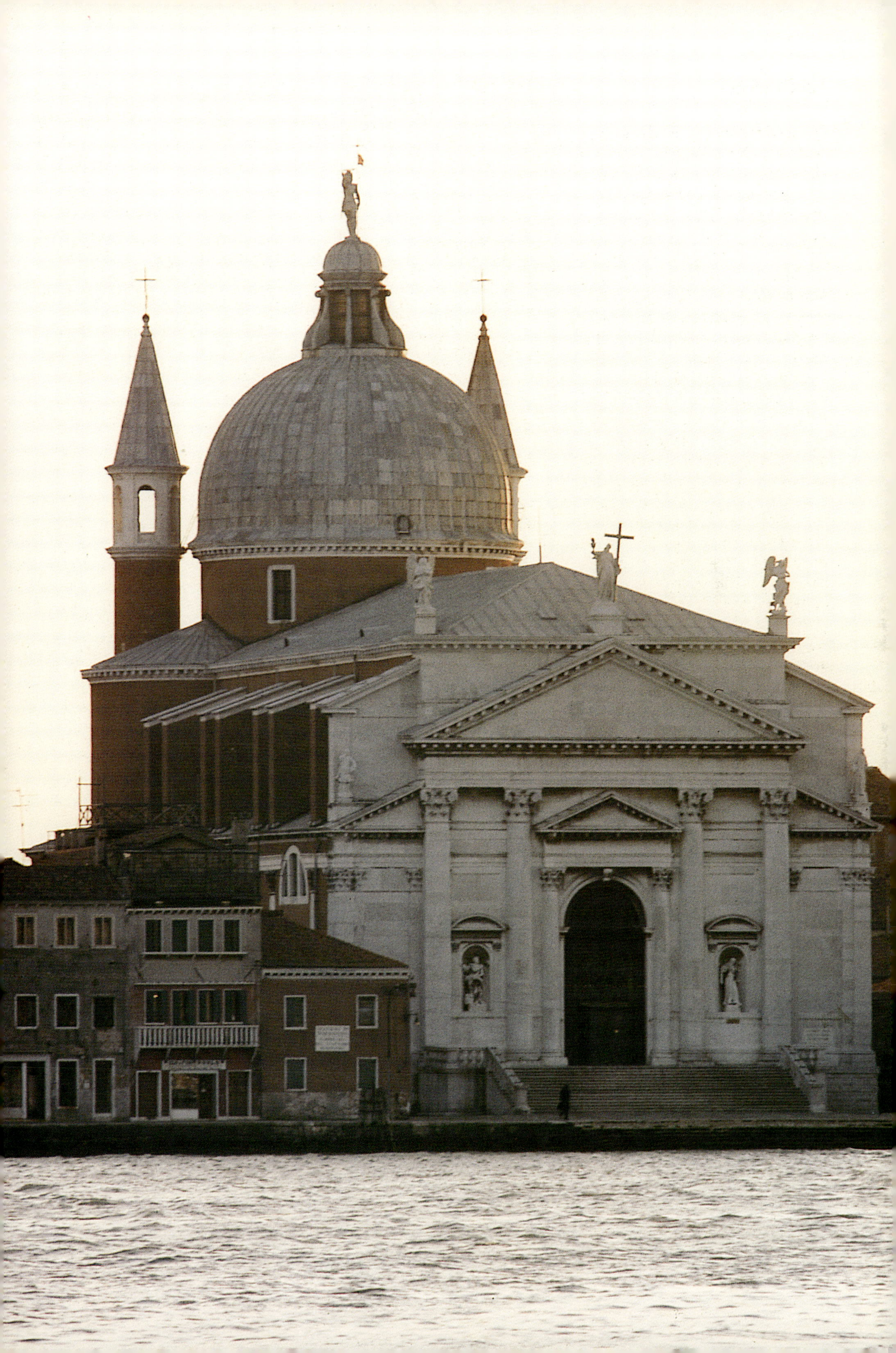

LA FESTA DEL REDENTORE

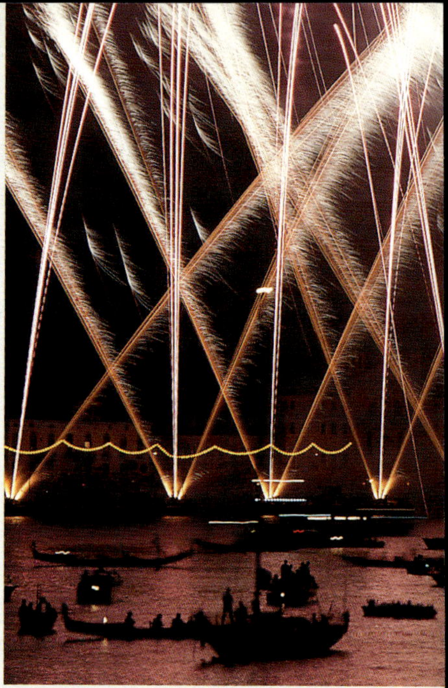

Tra le feste religiose di Venezia, la più conosciuta è la **Festa del Redentore**, che si celebra da più di quattrocento anni il terzo sabato e domenica di luglio e con la quale i veneziani ricordano la fine della pestilenza del 1576 in occasione della quale avevano commissionato ad Andrea Palladio la basilica del Redentore sull'isola della Giudecca in segno di ringraziamento per lo scampato pericolo. La domenica, come all'epoca dei dogi, le autorità civili e religiose guidano una processione su un ponte di barche che viene costruito ogni anno tra la Fondamenta delle Zattere e il fronte della Basilica.
Ma il momento più suggestivo è la sera del sabato, che ha mantenuto intatto negli anni il carattere popolare della festa. All'imbrunire tutta la città si ritrova nel bacino di San Marco su barche di ogni dimensione decorate con frasche, lumini e festoni attorno ai pontoni galleggianti dai quali a mezzanotte vengono sparati fuochi artificiali di spettacolare bellezza.

Joseph Heintz, Il ponte del Redentore. Museo Correr.

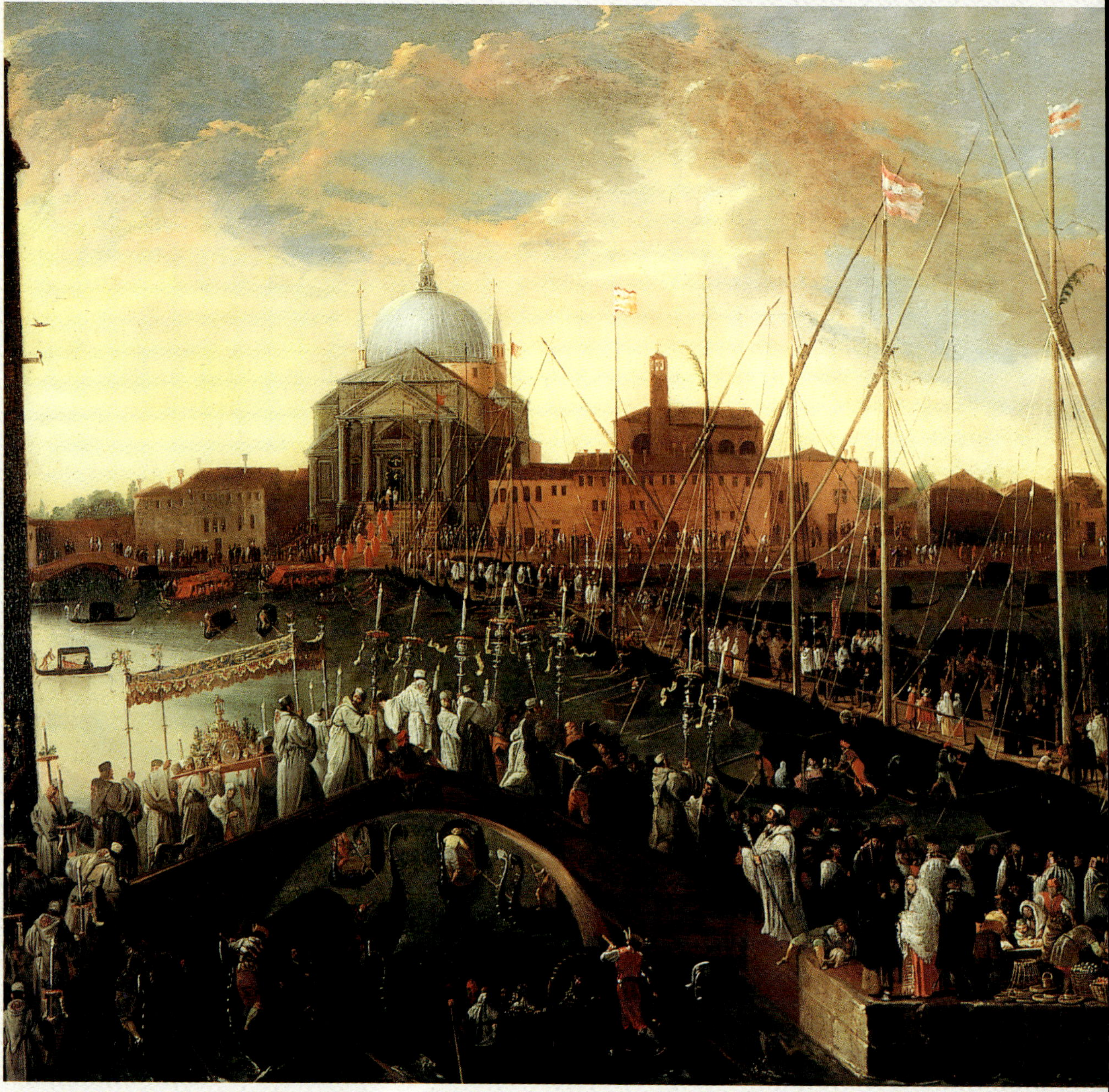

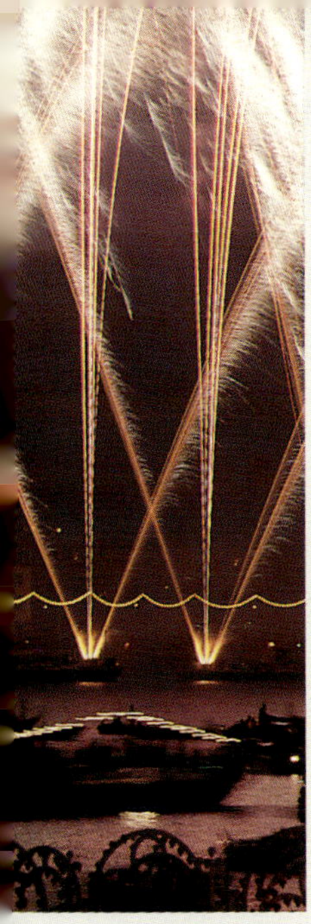
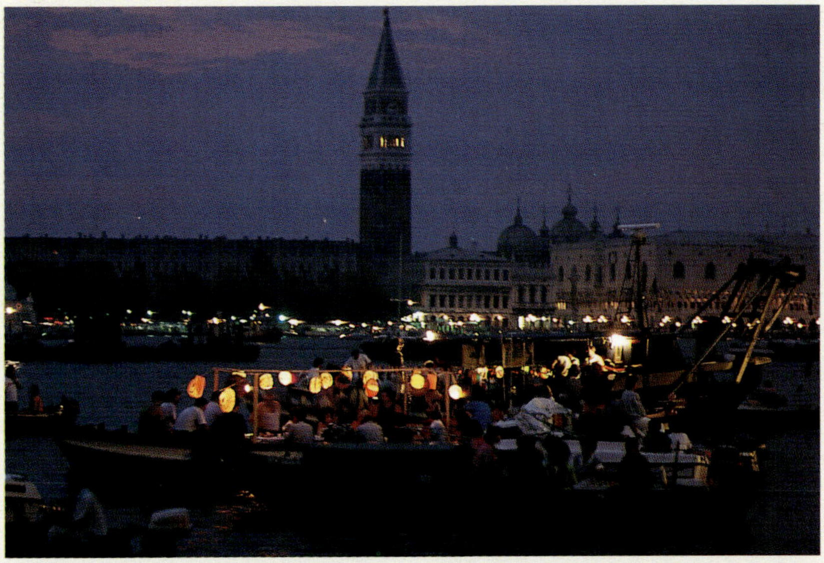

Fuochi artificiali e barche addobbate durante la Festa del Redentore.

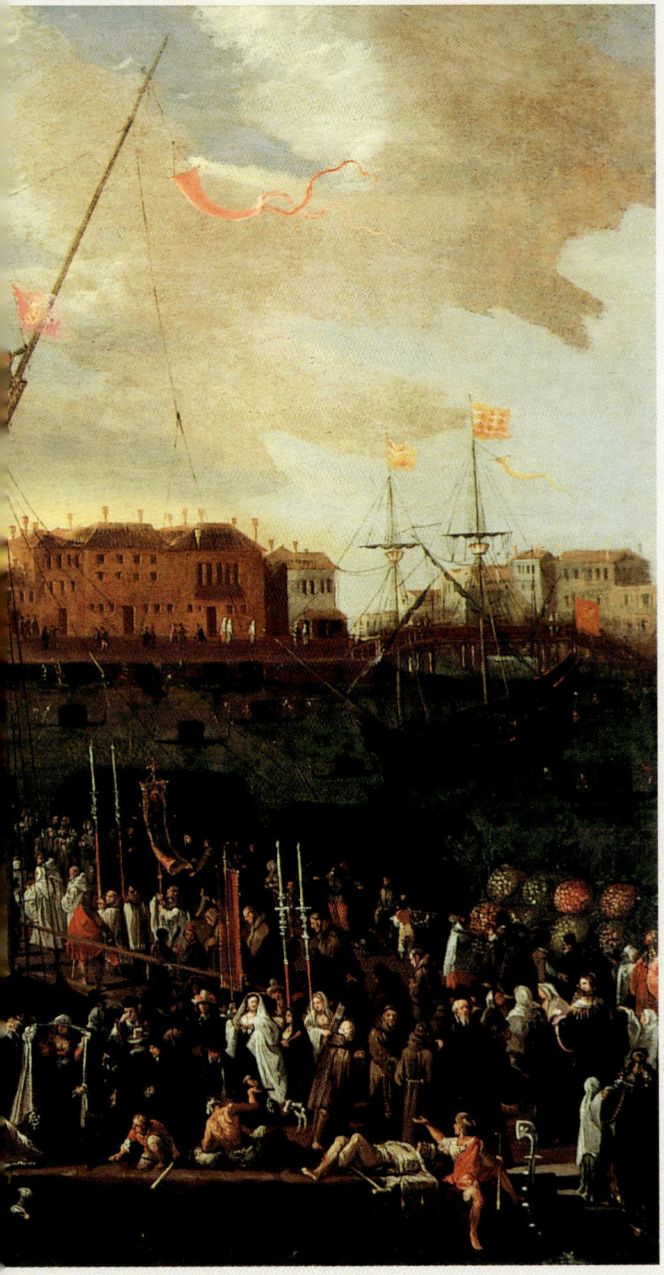
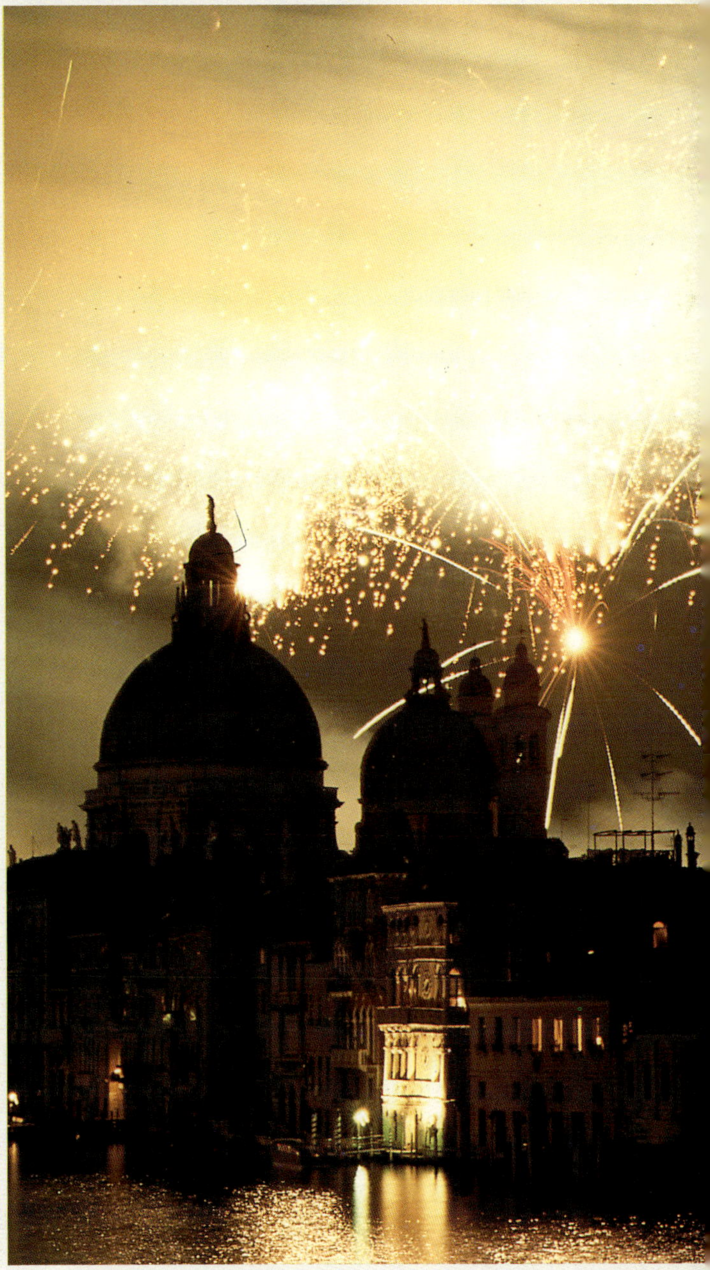

San Polo e Santa Croce

I sestieri di San Polo e Santa Croce delimitano la parte della città che dal ponte di Rialto si estende fino al terminal automobilistico di piazzale Roma. Il cuore di San Polo sono i grandi mercati ai piedi del ponte di Rialto, che da sempre si sono tenuti qui, il centro commerciale della città.
Il ponte di Rialto, infatti, era stato realizzato con un'altezza tale da permettere il passaggio delle galere che provenivano dal bacino di San Marco e percorrevano tutto il Canale per giungere qui con i loro carichi. Seminascosta dai banchi della frutta ai piedi del ponte, si trova la chiesa di **San Giacometto**, unica sopravvissuta a un grande incendio scoppiato nel 1514 che aveva raso al suolo la zona. La chiesa, che per tradizione è ritenuta la più antica della città, riporta sulla facciata un grande orologio di epoca quattrocentasca. Un'iscrizione in latino sull'abside esterna lega la chiesa alle attività commerciali che si svolgevano intorno ad essa. Ricorda infatti ai mercanti l'onestà e la lealtà nei contratti. Di fronte alla chiesa di San Giacometto, ai piedi del ponte di Rialto, si trova la statua del cosiddetto "Gobbo di Rialto" che sostiene la scaletta d'accesso alla colonna del Bando. Da qui venivano proclamate leggi e sentenze.

La facciata della chiesa di San Giacometto.

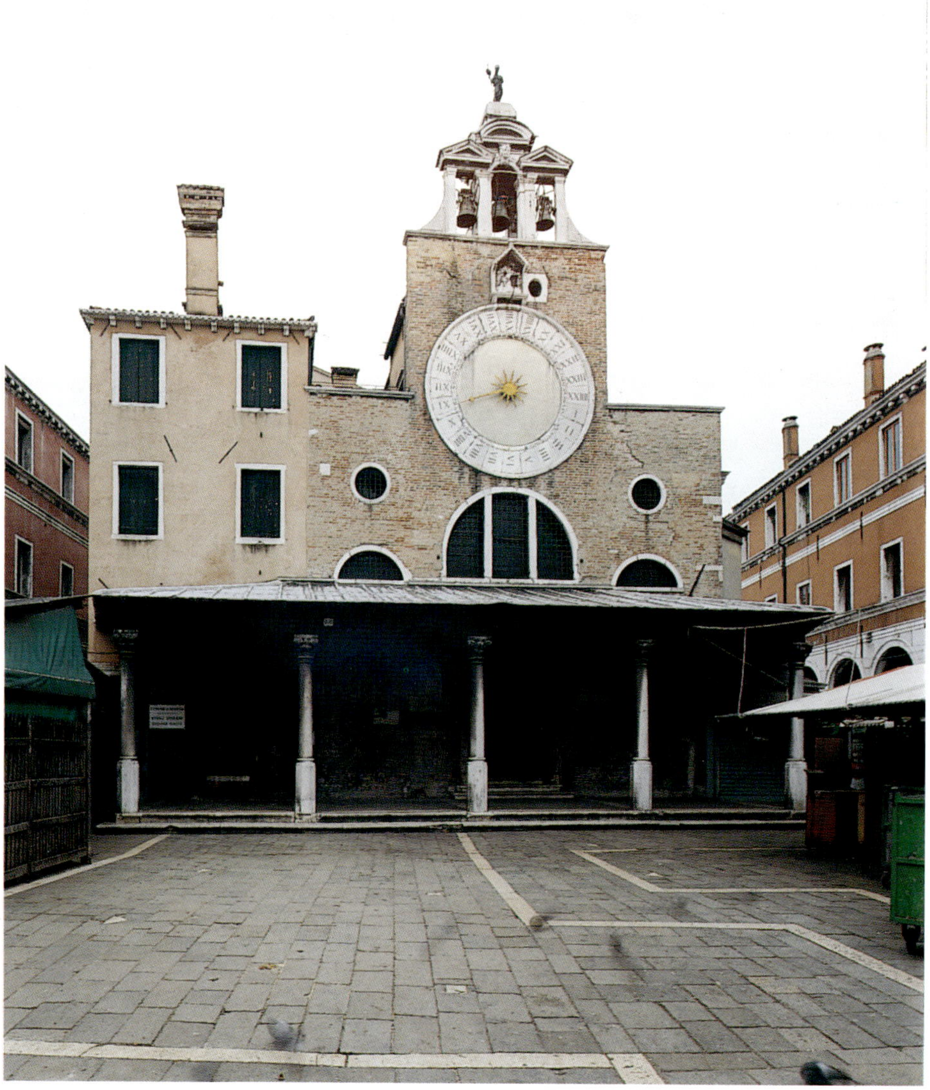

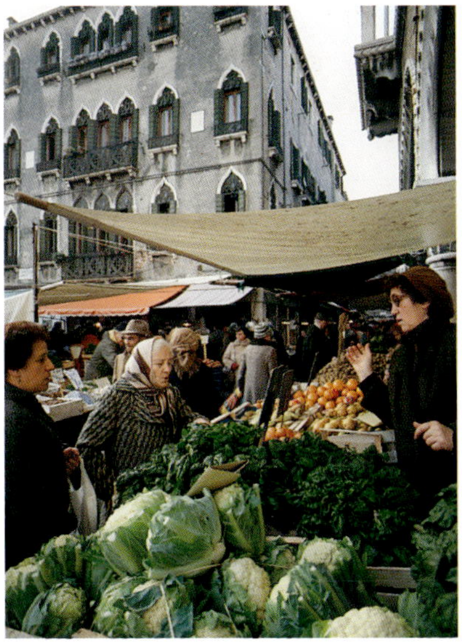

Mercato della frutta a Rialto.

Mercato del pesce a Rialto.

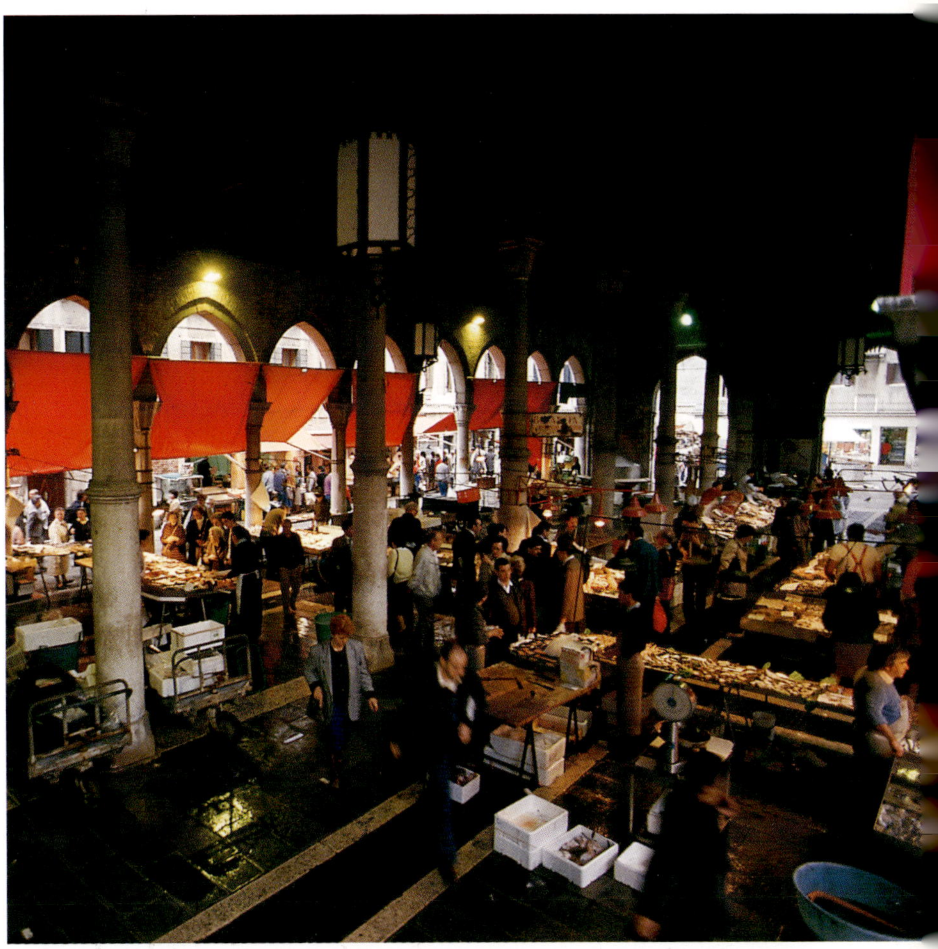

Mercato del pesce a Rialto (particolare).

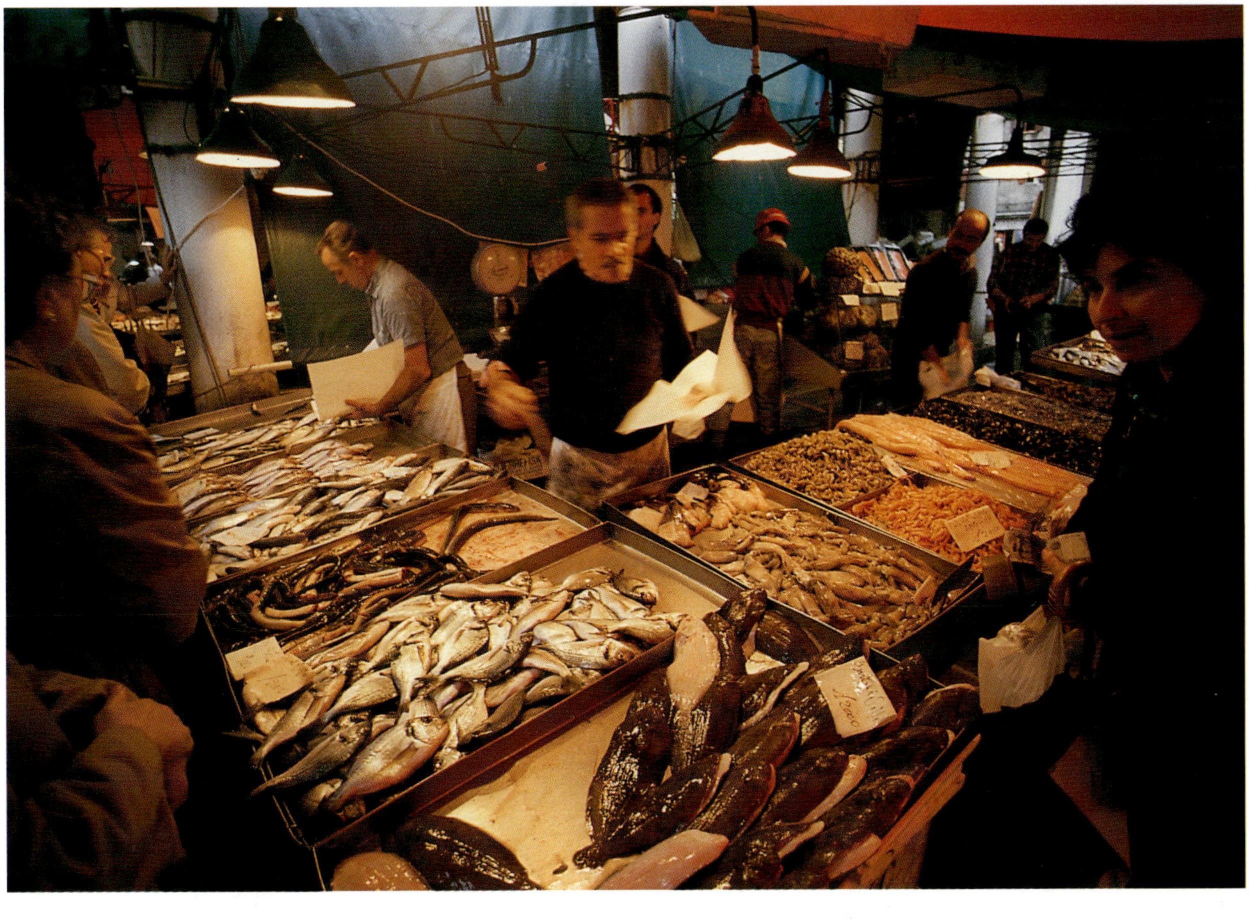

Santa Maria Gloriosa dei Frari

La chiesa di **Santa Maria Gloriosa dei Frari**, il secondo grande complesso monumentale della città dopo quello di piazza San Marco, è un imponente edificio e assieme alla basilica dei Ss. Giovanni e Paolo è il massimo esempio di architettura gotica religiosa a Venezia. Iniziata nel Trecento, venne completata dopo quasi un secolo. La slanciata facciata in mattoni è adornata da una serie di edicolette e da un gioco sapiente di archi e lesene. L'interno è talmente ricco di capolavori da rendere la chiesa simile a un museo. L'opera più bella è indubbiamente l'*Assunta* di Tiziano; il dipinto sull'altare maggiore, domina la basilica e attira subito l'attenzione dei visitatori che, entrando dall'ingresso principale, la vedono incorniciata dall'arco che introduce al coro ligneo. Quest'ultimo è una delle meraviglie di questa chiesa: tre ordini di posti con 124 stalli decorati con scene di vita dei santi e di vita veneziana.

Un altro capolavoro di Tiziano è la *Pala Pesaro* sull'altare della famiglia Pesaro.

Sono però da vedere anche il monumento funebre ad Antonio Canova, progettato in un primo tempo dallo scultore per Tiziano e, nella sagrestia, uno splendido trittico di Giovanni Bellini, raffigurante la *Madonna in trono con Bambino e santi*.

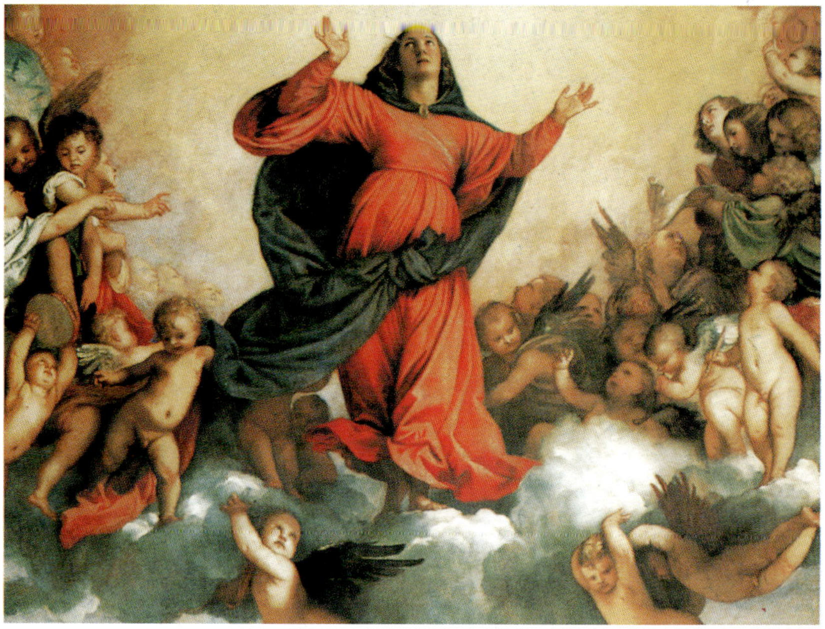

In alto
Tiziano, l'Assunta. Chiesa dei Frari.

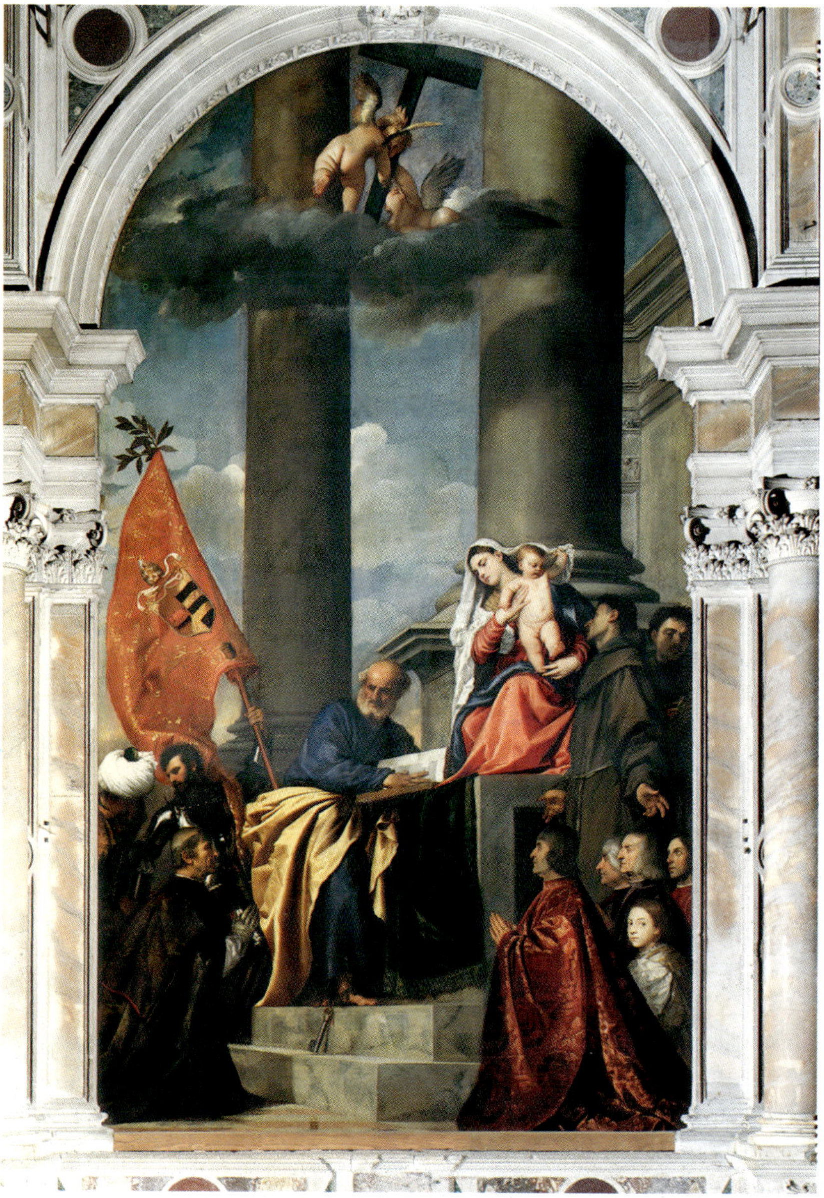

A fianco
Tiziano, Pala Pesaro, Chiesa dei Frari.

Alla pagina accanto
Il complesso monumentale della chiesa dei Frari.

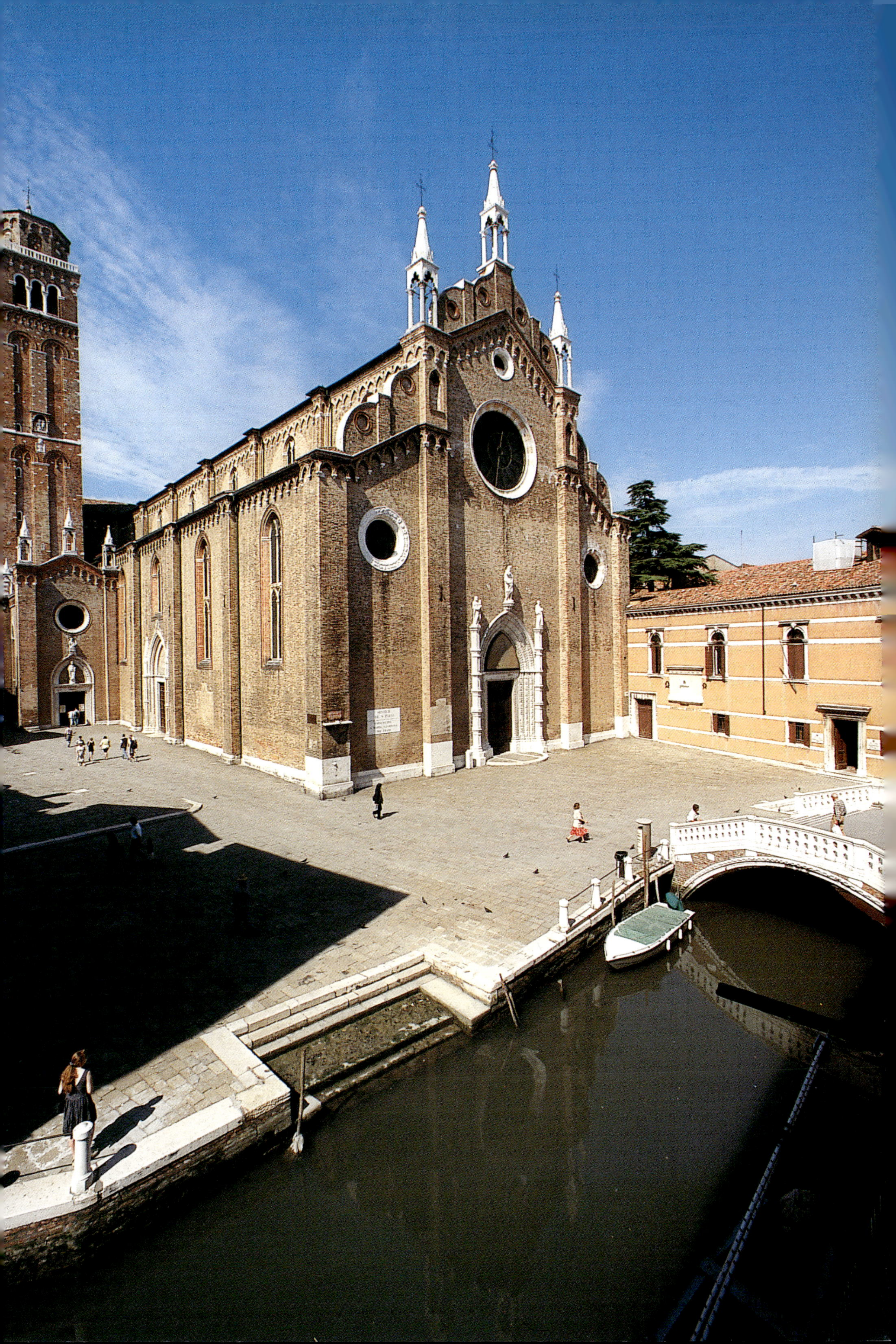

La Scuola Grande di San Rocco

La **Scuola Grande di San Rocco**, conosciuta perché conserva un intero ciclo di opere di Jacopo Tintoretto, è una delle tante Scuole di devozione presenti a Venezia, gestite da confraternite laiche e dedicate alla venerazione di un santo, con funzioni spirituali, sociali e caritatevoli. Poiché vi facevano parte persone molto facoltose, spesso venivano decorate e arredate dagli artisti più bravi e rinomati.

L'imponente edificio venne realizzato all'inizio del Cinquecento e subì gli interventi di vari architetti del tempo, mantenendo comunque una propria armonia nei volumi. Comprende due grandi saloni, al piano terreno e al primo piano e la Sala dell'Albergo, sempre al primo piano. Per la decorazione della Sala dell'Albergo, era stato indetto un concorso a cui parteciparono grandi pittori dell'epoca, ma al momento di presentare i bozzetti, Tintoretto aveva già dipinto e sistemato sul posto la tela centrale che piacque molto. Grazie a questo successo, il pittore ebbe l'incarico di decorare anche il resto della Scuola. Sempre per la Sala dell'Albergo, Tintoretto dipinse una grandissima *Crocefissione*; lunga circa dodici metri, è una delle poche opere firmate e datate del maestro (1565). Nel Salone Maggiore sempre al piano superiore, Tintoretto dipinse varie scene dall'Antico e Nuovo Testamento, mentre le otto grandi tele che decorano il salone al piano terreno furono le ultime dipinte per la Scuola e appartengono all'ultimo decennio di attività dell'artista.

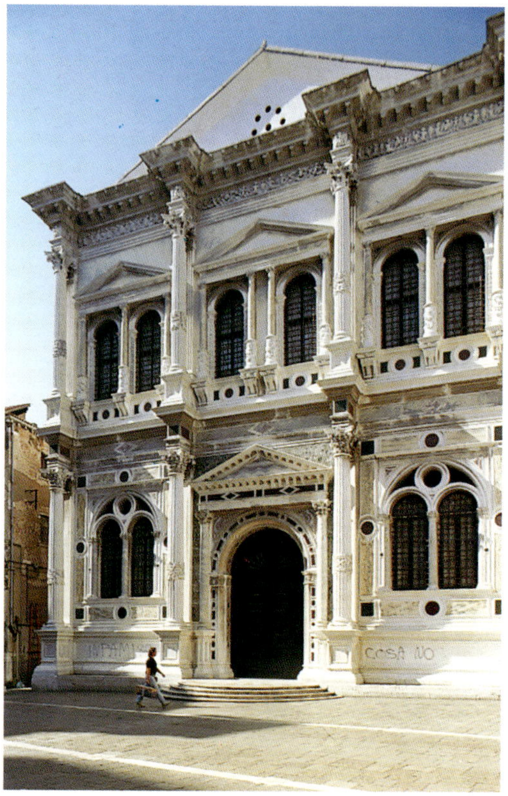

Scuola Grande di San Rocco.

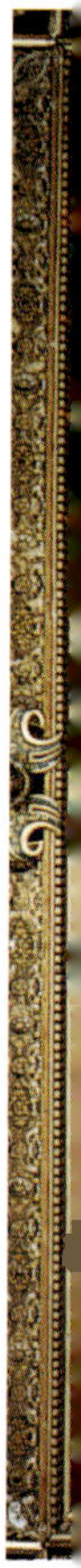

Jacopo Tintoretto, Il castigo dei serpenti. Soffitto della Sala dell'Albergo della Scuola di San Rocco.

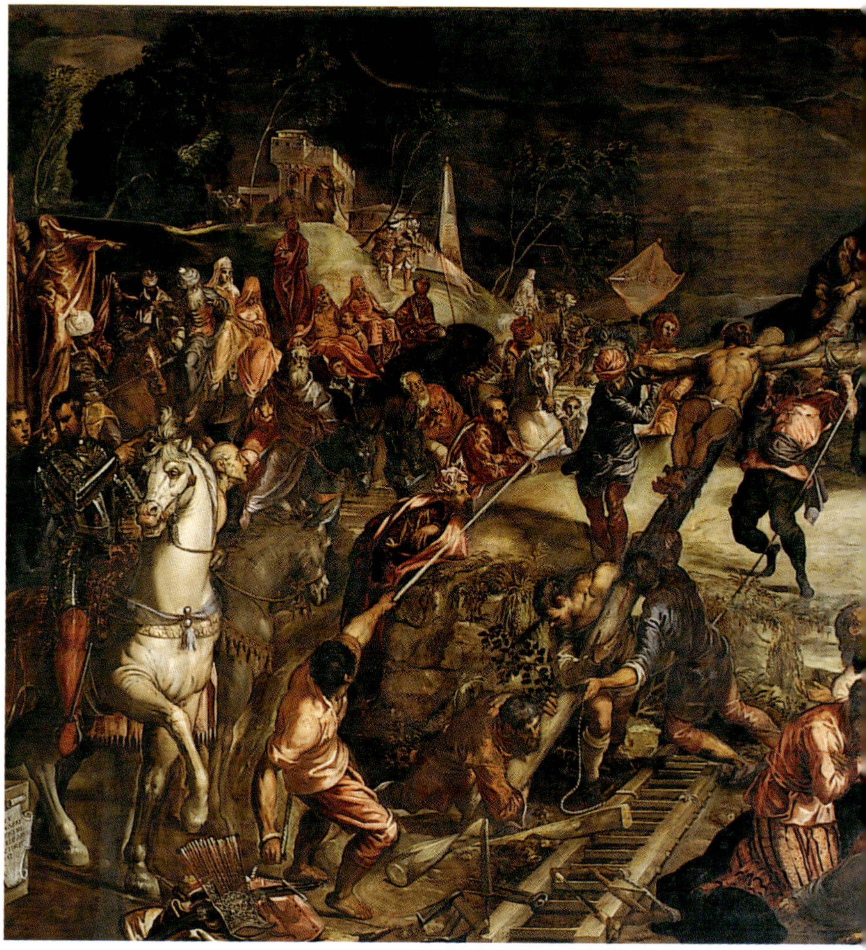

Jacopo Tintoretto, La Crocifissione. Dipinto per la Sala dell'Albergo della Scuola di San Rocco.

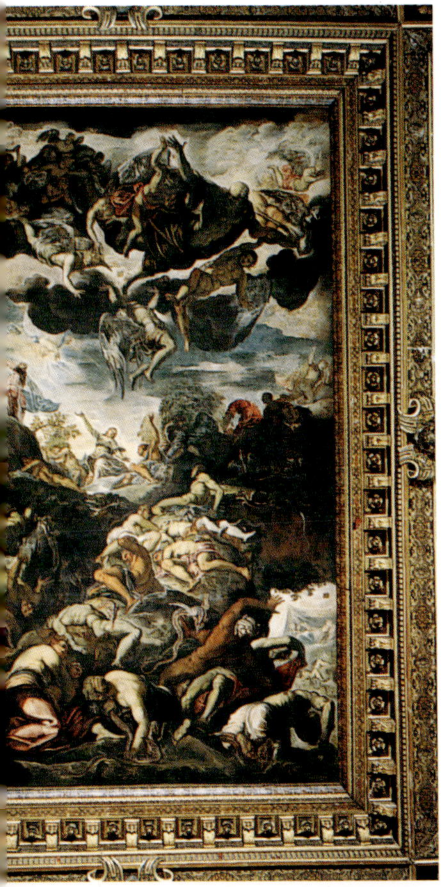

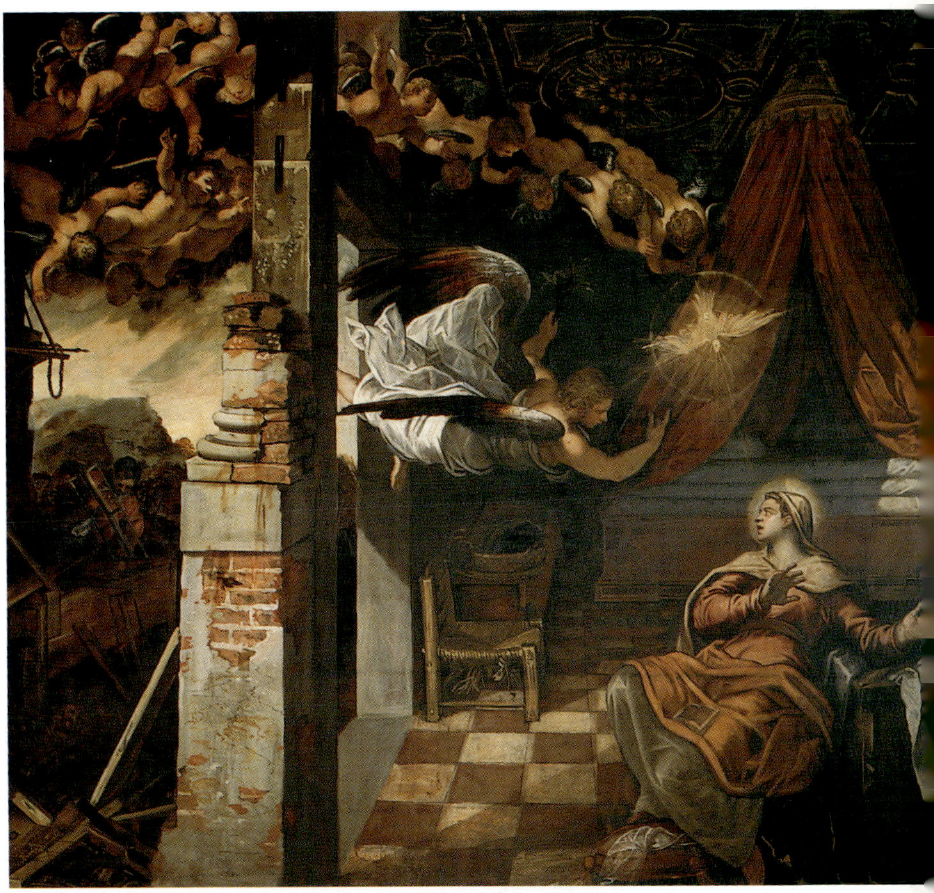

Jacopo Tintoretto, Annunciazione. Dipinto per il piano terreno della Scuola di San Rocco.

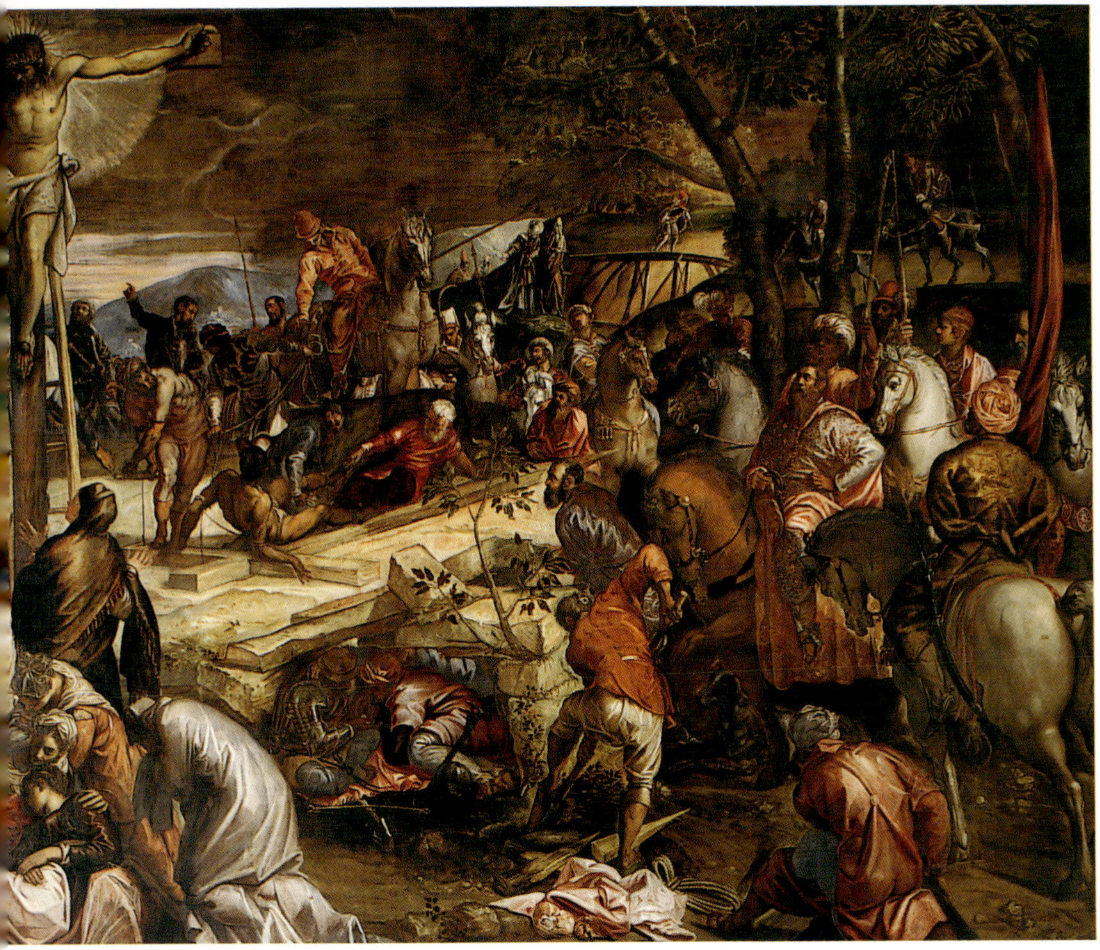

La Scuola Grande di San Giovanni Evangelista

La **Scuola Grande di San Giovanni Evangelista** è un'altra importante Scuola di devozione. Il portale d'accesso ha un aspetto estremamente scenografico, con un'aquila scolpita, simbolo di San Giovanni Evangelista. L'insigne reliquia custodita nella preziosa Croce in argento e cristallo di rocca, finissimo lavoro di oreficeria gotica veneziana, è rimasta invece nell'Oratorio della Scuola.
All'interno, nell'Oratorio, la Scuola conserva una preziosa reliquia della Santa Croce. Le tele con *I miracoli della Croce* di Gentile Bellini e Vittore Carpaccio, che una volta decoravano la sala, sono ora conservate alle Gallerie dell'Accademia. L'elemento che caratterizza architettonicamente la Scuola è invece lo scalone monumentale costruito dal grande architetto Mauro Cadussi. Lo scalone venne costruito per abbellire l'edificio preesistente e nello stesso tempo onorare e glorificare il Reliquiario al piano superiore.

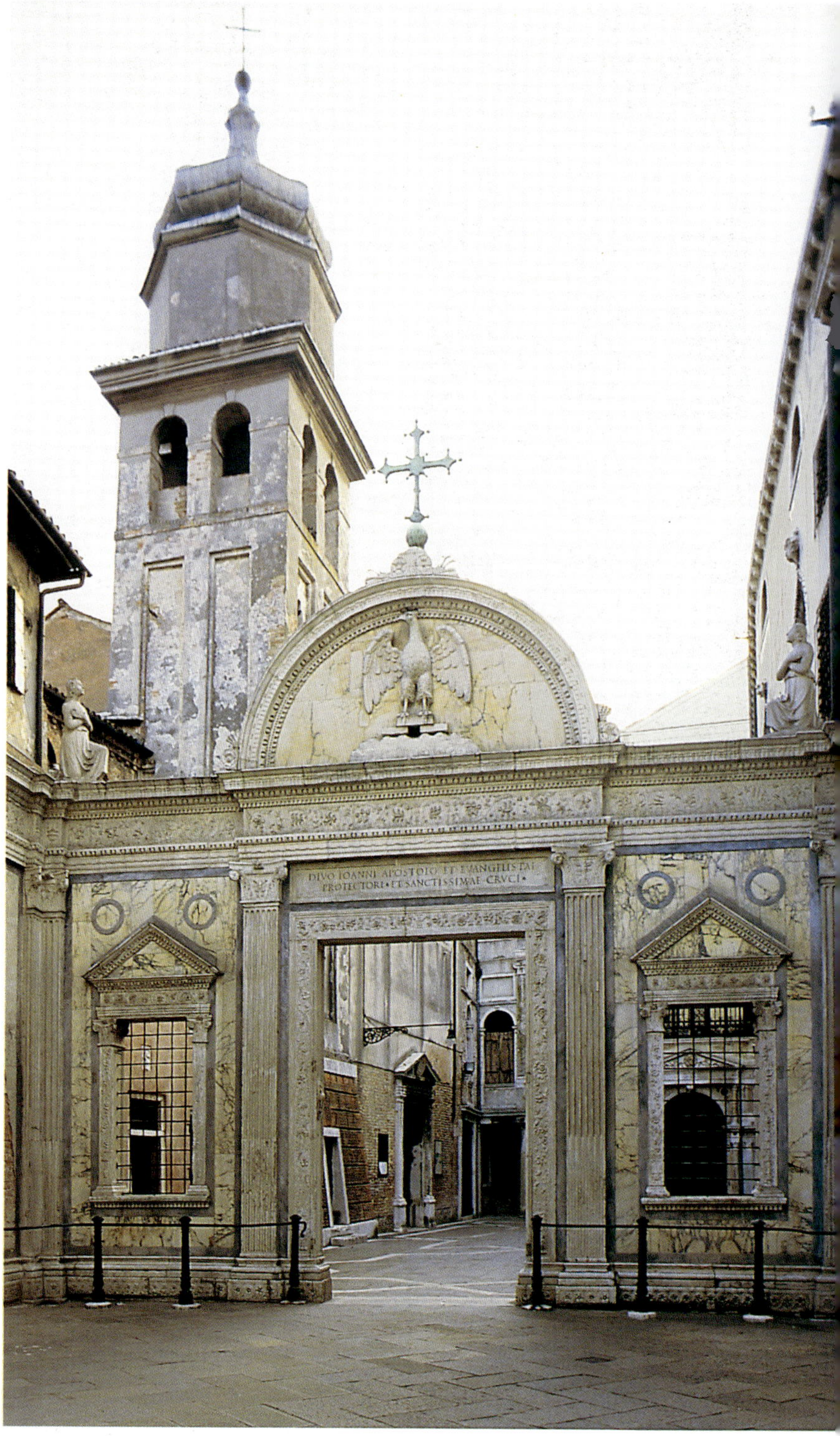

Scuola Grande di San Giovanni Evangelista.

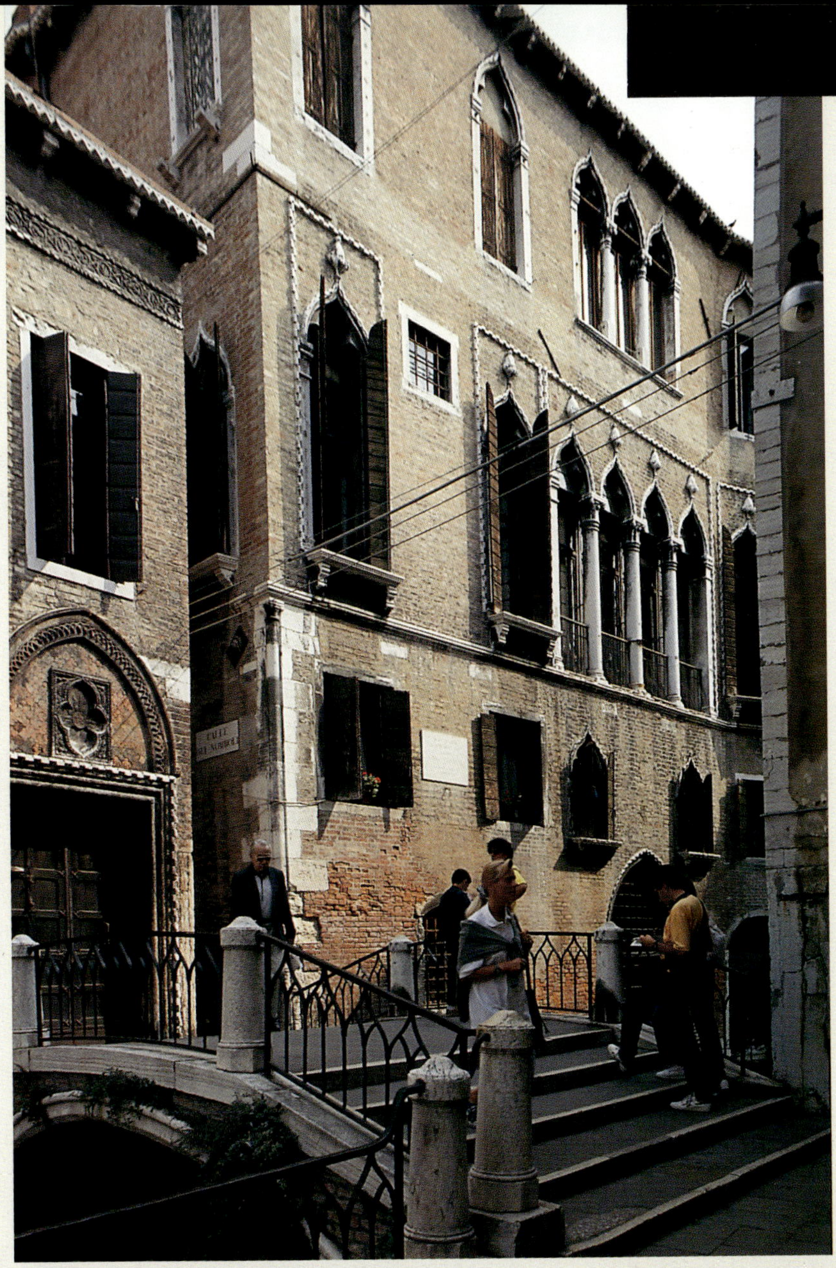

La casa dove nel 1707 nacque il commediografo Carlo Goldoni, dal grazioso cortile e con un'elegante scala scoperta in stile gotico, ospita un centro di studi sul teatro. Goldoni scrisse più di 250 commedie, rendendo famosi i personaggi della Commedia dell'Arte quali Arlecchino, Pulcinella e Colombina. Le sue opere teatrali, in dialetto veneziano, vengono tuttora regolarmente presentate nei campi e campielli della città.

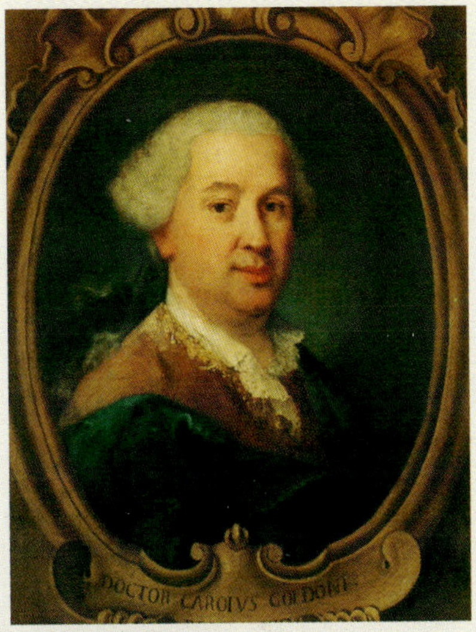

Alessandro Longhi, Ritratto di Carlo Goldoni. Ca' Rezzonico.

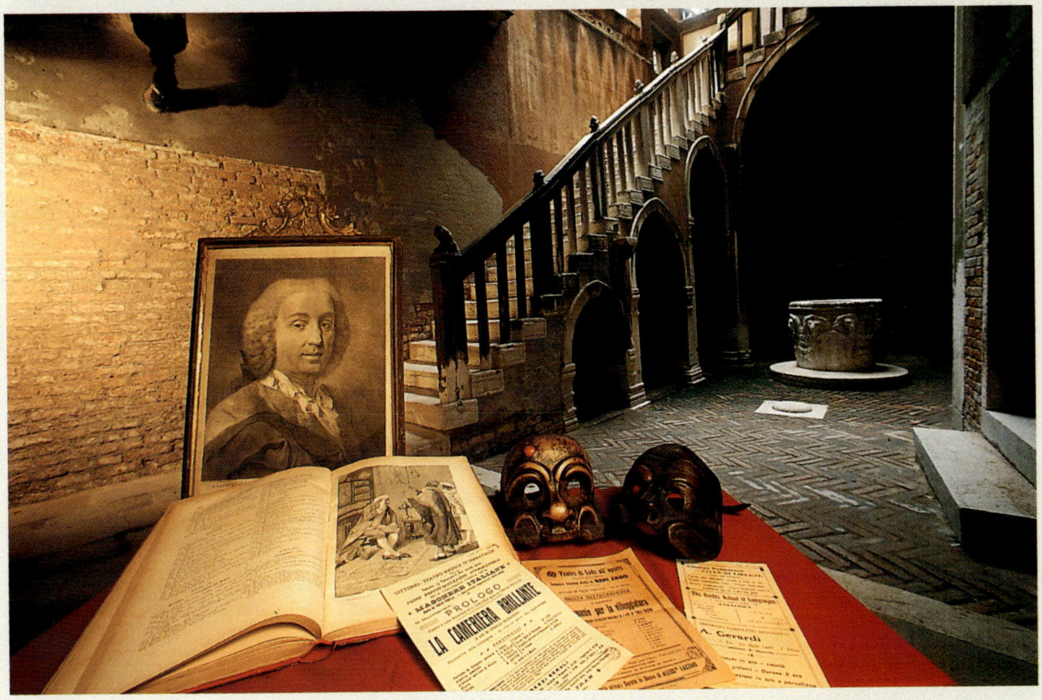

In alto
La facciata della casa di Goldoni.

L'interno della casa di Goldoni.

La laguna

La laguna di Venezia conta più di quaranta isole. Alcune sono ormai completamente abbandonate e gli edifici che vi sorgevano ridotti a ruderi; altre sono abitate da pochissime persone; altre ancora sono famose per le attività artigianali che vi si svolgono. Oltre alle isole più importanti di cui si parla nelle pagine seguenti, alcune località meritano di essere visitate.

San Francesco del Deserto si trova di fronte all'isola di Burano, dalla parte opposta rispetto a Torcello. L'isola ospita un convento di frati con un bellissimo giardino dal quale la vista spazia su tutta questa zona della laguna. La leggenda vuole che San Francesco d'Assisi sia approdato qui nel 1220, al ritorno dal suo viaggio in Terra Santa. Tra il bacino di San Marco e l'isola del Lido, si trova una delle isole della laguna più interessanti da visitare: **San Lazzaro degli Armeni**. Assieme all'isola di San Francesco del Deserto è l'unica ad avere mantenuto l'antica funzione conventuale. Luogo di rara bellezza, ospita il Monastero dei Padri Mechitaristi, con una splendida chiesa, il chiostro e una biblioteca ricchissima di manoscritti e miniature che risalgono sino al IX secolo. Una delle due lunghe e sottili strisce di terra che dividono la laguna di Venezia dal mare aperto dà origine al **Lido**. Questa isola ricevette un forte impulso allo sviluppo turistico all'inizio del secolo quando vennero costruiti i due Grand Hotels Des Bains ed Excelsior. Alla fama del Lido contribuirono lo scrittore tedesco Thomas Mann che qui ambientò il suo libro *La Morte a Venezia* (1912) e la trasposizione cinematografica del racconto del regista Luchino Visconti. Il Lido fu ulteriormente rilanciato negli anni Trenta grazie alla Mostra Internazionale del Cinema, che tuttora si svolge qui ogni anno, alla fine del mese di agosto.

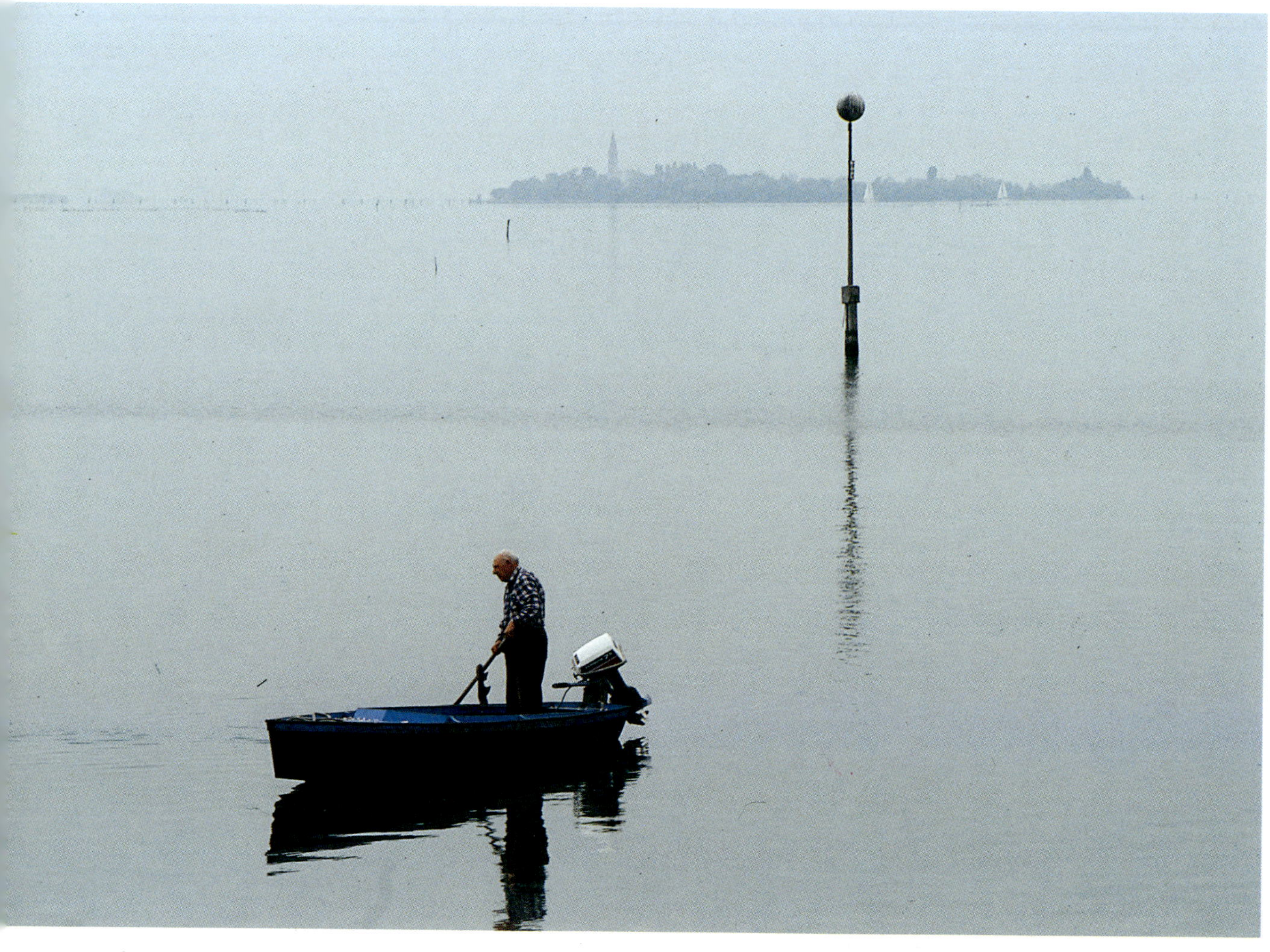

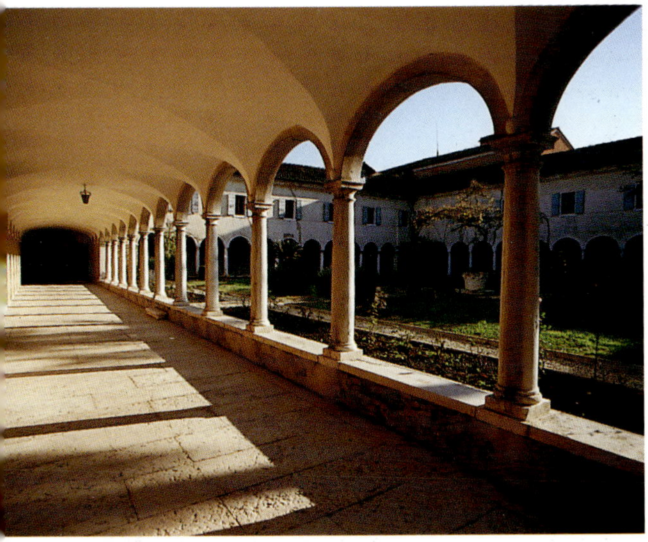

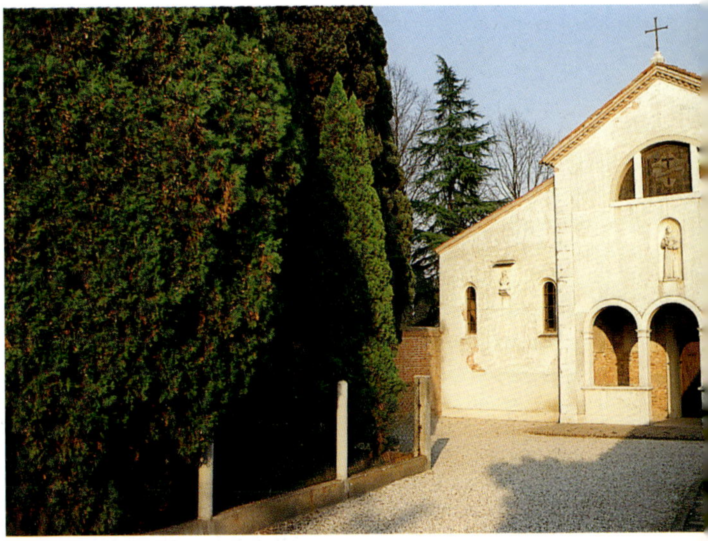

In alto,
Il chiostro di San Lazzaro degli Armeni (a sinistra) e *San Francesco del Deserto* (a destra).

A fianco e alla pagina accanto *Due immagini della laguna.*

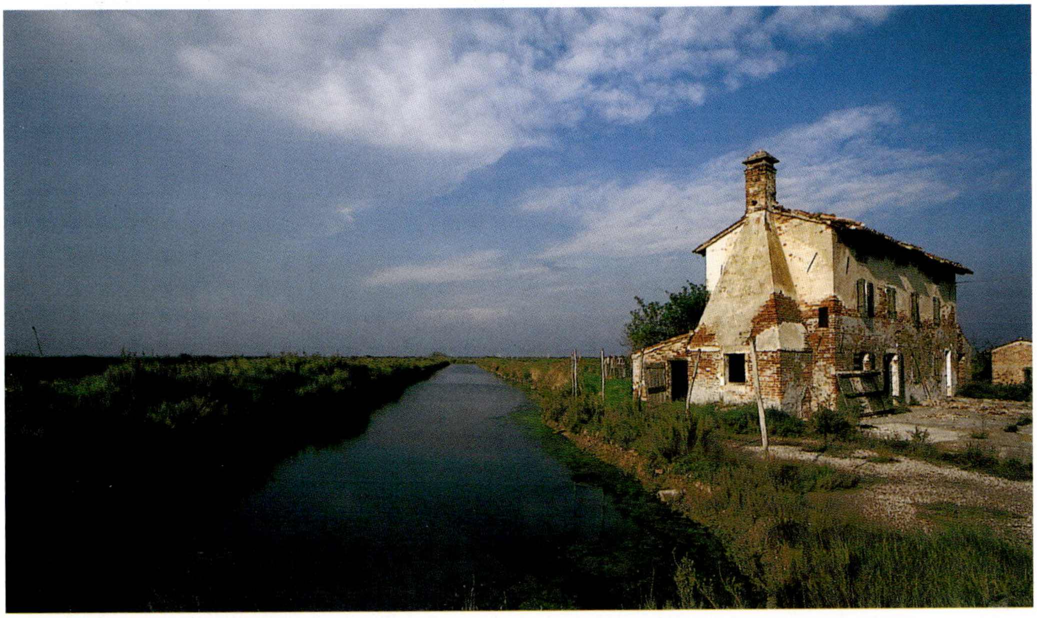

San Lazzaro degli Armeni: la stanza di Lord Byron, che soggiornò più volte sull'isola.

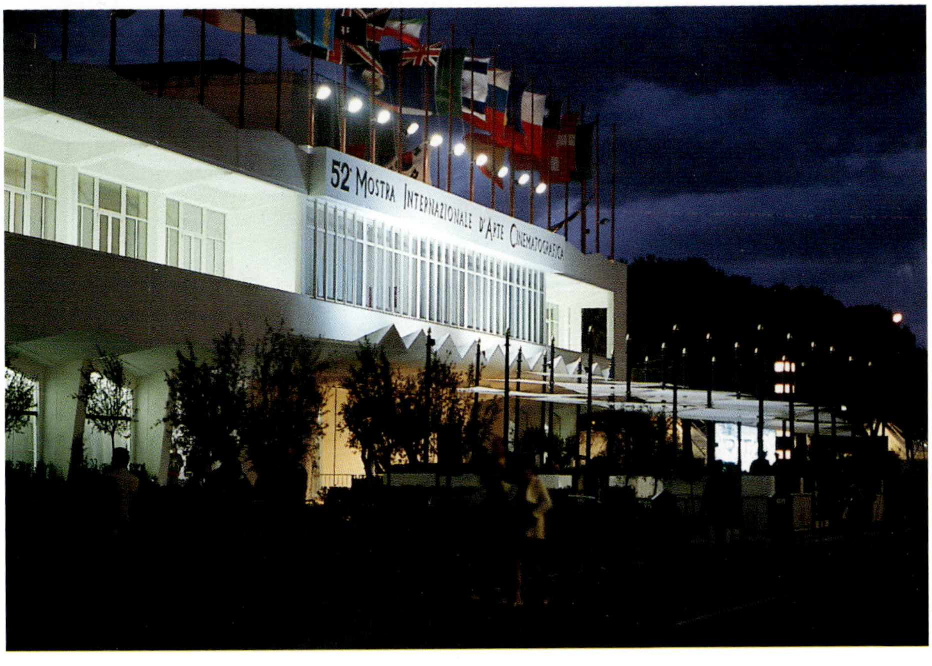

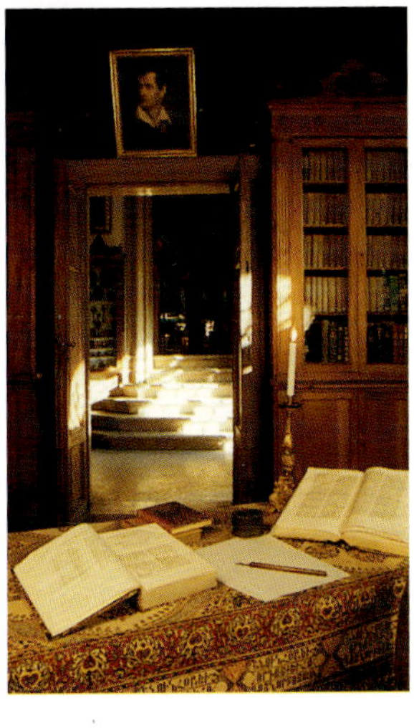

Il Lido: Palazzo del Cinema.

Murano

È conosciuta in tutto il mondo per essere “l’isola del vetro”. La forma di questo centro urbano è molto simile a quella di Venezia: tante isolette sono collegate da ponti e si raggruppano attorno a un ampio canale. Murano offre anche un’affascinante attrattiva architettonica, la **chiesa dei Santi Maria e Donato**, del XII secolo. La parte più curiosa della chiesa è l’abside, rivolta verso il Canale di San Donato, vera “strada” di accesso al complesso per i pellegrini medievali e i mercanti che sbarcavano dall’acqua. Un fantasmagorico susseguirsi di archi, nicchie, colonne e inserti in marmo bianco, contrasta vivacemente con il resto dell’edificio in mattone rosso e con la facciata dalle linee più semplici e pulite.

Chiesa dei Santi Maria e Donato.

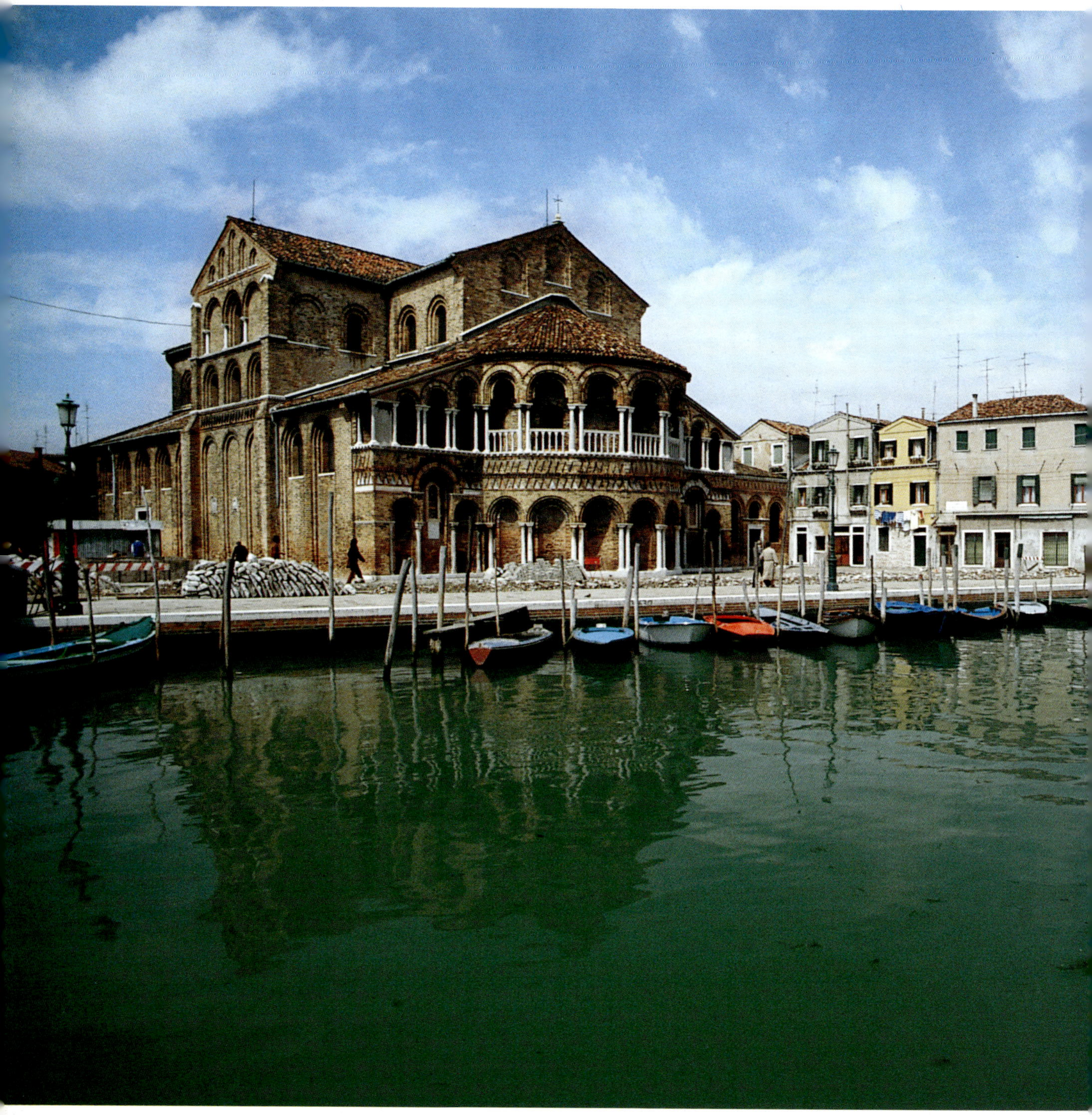

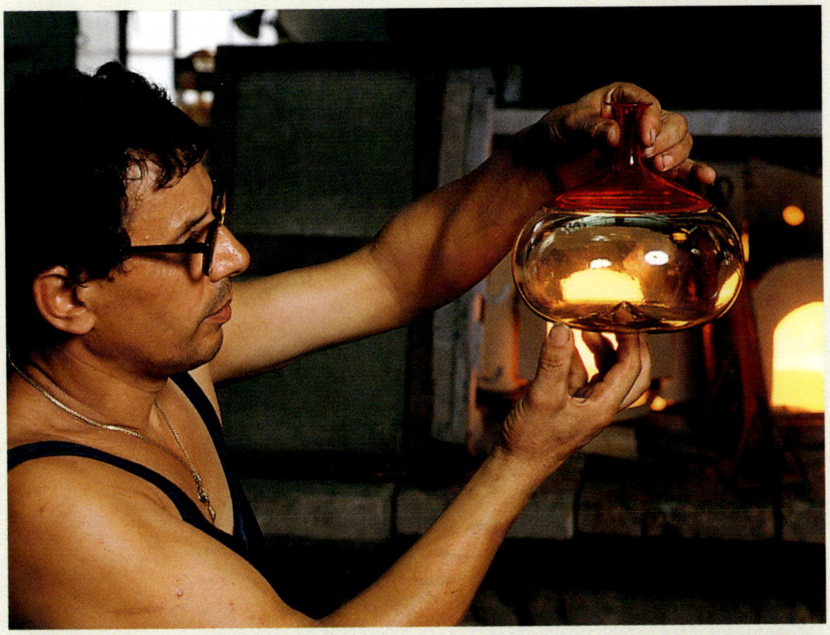

Un tempo l'arte del vetro si svolgeva nel centro storico di Venezia, ma dopo l'ennesimo grave incendio causato dalle altissime temperature necessarie per fondere i materiali nei forni, nel 1291 i vetrai ebbero l'ordine di trasferirsi fuori città. Venne fatta eccezione per quelli che avevano i forni più piccoli, che però dovevano essere distanti almeno cinque passi, in tutte le direzioni, dalle case più vicine. E così i vetrai si trasferirono a Murano, isolata, ma a poca distanza da Rialto, il centro dei traffici e dei commerci della città.
La corporazione dei vetrai era fortissima e godeva di privilegi particolari perché fonte di grandi guadagni per Venezia. Le figlie dei maestri vetrai avevano, per esempio, il permesso di accasarsi con i nobili veneziani.
Murano è sede di importantissime vetrerie e diverse fornaci sono aperte al pubblico per dimostrazioni gratuite della lavorazione del vetro. Merita una visita anche il **Museo d'Arte Vetraria**, che ospita una ricca collezione di oggetti molto antichi tra cui la Coppa Barovier, del XV secolo, forse il più celebre esempio di coppa nuziale.

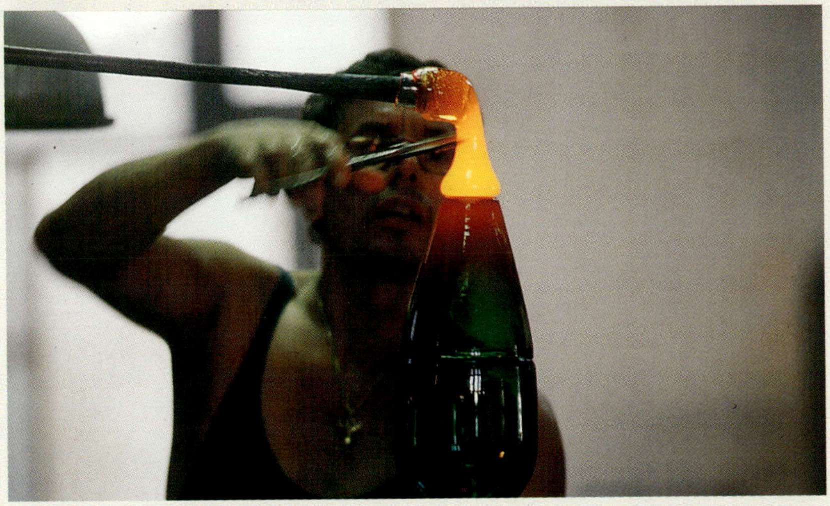

Due momenti della suggestiva lavorazione del vetro.

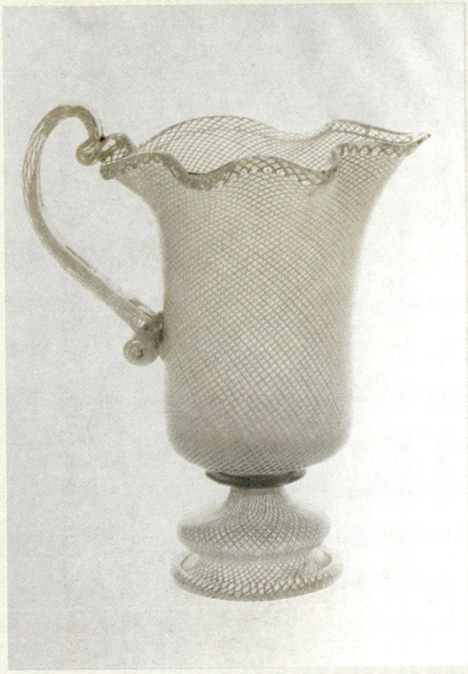

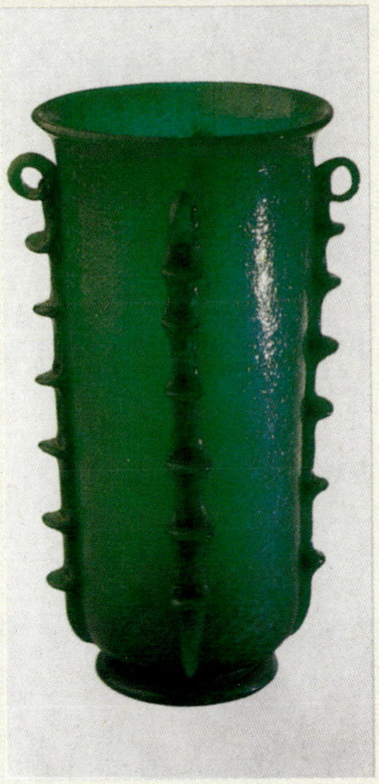

Oggetti del Museo d'Arte Vetraria di Murano.
A sinistra
brocca in filigrana "a reticello", XVI secolo.
A destra
vaso di vetro, disegno Napoleone Martinuzzi, esecuzione Venini & C., 1926-30.

Burano

Burano è senz'altro l'isola più pittoresca della laguna. Non possiede grandi opere di carattere architettonico, ma le case con le facciate dagli allegri colori, il mercato del pesce, l'arte del merletto, i dolcetti "esse" e "buranelli", la rendono un luogo da visitare assolutamente.
La leggenda narra che le case di Burano sono da sempre dipinte in toni così accesi perché in questo modo i pescatori potevano riconoscere la propria al ritorno dalle battute di pesca tra le nebbie autunnali. Anche oggi le case vengono ridipinte ogni anno e i differenti colori ne distinguono rigorosamente le diverse proprietà.
La lavorazione del merletto con l'ago da cucire, caratteristica dell'isola, si sviluppò già all'inizio del Cinquecento. Presto la sua fama si diffuse in tutta Europa, in particolare per l'invenzione del "punto in aria", così chiamato perché delicato e leggerissimo. Ora il vero merletto di Burano è un lusso che pochi si possono concedere, basti pensare che realizzare una tovaglia richiede dieci merlettaie e più di un anno di lavoro.

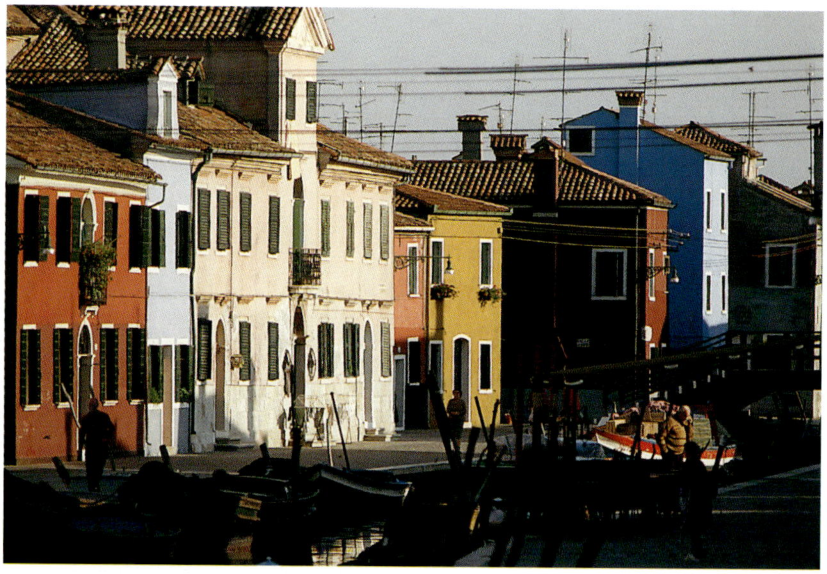

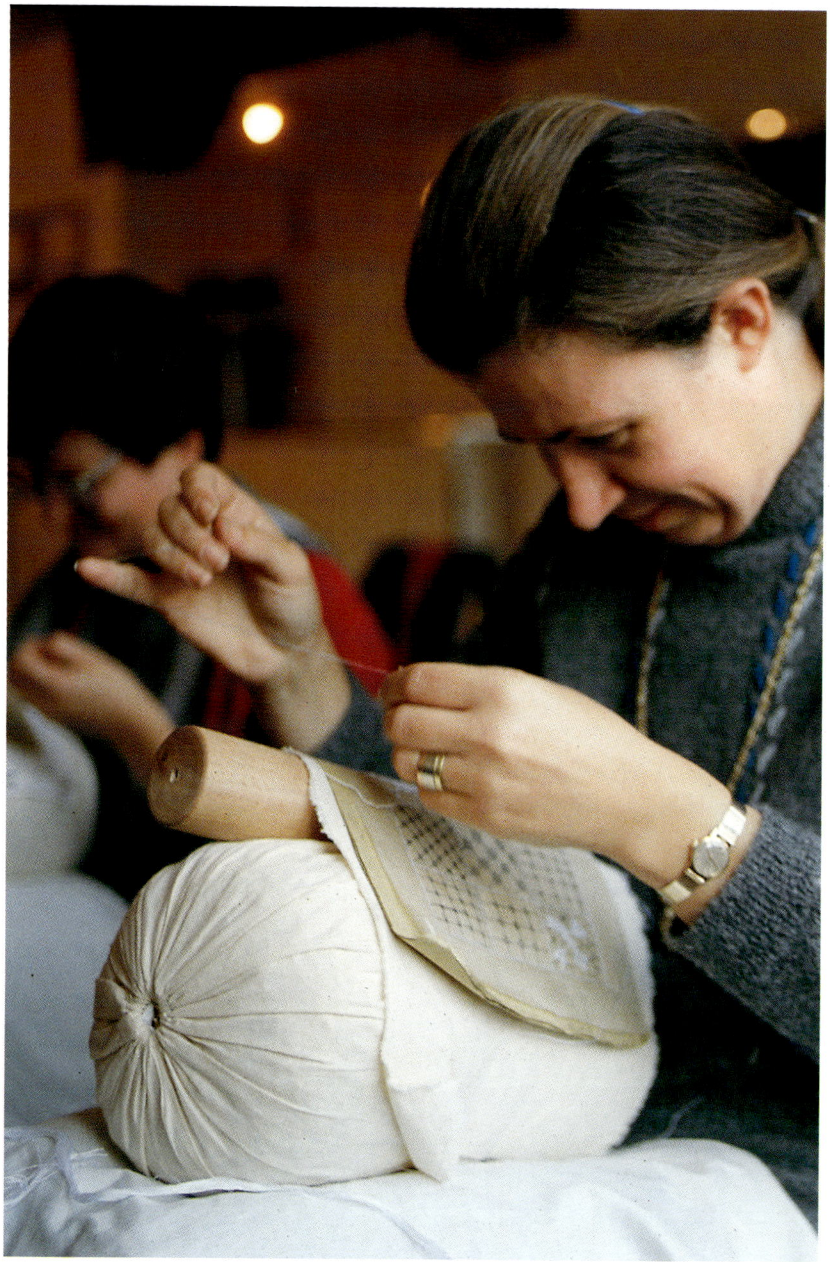

In alto
Le case colorate di Burano.

L'arte del merletto a Burano.

Torcello

Giungendo da Burano, vivace, chiassosa e colorata, ciò che colpisce di più di Torcello, abitata da meno di cinquanta persone, è il silenzio e la pace che vi regnano. Eppure un tempo era una delle isole più importanti della laguna. Pare che questo centro sia stato fondato dagli abitanti di Altino, che vivevano più a Nord dopo la fuga dalle invasioni barbariche degli Unni. Testimonianza dell'antico splendore sono la **cattedrale di Santa Maria Assunta**, i resti del **battistero** e la **chiesa di Santa Fosca**.

In base a un'iscrizione all'interno, la cattedrale è datata all'anno 639. In questo caso si tratterebbe del più antico monumento veneziano anche se importanti rifacimenti avvennero a cavallo dell'anno Mille. Una botola permette di vedere ciò che resta del pavimento originario, a un livello molto più basso di quello attuale. L'intera controfacciata è occupata da un enorme mosaico ornamentale del XII secolo, raffigurante il *Giudizio Universale*. L'opera si legge dall'alto verso il basso e si articola in sei diversi momenti; dalla Crocifissione di Cristo si scende fino al Limbo dove gli eletti sono separati dai dannati. Nel giardino si trova il cosiddetto **Trono di Attila**, il re degli Unni. Molto più probabilmente questo seggio in marmo veniva usato dai tribuni per giudicare. Accanto al complesso monumentale si trova la famosa Locanda Cipriani, ora solo ristorante, celebre per avere ospitato re, regine e capi di Stato da tutto il mondo. Qui, nel 1948, Ernest Hemingway si ritirò per scrivere alcuni capitoli del romanzo intitolato *Di là dal fiume e tra gli alberi*.
Lungo il canale che collega la zona monumentale con la laguna, si può vedere il ponte del Diavolo. Questo ponte senza sponde, come un tempo erano tutti i ponti di Venezia, si racconta sia stato costruito in una sola notte.

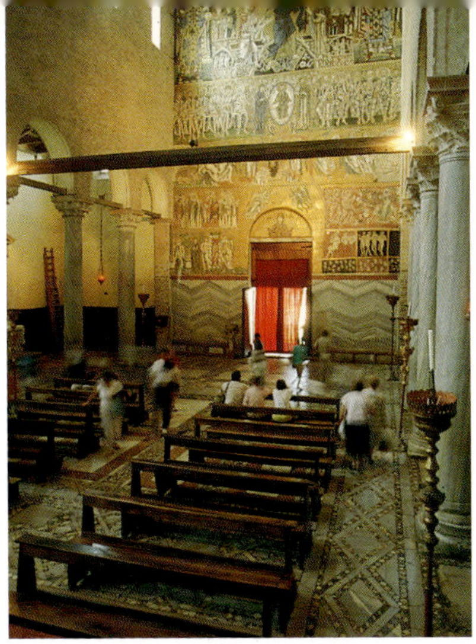

Torcello: l'interno della cattedrale.

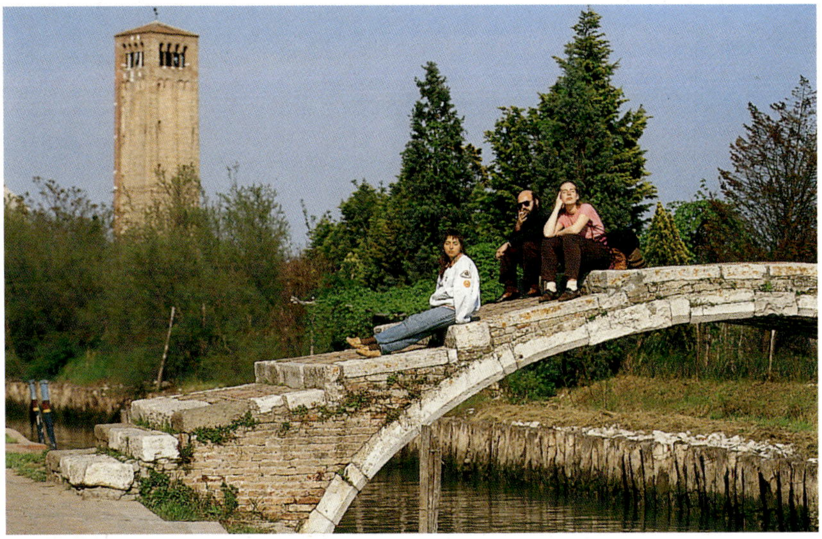

Torcello: il ponte del Diavolo.

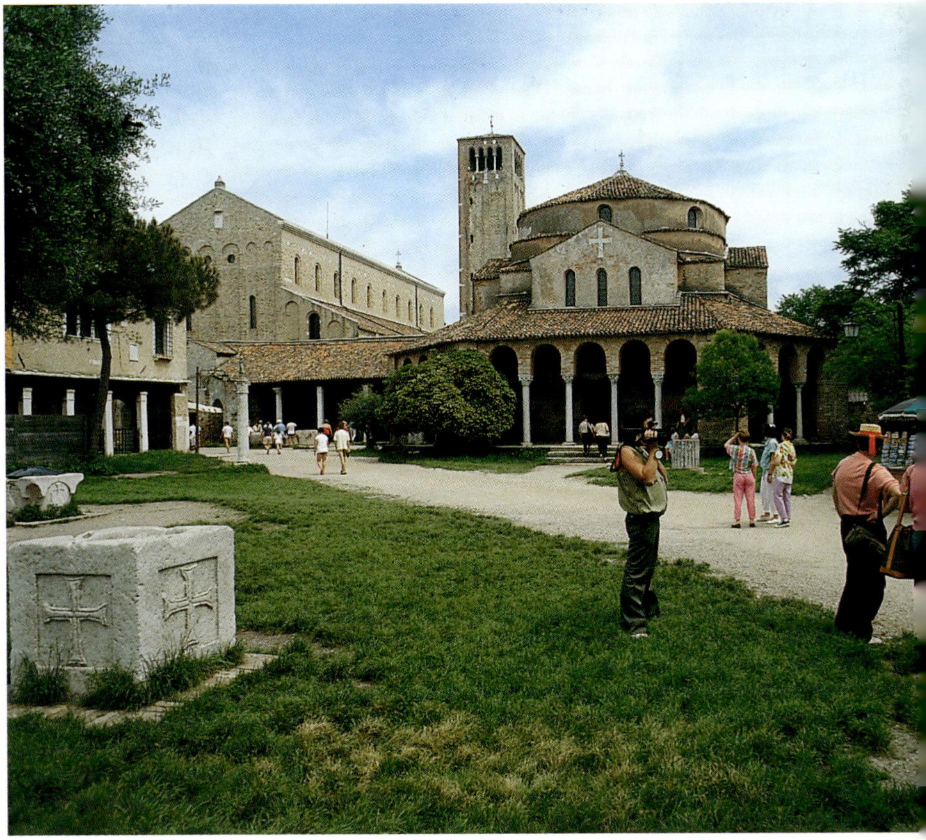

Torcello: Santa Fosca.

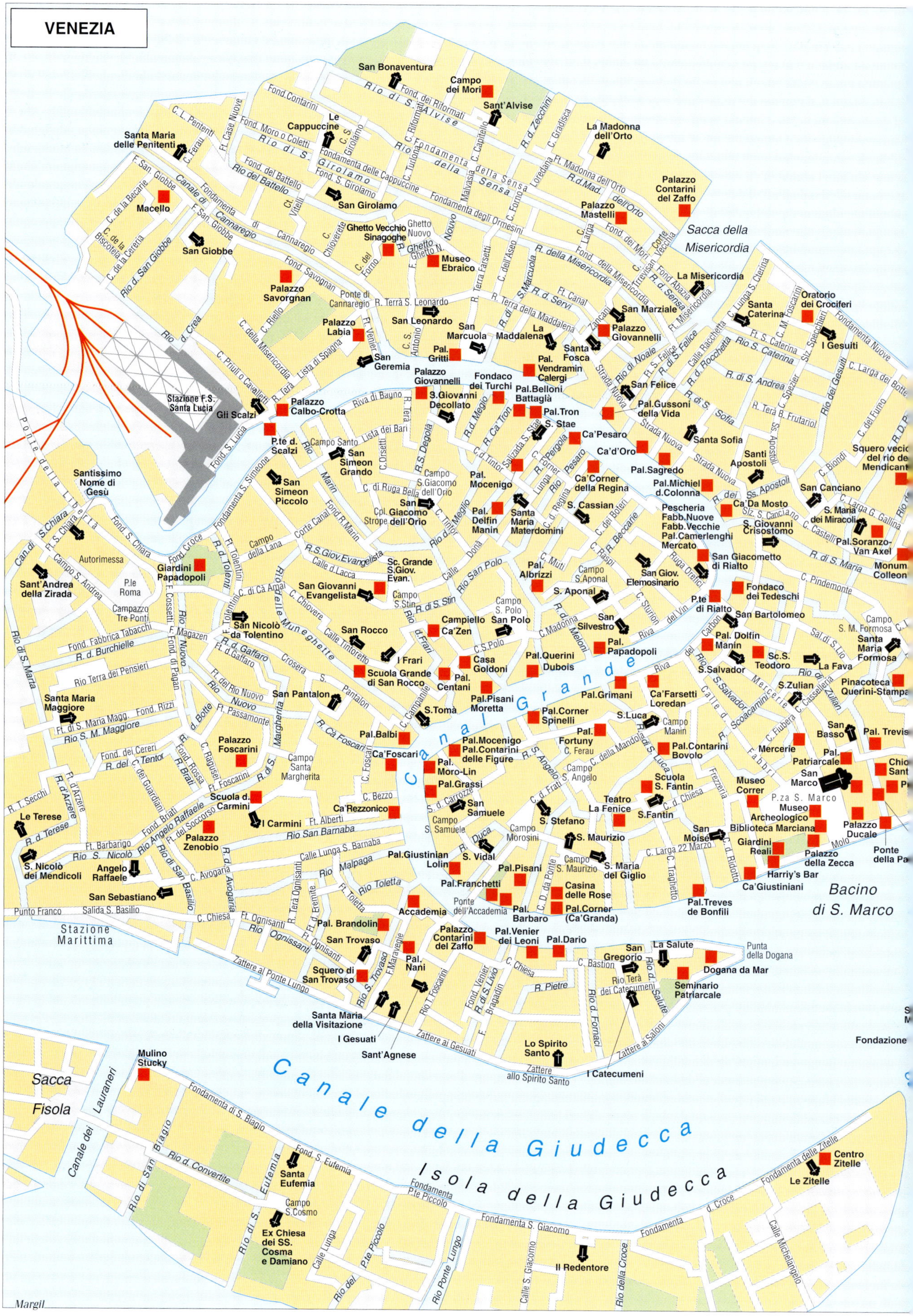
VENEZIA
San Bonaventura
Campo dei Mori
Sant'Alvise
La Madonna dell'Orto
Palazzo Contarini del Zaffo
Sacca della Misericordia
Santa Maria delle Penitenti
Le Cappuccine
Macello
San Giobbe
San Girolamo
Palazzo Mastelli
Ghetto Vecchio Sinagoghe
Museo Ebraico
Palazzo Savorgnan
La Misericordia
Oratorio dei Crociferi
Santa Caterina
San Marziale
Palazzo Giovannelli
I Gesuiti
San Leonardo
Palazzo Labia
San Geremia
San Marcuola
La Maddalena
Santa Fosca
Pal. Gritti
Pal. Vendramin Calergi
Stazione F.S. Santa Lucia
Gli Scalzi
Palazzo Calbo-Crotta
Palazzo Giovannelli
Fondaco dei Turchi
Pal.Belloni Battaglia
S.Giovanni Decollato
Pal.Tron
S. Stae
San Felice
Pal.Gussoni della Vida
P.te d. Scalzi
San Simeon Grando
San Simeon Piccolo
Ca'Pesaro
Ca'd'Oro
Santa Sofia
Santi Apostoli
Pal.Sagredo
Pal.Mocenigo
Ca'Corner della Regina
Pal.Michiel d.Colonna
San Canciano
Squero vecio del rio de Mendicant
Santissimo Nome di Gesù
San Giacomo dell'Orio
Santa Maria Materdomini
Pal. Delfin Manin
S. Cassian
Ca'Da Mosto
Pescheria Fabb.Nuove Fabb.Vecchie Pal.Camerlenghi Mercato
S.Maria dei Miracoli
S. Giovanni Crisostomo
Pal.Soranzo-Van Axel
Autorimessa
Sant'Andrea della Zirada
P.le Roma
Giardini Papadopoli
Sc. Grande S.Giov. Evan.
San Giovanni Evangelista
Pal. Albrizzi
San Giov. Elemosinario
San Giacometto di Rialto
Fondaco dei Tedeschi
Monum. Colleon
S. Aponal
P.te di Rialto
San Bartolomeo
San Nicolò da Tolentino
San Rocco
Campiello Ca'Zen
San Polo
San Silvestro
Pal. Papadopoli
Pal. Dolfin Manin
Sc.S. Teodoro
Santa Maria Formosa
La Fava
I Frari
Casa Goldoni
Pal.Querini Dubois
Scuola Grande di San Rocco
Pal. Centani
S.Salvador
Pinacoteca Querini-Stampalia
Pal.Grimani
Ca'Farsetti Loredan
S.Zulian
Santa Maria Maggiore
San Pantalon
Pal.Pisani Moretta
S.Tomà
Pal.Corner Spinelli
S.Luca
San Basso
Pal. Trevisan
Pal.Balbi
Ca'Foscari
Pal.Mocenigo
Pal.Contarini delle Figure
Pal. Fortuny
Pal.Contarini Bovolo
Mercerie
Palazzo Foscarini
Pal. Moro-Lin
Pal.Grassi
Scuola S. Fantin
Pal. Patriarcale
San Marco
Museo Correr
Le Terese
Scuola d. Carmini
I Carmini
Ca'Rezzonico
San Samuele
S. Stefano
Teatro La Fenice
S.Fantin
Museo Archeologico
Biblioteca Marciana
Palazzo Ducale
Palazzo Zenobio
S. Maurizio
San Moisè
Giardini Reali
Palazzo della Zecca
Ponte della Paglia
S. Nicolò dei Mendicoli
Angelo Raffaele
Pal.Giustinian Lolin
S. Vidal
Pal.Pisani
S. Maria del Giglio
Harry's Bar
Ca'Giustiniani
San Sebastiano
Pal.Franchetti
Casina delle Rose
Bacino di S. Marco
Accademia
Pal. Barbaro
Pal.Corner (Ca'Granda)
Pal.Treves de Bonfili
Stazione Marittima
Pal. Brandolin
Palazzo Contarini dal Zaffo
Pal.Venier dei Leoni
Pal.Dario
La Salute
Punta della Dogana
San Trovaso
Pal. Nani
San Gregorio
Dogana da Mar
Squero di San Trovaso
Seminario Patriarcale
Santa Maria della Visitazione
I Gesuati
Sant'Agnese
Lo Spirito Santo
I Catecumeni
Fondazione
Mulino Stucky
Sacca Fisola
Canale della Giudecca
Isola della Giudecca
Santa Eufemia
Ex Chiesa dei SS. Cosma e Damiano
Il Redentore
Centro Zitelle
Le Zitelle
Margil

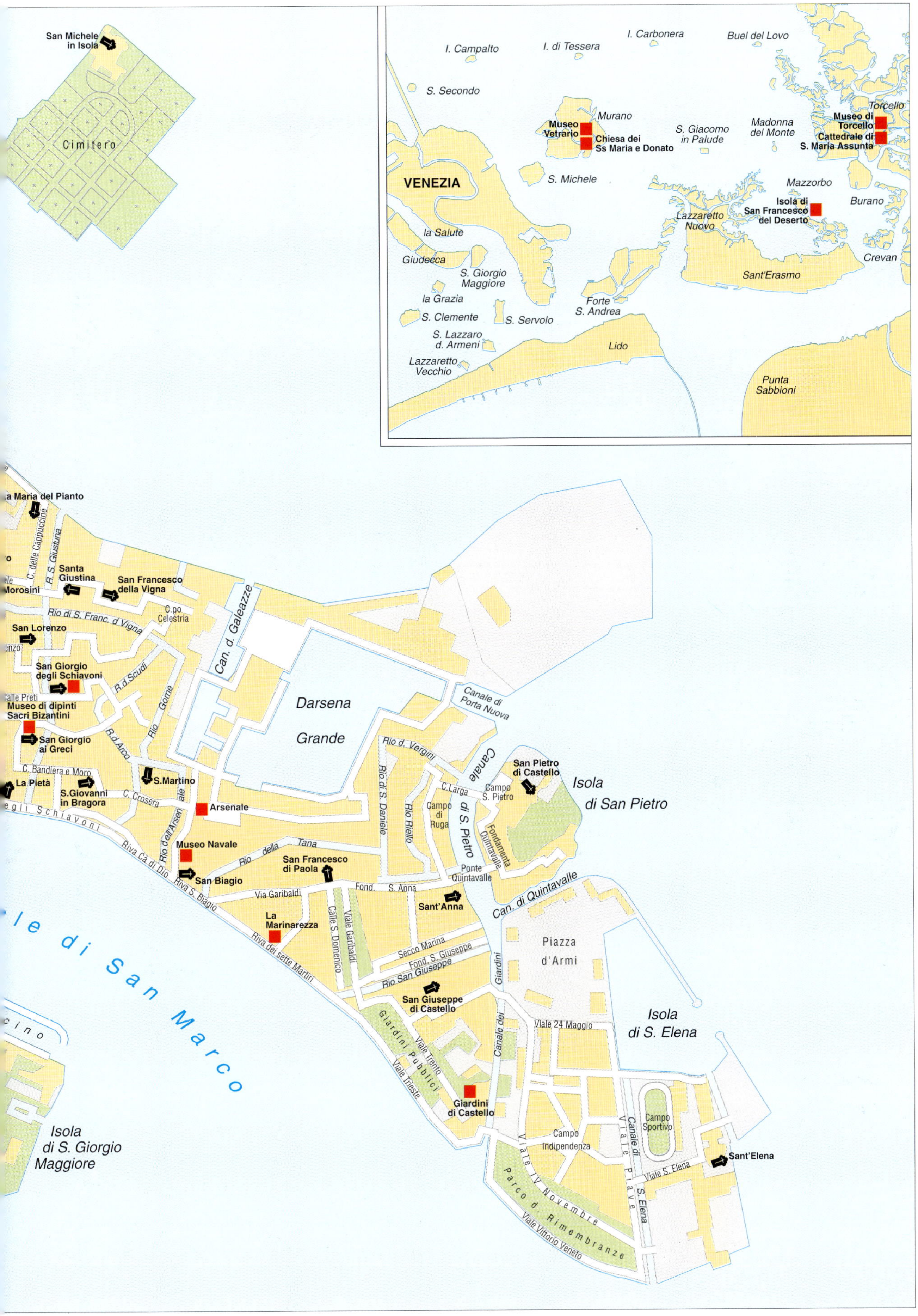
San Michele in Isola
Cimitero
I. Campalto
I. di Tessera
I. Carbonera
Buel del Lovo
S. Secondo
Murano
Museo Vetrario
Chiesa dei Ss Maria e Donato
S. Giacomo in Palude
Madonna del Monte
Torcello
Museo di Torcello
Cattedrale di S. Maria Assunta
VENEZIA
S. Michele
Mazzorbo
Burano
Isola di San Francesco del Deserto
Lazzaretto Nuovo
la Salute
Giudecca
S. Giorgio Maggiore
Sant'Erasmo
Crevan
la Grazia
Forte S. Andrea
S. Clemente
S. Servolo
S. Lazzaro d. Armeni
Lido
Lazzaretto Vecchio
Punta Sabbioni
Maria del Pianto
C. delle Cappuccine
R. S. Giustina
Santa Giustina
San Francesco della Vigna
Morosini
C.po Celestria
Rio di S. Franc. d. Vigna
San Lorenzo
Can. d. Galeazze
San Giorgio degli Schiavoni
R.d.Scudi
Museo di dipinti Sacri Bizantini
San Giorgio ai Greci
Darsena Grande
Canale di Porta Nuova
Rio Gorne
R.d.Arco
C. Bandiera e Moro
La Pietà
S.Martino
S.Giovanni in Bragora
C. Crosera
Arsenale
Rio d. Vergini
Rio di S. Daniele
Canale di S. Pietro
San Pietro di Castello
Isola di San Pietro
C.Larga
Campo S. Pietro
Campo di Ruga
Rio Riello
Fondamenta Quintavalle
Rio dell'Arsenale
Museo Navale
Rio della Tana
San Francesco di Paola
Riva Cà di Dio
San Biagio
Riva S. Biagio
Ponte Quintavalle
Via Garibaldi
Fond. S. Anna
Sant'Anna
Can. di Quintavalle
Canale di San Marco
La Marinarezza
Calle S. Domenico
Viale Garibaldi
Riva dei sette Martiri
Secco Marina
Fond. S. Giuseppe
Rio San Giuseppe
Piazza d'Armi
Rio dei Giardini
San Giuseppe di Castello
Giardini Pubblici
Viale Trento
Viale 24 Maggio
Isola di S. Elena
Canale dei
Viale Trieste
Giardini di Castello
Campo Sportivo
Canale di S. Elena
Campo Indipendenza
Viale IV Novembre
Viale Piave
Sant'Elena
Viale S. Elena
Parco d. Rimembranze
Viale Vittorio Veneto
Isola di S. Giorgio Maggiore

Referenze fotografiche
Archivio Electa, Milano
Archivio Scala, Firenze
Graziano Arici, Venezia
Osvaldo Böhm, Venezia
Cameraphoto, Venezia

www.electaweb.it

Prima edizione 1997

Ristampa

Questo volume è stato stampato per conto di Mondadori Electa S.p.A,
presso lo stabilimento di Martellago Mondadori Printing S.p.A.,
via Castellana 98, Martellago (Venezia) nell'anno 2005